"科学发展 成就辉煌"系列丛书

坚持科学发展 推动文化创新

——党的十六大以来文化改革发展成就（2002-2012）

■ 蔡武 主编

人民出版社

目　　录

总论：努力探索中国特色社会主义文化发展道路 积极推动文化改革发展实现新跨越

改革开放特别是党的十六大以来，我们党始终把文化建设放在党和国家全局工作重要战略地位，坚持物质文明和精神文明两手抓，实行依法治国和以德治国相结合，促进文化事业和文化产业同发展，推动文化建设不断取得新成就，走出了中国特色社会主义文化发展道路。在党中央、国务院的坚强领导下，在中国特色社会主义文化发展道路的探索中，文化建设实现了新跨越，取得了辉煌成就，积累了宝贵经验。回顾十年来文化改革发展历程，具有重要的历史意义和现实意义。

一、十年来我国文化改革发展历程

（一）进入新时期，文化发展面临新机遇新挑战

进入新时期新阶段，我国改革发展面临着新形势。从国际看，世界正处在大发展大变革大调整时期，世界多极化、经济全球化深入发展，科学技术日新月异，不确定、不稳定、不安全的因素不断增多，特别是国际金融危机持续影响，西亚北非局势动荡，国际和地区的热点此起彼伏，外部环境更趋复杂。从国内看，我国进入了全面建设小康社会的关键时期和深化改革开放、加快转变经济发展方式的攻坚时期，综合国力不断提升，经济社会结构变化呈现新特点，经济社会发展中不平衡、不协调、不可持续的问题依然突出，各种热点、难点增多，许多矛盾叠加出

现。可以说,我们既面临难得的历史机遇,也面临前所未有的挑战,面临可以预见和难以预见的风险考验,总体来讲,机遇大于挑战,处于可以大有作为的重要战略机遇期。面对风云变幻的国际形势和艰巨繁重的改革发展稳定任务,以胡锦涛同志为总书记的党中央团结带领各族人民开拓创新、奋发进取,紧紧抓住和用好我国发展的重要战略机遇期,坚持和发展中国特色社会主义,战胜一系列严峻挑战,全面推进经济建设、政治建设、文化建设、社会建设以及生态文明建设,将中国特色社会主义事业推进到一个新的发展阶段,取得了重大理论和实践成果,在党和国家发展史上写下了光辉篇章。

随着全面建设小康社会进程的加快,我国文化建设赖以生存和发展的经济基础、体制环境和社会条件发生了深刻变化。文化与政治、经济、社会、科技的发展越来越紧密,文化利益与国与国之间不同的政治利益、经济利益交织在一起,世界范围内的各种文化思潮、价值观念、文化现象从未如此纷繁复杂,我国文化对世界的发展也从未产生这样巨大的影响。文化在综合国力竞争中的地位和作用更加凸显,世界范围内各种思想文化交流交融交锋更加频繁,维护国家文化安全任务更加艰巨,增强国家文化软实力、中华文化国际影响力要求更加紧迫。社会矛盾日益复杂,社会思想多元多变,文化引领思潮的任务更加繁重。

在这种形势下,文化发展面临着新的机遇。一是我国经济的持续快速发展,人民群众物质生活不断改善,精神文化需求不断增长,为文化建设奠定了坚实基础,提供了广阔空间。二是我国经济增长方式的转变和经济结构的调整,为充分发挥文化产业得天独厚的优势提供了契机。三是以互联网、信息技术为代表的高新技术突飞猛进,带动了传统文化行业升级换代,催生了网络游戏、网络视听、手机文化、网络出版、数字节目、三维动画等一系列新兴业态,为文化的发展插上了腾飞的翅膀。四是文化体制改革不断深化,破除了影响文化发展的体制、机制性障碍,大大地调动和激发了广大文化工作者和各类社会主体的积极性主动性,激发了创造活力。五是随着中国国际地位和国际影响力不断上升,国际社会对中国模式和中华文化高度关注,为中华文化"走出去"营造了良好环境。

与此同时,我国文化发展也面临着挑战:一是人民精神文化需求日益增长,文化产品供需矛盾更加突出。二是社会主义市场经济深入发展,现有的文化生产和管理体制还不能完全适应其发展。三是经济全球化更加深入,西方文化资本、文化产品和价值观念的涌入,使我们守住国内文化阵地、维护文化安全的任务更加艰巨。四是数字技术、网络技术的迅猛发展和广泛应用,对我们有效占领新兴文化阵地、运用现代传播技术加快文化发展提出了新的要求。

(二)党中央国务院对文化建设作出一系列重大决策和部署

我们党历来高度重视运用文化引领前进方向、凝聚奋斗力量,团结带领全国各族人民不断以思想文化新觉醒、理论创造新成果、文化建设新成就推动党和人民事业向前发展。十六大以来,党中央国务院对文化建设高度重视,把文化建设放在党和国家全局工作重要战略地位,努力探索社会主义初级阶段文化发展的客观规律,不断增强文化自觉和文化自信,提出了一系列新论断新要求,作出一系列战略决策和部署,促进文化事业和文化产业共同发展,推动文化建设不断取得新成就,走出了一条中国特色社会主义文化发展道路。

党的十六大突出强调文化的地位和作用,深刻指出:"当今世界,文化与经济和政治相互交融,在综合国力竞争中的地位和作用越来越突出。文化的力量,深深熔铸在民族的生命力、创造力和凝聚力之中",把人民的文化权益得到切实尊重和保障、人民的科学文化素质全面提高作为全面建设小康社会奋斗目标的重要内容,提出了积极发展文化事业和文化产业,继续深化文化体制改革的战略任务。十六届三中全会通过《中共中央关于完善社会主义市场经济体制若干问题的决定》,进一步确定了文化体制改革的总体思路,同时对树立以人为本的科学发展观提出了要求。十六届四中全会把提高建设社会主义先进文化的能力作为加强党的执政能力建设的一项主要任务,明确提出要深化文化体制改革,解放和发展文化生产力。2005 年 11 月,中办、国办下发《关于进一步加强农村文化建设的意见》,提出了加强农村文化建设的指导思想、方针原则和主要路径,反映出党中央国务院把资源和工作重心下移、推动城乡平衡的决心。2005 年 12 月,中共中央印发《中共中央国务院关于深化文化体制改革的若干意见》,明确了文化体制改革的总体思路和主要任务,推动文化体制改革由点向面推开。党的十六届五中全会强调要构建公共文化服务体系,积极发展文化事业和文化产业,创作更多更好适应人民群众需求的优秀文化产品。2006 年9 月,中央办公厅、国务院办公厅发布《国家"十一五"时期文化发展规划纲要》,明确了"十一五"时期文化发展的指导思想、目标和重点任务。十六届六中全会做出《中共中央关于构建社会主义和谐社会重大问题的决定》,把建设和谐文化作为构建社会主义和谐社会的重要任务,明确提出要加快发展文化事业和文化产业,满足人民群众文化需求,建设和谐文化,巩固社会和谐的思想道德基础。

2007 年 10 月,党的十七大报告从中国特色社会主义"四位一体"的总体战略布局出发,把文化建设摆上空前重要位置,把提高国家文化软实力作为重要任务提出,向全党和全国人民发出了推动文化大发展大繁荣,兴起社会主义文化建设新高潮的新号召,充分反映了党对当今时代发展趋势和我国文化发展方位的准确把握,体现了党在新的历史条件下的高度文化自觉,为新时期文化建设指明了方向。从此,"两大一新"成为文化建设的阶段性目标,广大文化工作者坚持科学发展的思路更加清晰。

2008 年、2009 年我国迎来了改革开放 30 周年、新中国成立 60 周年、北京奥运会和残奥会召开、神舟飞船成功上天等大事和喜事,也遭遇了全球性金融危机的冲击,经历了汶川地震、玉树地震、冰雪灾害等一些历史罕见的重大自然灾害和难以预料的突发事件。党中央国务院审时度势,围绕经济社会发展作出了总体部署,特别是针对国际金融危机的冲击，制定了转变发展方式，调整经济结构，扩大内需、促进经济增长的十项措施，明确把文化发展作为一项重要内容。2009 年 7 月，国务院通过《文化产业振兴规划》，标志着文化产业已经上升为国家的战略性产业。这赋予了文化工作者神圣使命，也给文化建设带来新的机遇和挑战，文化抚慰心灵、提振信心、营造氛围、愉悦精神的积极作用得到进一步发挥，公益性文化事业在拉动内需、经营性文化产业在转变经济发展方式方面的优势得到充分彰显。

进入 2010 年之后，党中央国务院对文化建设提出了新要求，作出了新部署。2010 年 2 月初，在中央举办的省部级主要负责同志转变经济发展方式专题研讨班上，胡锦涛总书记、温家宝总理发表了重要讲话，深刻阐述了加快经济发展方式转变的重要性和紧迫性，提出把文化建设作为全国全党要抓的重点任务之一。同年 3 月初，温家宝总理在向全国人大三次会议所作的政府工作报告中，第一次把文化建设作为单独一个部分来讲。3 月 26 日，中央政治局常委会听取了关于党的十六大以来文化体制改革及文化事业文化产业发展情况和下一步工作意见的汇报，对十六大以来文化改革发展取得的成绩给予了高度评价，认为我们已经初步找到了一条中国特色社会主义文化发展道路。7 月 23 日，中央政治局就深化文化体制改革进行集体学习，胡锦涛同志发表重要讲话，进一步强调文化的地位和作用，明确提出当前和今后一个时期推动文化体制改革和发展的重大任务，即加快文化体制机制改革创新，加快构建公共文化服务体系，加快发展文化产业，加强对文化产品创作生产的引导。10 月，党的十七届五中全会审议通过《中共中央关于制定国民经济和社会发展第十二个五年规划的建议》，该规划用专门的段落就推动文化大发展大繁荣，提升国家文化软实力作出了全面部署。2011 年 7 月 1 日，胡锦涛同志在庆祝中国共产党成立九十周年大会上发表重要讲话，明确提出关于继续推进中华民族伟大复兴的大政方针，其中一项重要内容就是大力推动社会主义文化大发展大繁荣，明确提出"社会主义先进文化是马克思主义政党思想精神旗帜"、"必须以高度的文化自觉和文化自信,着眼于提高民族素质和塑造高尚人格,以更大力度推进文化改革发展,在中国特色社会主义伟大实践中进行文化创造,让人民共享文化发展成果"。这些重要判断和战略部署,进一步阐述了文化发展的重要意义,进一步明确了文化发展的方向、文化发展的理念、重点任务,充分体现了党中央、国务院对中国特色社会主义文化发展规律的清醒认识和自觉把握。

　　2011年10月,党的十七届六中全会专题研究文化建设,审议通过了《中共中央关于深化文化体制改革　推动社会主义文化大发展大繁荣若干重大问题的决定》。这是党的历史上第一次专题研究部署文化建设的中央全会。胡锦涛总书记在全会上发表重要讲话,深刻阐述了新形势下推进文化改革发展的重大意义,明确指出"文化越来越成为民族凝聚力和创造力的重要源泉、越来越成为综合国力竞争的重要因素、越来越成为经济社会发展的重要支撑,丰富精神文化生活越来越成为我国人民的热切愿望","在新的历史起点上深化文化体制改革、推动社会主义文化大发展大繁荣,关系实现全面建设小康社会奋斗目标,关系坚持和发展中国特色社会主义,关系实现中华民族伟大复兴"。全会通过的《决定》全面总结我们党领导文化建设的成就和经验,深刻分析文化建设面临的形势和任务,在集中全党智慧的基础上,阐述了中国特色社会主义文化发展道路,确立了建设社会主义文化强国的战略目标,提出了新形势下推进文化改革发展的指导思想、重要方针、目标任务、政策举措,充分体现了中国共产党对肩负历史使命的深刻把握、对国内外形势的科学判断、对文化建设的高度自觉,充分反映了全国各族人民共同愿望。以这次全会召开为标志,我国文化改革发展进入了一个新的阶段,《决定》成为当前和今后一个时期指导我国文化改革发展的纲领性文件。为贯彻落实六中全会精神,2012年2月,中共中央办公厅、国务院办公厅颁布了《国家"十二五"时期文化改革发展规划纲要》,明确了"十二五"时期文化改革发展的阶段性目标和重点任务。2012年7月23日,胡锦涛同志在省部级主要领导干部专题研讨班上,强调建设社会主义文化强国是我们党把握时代和形势发展变化、积极回应各族人民精神文化需求作出的重大战略决策,要求坚定不移走中国特色社会主义文化发展道路,树立高度的文化自觉和文化自信,推动社会主义精神文明和物质文明全面发展,建设面向现代化、面向世界、面向未来的,民族的科学的大众的社会主义文化。这些决策部署为新时期文化改革发展指明了方向,坚持社会主义文化发展道路成为文化建设的主题,建设社会主义文化强国成为文化建设的主线。

随着党中央国务院一系列重大战略决策特别是十七届六中全会精神的实施,文化在中国特色社会主义建设总体布局的地位和作用更加凸显,各级党委政府对文化重要性的认识不断深化,文化建设被纳入经济社会发展的重要议事日程。各级财政对文化建设的财政投入力度不断加大。在国家级区域性规划中,文化建设的比重大大增强。全社会关注和参与文化建设的积极性和主动性空前高涨。可以说,全党全社会的文化自觉和文化自信不断增强,文化建设的环境越来越好,文化改革发展进入了历史上最繁荣的时期。

在推动文化建设的过程中,我们党努力探索中国特色社会主义文化建设的内在规律,逐步形成新的文化发展理念。在文化地位和作用上,明确文化建设是中国特色社会主义事业总体布局的重要组成部分,文化越来越成为民族凝聚力和创造力的重要源泉、越来越成为综合国力竞争的重要因素,越来越成为经济社会发展的重要支撑,丰富精神文化生活越来越成为我国人民的热切愿望。在文化发展方向上,明确要牢牢把握社会主义先进文化前进方向,建设社会主义核心价值体系,发展面向现代化、面向世界、面向未来的,民族的科学的大众的社会主义文化。要大力发展先进文化,支持健康有益文化,努力改造落后文化,坚决抵制腐朽文化。在文化发展目的上,明确要坚持以人为本,满足人民群众日益增长的精神文化需求,保障人民基本文化权益,丰富人民精神文化生活。在文化发展动力上,明确要坚持改革创新和科技进步,破除制约文化发展的体制性障碍,不断解放和发展文化生产力。在文化发展思路上,明确要一手抓公益性文化事业、一手抓经营性文化产业,一手努力构建覆盖城乡、惠及全民的公共文化服务体系,一手壮大文化产业、繁荣社会主义文化市场,一手抓繁荣、一手抓管理,推动文化全面协调健康发展。在文化发展格局上,明确要积极吸引民营资本、海外资本参与文化建设,形成以公有制为主体、多种所有制共同发展的文化产业格局,以民族文化为主体、吸收外来有益文化的文化对外开放格局。在文化发展战略上,明确要提升国家文化软实力,提高全民族的思想道德素质和科学文化素质,促进人的全面发展,实施文化"走出去"战略,弘扬中华文化,努力建设社会主义文化强国。在文化发展领导力量和依靠力量上,明确要始终坚持党对文化工作的领导,充分发挥人民群众在文化建设中的主体作用,最大限度地发挥广大文化工作者的积极性、主动性、创造性。新的文化发展理念,是在科学发展观的指引下形成的,是中国特色社会主义文化理论的重大突破和创新,为新时期新阶段文化改革发展提供了指南。

二、文化建设取得的新进展新成就

党的十六大以来,在党中央国务院的坚强领导下,广大文化工作者坚持以马克思列宁主义、毛泽东思想、邓小平理论和"三个代表"重要思想为指导,深入贯彻落实科学发展观,在新的文化发展理念的指导下,以社会主义先进文化为方向,以建设社会主义核心价值体系为根本任务,以满足人民群众日益增长的精神文化需求为出发点和落脚点,以改革创新为动力,大力深化文化体制改革,努力拓宽工作领域,积极创新方式方法,全面推动文化事业和文化产业蓬勃发展,取得了辉煌成就。

(一)文艺创作生产异彩纷呈,精品力作不断涌现

党的十六大以来,我们坚持"二为"方向、"双百"方针,坚持贴近实

际、贴近群众、贴近生活,坚持以人民为中心的创作导向,坚持弘扬主旋律与提倡多样化相统一,精品艺术创作与面向基层演出并举,创新剧目与保留剧目并立,国有艺术院团和民营艺术院团并进,推动创作环境更加宽松和谐,艺术事业持续健康发展。在奥运会、庆祝新中国成立60周年、世博会、庆祝建党90周年等国家重大活动期间,成功举办各类重大艺术活动,如大型音乐舞蹈史诗《复兴之路》、《向祖国汇报——共和国美术60年》大型展览、《我们的旗帜》文艺晚会、全国现代戏优秀剧目展演、《光辉历程·时代画卷——庆祝建党九十周年美术作品展览》等,唱响了时代主旋律,营造了良好的文化氛围。在汶川地震等重大自然灾害中,艺术家们积极投入艺术创作并深入一线慰问演出,充分发挥了文化抚慰心灵,振奋人心的作用。实施一系列重点艺术工程,进一步发挥文化精品的示范和导向作用。国家舞台艺术精品工程自2003年实施以来,共推出85台精品剧目,200多台优秀剧目。国家重大历史题材美术创作工程推出了104件优秀美术作品。国家昆曲艺术抢救、保护和扶持工程、国家重点京剧院团保护和扶持规划、中国民族音乐发展和扶持工程等相继实施,民族优秀文化艺术得到保护和弘扬。成功举办中国艺术节、优秀保留剧目大奖评选、全国民营艺术院团优秀剧目展演、全国现代戏优秀剧目展演等艺术活动,为艺术创作提供了展示舞台,受到了人民群众的广泛欢迎。文化下乡活动深入开展,为广大农村、尤其是偏远地区人民群众奉献了精神食粮。"高雅艺术进校园"活动持续深入,提高了青少年的艺术修养。

(二)覆盖城乡的公共文化服务体系初步建立,人民群众基本文化权益得到有效保障

　　党的十六大以来,我们坚持把建设覆盖城乡的、均等化的公共文化服务体系作为首要任务,着力加强公共文化基础设施建设,实施文化惠民工程,创新公共文化服务管理体制和运行机制,提高公共文化服务水平和质量,公共文化服务体系建设呈现出蓬勃发展、整体推进、重点突破的良好态势,覆盖城乡的公共文化服务体系框架基本建立,人民群众的基本文化需求不断得到满足。公共文化服务网络基本形成。国家大剧院、国家博物馆、中国美术馆二期、国家图书馆二期、国家话剧院剧场等重大文化设施建设项目圆满完成。一批地方重点文化设施建成并投入使用,基层公共文化设施建设取得新成效。截至 2011 年底,我国共有 2650 个博物馆,2952 个图书馆,3285 个文化馆(含群众艺术馆),40390 个文化站,实现了"县有图书馆、文化馆,乡有综合文化站"。公共文化机构逐步实现免费开放,截至 2011 年底,全国各级文化文物部门归口管理的 2115 座公共博物馆、纪念馆向社会免费开放;全国 2952个公共图书馆、3285 个文化馆、34139 个乡镇综合文化站实现了无障碍、零门槛进入,公共空间设施场地全部免费开放,基本服务项目全部免费。全国文化信息资源共享工程、数字图书馆推广工程和公共电子阅览室建设计划三大公共数字文化惠民工程成效显著。共享工程数字资源总量已达到 136.4TB(1TB 相当于 1500 小时的视频量),累计服务群众达 11.2 亿人次。公共文化服务均等化建设加快推进,边疆、少数民族地区、贫困地区和特殊群体的文化权益得到保障。为进城务工人员演出,组织慰问农民工晚会,充分发挥了文化在推进农民工融入城市的桥梁作用。实施"春雨工程"——全国文化志愿者边疆行工作,活跃了边疆人民的精神文化生活。全国城乡基层群众小戏小品展演、老年合唱节、中国农民歌会等群众文化活动丰富多彩,广场文化、社区文化、校园文化、军营文化日益繁荣,农民自办文化蓬勃开展。

(三)文物保护事业大发展,非物质文化遗产保护、传承取得重要进展

党的十六大以来,我们坚持"保护为主、抢救第一、合理利用、加强管理"的文物工作方针和"保护为主、抢救第一、合理利用、传承发展"的非物质文化遗产工作方针,不断加大工作力度,文物保护和非物质文化遗产保护取得显著进展。

文物保护水平不断提升。以《文物保护法》为基础,我国建立起比较完善的文物保护法律体系和工作体系,文物事业步入法制化、规范化的轨道。第三次全国文物普查圆满完成,调查登记不可移动文物近77万处,比第二次全国文物普查登记的文物总数翻了一番。国务院已先后公布6批全国重点文物保护单位,共计2352处,历史名城119座,历史文化名镇、名村350个。我国已拥有世界遗产41处,总数居世界第三。南水北调、西气东输等国家大型基本建设中的文物保护取得显著进展,布达拉宫等西藏三大文物保护工程顺利竣工。以"三线"(长城、丝绸之路、大运河)、"两片"(西安、洛阳)为核心,100处大遗址为重要节点的大遗址保护格局初步确立,12个国家考古遗址公园建成开放,文化遗产保护的社会效益、经济效益和生态效益逐步彰显。"南澳Ⅰ号"、"南海Ⅰ号"沉船等水下文物考古和保护工作持续推进。四川、青海震后文化遗产抢救保护工作稳步实施。打击文物盗掘和走私活动的国际交流与合作进一步加强,流失海外文物追索工作成效显著。国际古迹遗址日、国际博物馆日和中国文化遗产日期间文物展览活动丰富多彩,文物保护理念和知识的宣传普及成效显著。文物保护科技水平不断提高,"中华文明探源工程"、"指南针计划"等重大专项取得显著成果。

非物质文化遗产保护体系不断完善。《非物质文化遗产法》于2011年2月正式颁布,为非物质文化遗产保护提供了有力支撑。全国非物质文化遗产普查顺利完成,我国非物质文化遗产资源总量近56万项,收集了珍贵实物和资料达26万多件。国家非物质文化遗产名录体系初步形成,公布了三批1219项国家级非物质文化遗产名录项目,命名了三批1488个国家级项目代表性传承人。我国有28项非物质文化遗产项目入选联合国教科文组织"人类非物质文化遗产代表作名录"、6项入选"急需保护的非物质文化遗产名录",总数位列世界第一。生产性保护取得突破,41个项目企业或单位被列为第一批国家级非物质文化遗产生产性保护示范基地。整体性保护不断推进,已设立11个国家级文化生态保护实验区。非物质文化遗产展演展示活动多姿多彩，在全社会形成了保护传承非物质文化遗产的良好氛围。古籍保护工作顺利推进，国务院公布了三批国家珍贵古籍名录及全国古籍重点保护单位。清史纂修工作取得可喜进展，《清史镜鉴》结集出版。

（四）文化产业蓬勃发展，逐步成为国民经济新的增长点

党的十六大以来，我们努力营造良好政策环境，不断完善政策支撑、公共服务、投融资、贸易合作、人才培养五大平台，文化产业规模化、集约化、专业化水平不断提高。《文化产业振兴规划》和《文化部"十二五"时期文化产业倍增计划》等规划先后颁布，为文化产业发展提供了有力指导。《关于金融支持文化产业振兴繁荣的指导意见》等政策陆续出台，产业发展环境得到进一步优化。文化部先后命名四批200家国家文化产业示范基地、三批6家国家级文化产业示范园区和首批4家国家级文化产业试验园区，催生出了一批有较强实力和自主创新能力的大型文化企业和企业集团。文化产业投融资体系逐步建立，产业发展的资金短缺问题得到有效缓解。2010年起，中央财政设立了"文化产业发展专项资金"，累计支持文化系统304个项目9.21亿元。文化部与金融机构的合作机制不断完善，截至2011年底，累计实现187亿元的贷款投放。文化企业上市辅导培育机制开始建立，截至2011年底，上市文化企业累计超过50余家，累计发行债券达到379.94亿元。以保险支持文化产业试点工作为代表的文化产业投融资风险分担机制逐步建立，各类社会资本积极进入文化产业的态势基本形成。服务平台建设扎实推进，产业发展的基础条件不断完善。13个动漫公共技术平台相继建成，文化产业项目资源库和文化产业投融资公共服务平台投入使用。文化产业骨干企业不断壮大，产业规模化、集聚化水平大大提升。各类文化产品交易平台日益健全，中国深圳国际文化产业博览交易会、中国西部文化产业博览会等重大会展活动成功举办。文化产业日益成为满足人民群众多样化精神文化需求的重要途径，对国民经

济增长的贡献不断上升。

(五)服务水平和监管能力不断提高,文化市场发展规范有序

党的十六大以来,我们坚持加强规范与促进发展并举,不断提升文化市场监管能力,统一开放竞争有序的市场体系逐步形成,成为人民群众文化消费的主渠道。全国文化市场主体得到快速培育,市场结构不断优化,市场规模日益扩大。据文化部统计,截至 2011 年年底,全国共有文化市场经营单位 25.6 万家,从业人员 157.3 万人,演出、娱乐、艺术品、网吧、网络音乐、网络游戏六大市场总规模达到 4155 亿元。娱乐、演出、艺术品等传统文化市场在转型中求发展,市场主体、经营模式多样化,跨界融合求创新,使传统行业焕发出新的生机与活力。以网吧、网络游戏、网络音乐等为代表的新兴市场异军突起,势头迅猛,2011 年市场规模达到 1397 亿元。文化市场规范化、法制化水平进一步提高。《营业性演出管理条例》和《娱乐场所管理条例》等一系列法规规章的修订、颁布以及规范性文件的相继出台,完善了文化市场的法规体系,为依法行政奠定了基础。文化市场综合执法工作不断适应文化市场形态转变、技术发展的新趋势,逐步从传统的文化领域转向新兴文化市场,从日常市场巡查转向网上巡查,从依靠经验办案转向依靠技术手段办案,逐步实现管理方式和执法方式的转变,文化市场行政执法工作机制初步建立,监管能力稳步提高。

(六)文化体制改革不断深化,文化生产力得到进一步解放

党的十六大以来,我们按照中央关于深化文化体制改革的总体部署,不断增强改革的主动性和积极性,创新思路,攻坚克难,基本完成文化系统体制改革各项重点任务。截至 2012 年 7 月底,全国 2102 个需改革的文艺院团中,1971 家完成转企改制、撤销或划转任务。保留事业体制的院团不断深化内部机制改革,取得积极进展。以企业为主体、事业为补充的新型演艺体制格局正在形成。文化部所属经营性事业单

位转企改制成效显著,组建了 5 家集团公司,图书出版单位转企改制工作基本完成,非时政类报刊社转企改制工作顺利启动。公益性文化事业单位内部机制改革不断深化,普遍实行了全员聘用制和岗位责任制,实行了收入分配制度改革、推行绩效工资制,干部职工的积极性和创造性得到进一步发挥。文化市场综合执法改革全面完成。截止到 6 月 15 日,全国文化市场综合执法机构组建工作基本完成,除新疆、西藏外,29 个省区市中 86.4% 和 93.8% 的区县已完成文化、广电、新闻出版等有关行政管理部门的整合。文化市场执法力量明显加强,执法效能显著提高,执法成本显著降低。

(七)文化与科技融合更加紧密,文化创新能力进一步增强

党的十六大以来,我们按照"高层对接、深度融合、组织攻关、集成创新"的思路,不断推动文化与科技相融合,科技进步在文化建设中的支撑、提升和引领作用得到进一步发挥。文化部、科技部建立了部际会商机制,两个项目被确立为 2012 年度国家科技支撑计划项目,投入研发经费近 5000 万元,部际合作取得实效。命名了首批 16 家国家级文化与科技融合示范基地。实施科技带动战略,设立"文化部创新奖",实施"国家文化科技提升计划"、"文化部科技创新项目"、"国家文化创新工程",形成了多项技术成果。抓住一批具有关键性、全局性、前瞻性特点的科技项目,提高文化科技融合水平和效益,将科技成果积极应用、服务于文化建设的方方面面。7 项文化行业标准颁布实施。文化艺术科研工作成果丰硕,历时 30 年的"十部民间文艺集成志书"编纂工作圆满完成,出版 298 卷,共 4.5 亿字。

(八)对外及对港澳台文化交流更加活跃,中华文化影响力不断扩大

党的十六大以来,我们坚持"走出去"和"引进来"两手抓,整合中央与地方、政府与民间、国内与国外等各方文化资源,全面推动新时期

对外及对港澳台文化交流工作向纵深发展,逐步形成了全方位、多层次、宽领域、多渠道的对外文化交流新格局。对外文化交流渠道日益拓展,逐步形成了"政府主导、社会参与、多种方式运作"的活动机制。目前,我国同 145 个国家签订了政府间文化合作协定和近 800 个年度文化交流执行计划,与上千个文化组织保持着密切的合作关系。10 年来,对外文化交流项目的年均总数与人次均超过改革开放前 30 年的总和。近年来,传统的中外文化合作机制向更高层次发展,建立了中俄、中美、中欧、中阿、中非、上合、中英、中德等双边、多边人文合作机制。文化对话不断深入。通过中欧文化高峰论坛、中国—东盟、上合组织会议等国际多边活动,表达了维护世界文化多样性、共建人类精神家园的美好愿望,进一步增进了思想交流。文化交流活动品牌化进一步加大。继 2003 年中法推出互办文化年后,中国文化年、中国文化节已成为中国对外交流的重要文化标志品牌。欢乐春节、相约北京、亚洲艺术节、中非文化聚焦、阿拉伯艺术节、上海国际艺术节、吴桥国际杂技艺术节、成都国际非遗节,面向港澳的"艺海流金"系列,面向台湾的"情系"系列、"两岸城市文化节"等,各类文化交流品牌活动多姿多彩,影响不断扩大。海外文化阵地建设实现跨越式发展,目前已在 82 个国家设立 96 个使领馆文化处(组),已建成 9 个中国文化中心。文化产品和文化服务"走出去"步伐不断加快,核心文化产品和服务出口快速增长,出口规模不断扩大。对港澳台文化交流通过以文促情、以文聚心,不断促进港澳地区人心回归,增强台湾同胞中华民族认同,加快实现港澳与内地,以及台湾与大陆的文化融合。

(九)基础保障体系更加完备,为文化建设提供有力支撑

党的十六大以来,我们按照法治政府、服务型政府的要求,不断推动政府职能转变,加强人才队伍和干部队伍建设,加强规划、法制、政策研究工作,争取经费投入,提高行政效能,为文化建设提供了强有力的保障。全国文化事业费逐年增加,不断创历史新高。文化领域中长期

规划编制工作取得新进展,制定发布了《文化部"十一五"文化发展规划》和《文化部"十二五"时期文化改革发展规划》,在公共文化服务、文化遗产保护、文化产业、对外文化交流等领域制定了专项规划,基本形成了相互配套、比较完备的规划体系。文化法制建设的步伐不断加快,立法数量明显增加,立法效力层次提升,立法质量稳步提高,立法空白逐渐得到填补,《非物质文化遗产法》、《公共文化体育设施条例》、《长城保护条例》等法律、行政法规和云南、福建、江苏等地的非物质文化遗产保护条例及其他地方性文化法规相继出台,扭转了文化政策法规数量少、层级低的状况。行政审批制度改革不断深化,大幅度取消和下放行政审批项目,提高了行政效率。"人才兴文"战略全面实施,文化人才队伍建设的整体水平得到全面提升,为我国文化建设提供了必要的人力资源和智力支持。

三、文化改革发展的经验

十年来,我们走过了一条不平凡的文化改革发展道路,可以说,这是一个从理论和实践上不断探索中国特色社会主义文化发展道路的过程,是在改革创新中发展繁荣,在发展繁荣中改革创新的过程,是文化建设不断迈向新阶段、取得新成就的过程。在此过程中,我们积累了非常宝贵的经验。概括起来,包括以下几个方面:

(一)必须坚持深化改革扩大开放

改革开放是我国现代化建设新时期最鲜明的时代特征,是党在新的历史条件下领导人民进行的新的伟大革命,是决定当代中国命运的关键抉择,是坚持和发展中国特色社会主义、实现中华民族伟大复兴的必由之路。党的十六大以来,我们坚定不移地推进文化体制改革,努力破除阻碍文化发展的体制机制的积弊,进一步解放和发展了文化艺术生产力。我们积极应对全球化的挑战,坚持开放包容,全方位多层次宽领域地推动中华文化"走出去",学习借鉴世界优秀文明成果,不断增进世界人民对中国的了解,大力增强中华文化的影响力和感召力。实践证明,只有深化改革,才能为推动社会主义文化大发展大繁荣提供强大动力,只有扩大开放,才能推动中国融入时代潮流,参与国际文化竞争,提升国家文化软实力。

(二)必须坚持公益性文化事业和经营性文化产业两轮驱动

我国的社会主义性质决定了文化建设必须以满足人民群众的基本文化需求为出发点和落脚点,保障人民的基本文化权益。而我国社会主义市场经济体制又要求我们充分发挥市场在文化资源配置中的作用,通过文化发展不断满足人民群众日益增长的多样化的精神文化需求。十六大以来,我们努力探索中国特色社会主义文化建设的内在规律,正确认识文化的双重属性、双重功能,提出了"双轮驱动"的发展思路,为新时期新阶段文化改革发展找到了现实的路径。我们坚持政府主导,按照公益性、基本性、均等性、便利性的要求,努力构建覆盖全社会的均等化的公共文化服务体系;充分发挥市场在资源配置中的积极作用,不断加强引导,完善政策,大力发展文化产业,取得显著效果。事实证明,只有坚持两轮驱动,两手抓两加强,我们的文化建设才呈现出稳步前进、繁荣发展的良好势头。

(三)必须坚持围绕中心服务大局

文化建设是中国特色社会事业的重要组成部分。十六大以来,我们紧密围绕全面建设小康社会的总体布局,积极推动文化建设与政治、经济、社会建设协调发展;始终围绕社会主义核心价值体系建设这个根本任务,大力唱响时代主旋律,弘扬优秀传统文化;紧紧抓住转变经济发展方式关键时期的中心任务,大力发展文化产业;紧紧把握不同时期的社会形势,积极发挥文化愉悦心灵、提振信心、缓解矛盾、构建和谐社会方面的独特作用;紧紧围绕党和国家政治生活中的重大事件,组织丰富多彩的文化活动,营造了欢乐祥和的文化氛围。实践证明,只有找准文化工作的定位,牢固树立大局意识,紧密围绕中央的总体部署开展工作,不缺位、不越位,才能够充分发挥文化建设应有的作用。

(四)必须坚持以马克思主义中国化的最新成果——科学发展观指导建设实践,努力把握好度

文化建设具有鲜明的意识形态属性,同时又有其自身特点和规律。新时期新形势下,文化建设面临着新的挑战,遇到各种问题,必须坚持以马克思主义中国化的最新成果为指导,运用马克思主义的基本立场、观点和方法推动文化改革发展,把握好度。十六大以来,我们坚持以科学发展观统领文化建设,不断探索新形势下文化发展的客观规律,逐步树立新的文化发展理念,走出了一条中国特色社会主义文化发展道路。我们积极应对文化艺术领域倾向问题,坚持把握文化建设的正确方向,不断增强政治意识和大局意识,保持清醒的头脑,提高政治敏锐性和鉴别力,努力排除一切来自"左"的或右的、背离和偏离中国特色社会主义文化发展道路的不良倾向。我们坚持用全面、发展、辩证的方法,着力破解文化改革发展的重点、热点、难点问题,区分轻重缓急,妥善处理点与面、当前与长远的关系。实践证明,只有以马克思主义中国化的最新成果——科学发展观指导建设实践,努力把握好度,才能把握正确的方向,使中国特色社会主义文化发展道路越走越宽广。

(五)必须坚持弘扬主旋律、提倡多样化

弘扬主旋律、提倡多样化,是坚持社会主义先进文化前进方向的内在要求,是为人民服务、为社会主义服务的"二为"方向和百花齐放、百家争鸣的"双百"方针的具体体现。十六大以来,我们坚持以建设社会主义核心价值体系为根本任务,立足发展先进文化,不断加强对艺术创作生产的引导,特别是以迎接新中国成立60周年、庆祝中国共产党成立九十周年等重大活动为契机,充分焕发广大文化工作者和人民群众

的创造活力,努力创作《复兴之路》等优秀艺术作品,热情歌颂改革开放和社会主义现代化建设取得的伟大成就,大力唱响共产党好、社会主义好、改革开放好、伟大祖国好、各族人民好的时代主旋律,鼓舞和激励全党全国各族人民为夺取全面建设小康社会新胜利、开创中国特色社会主义事业新局面而不懈奋斗。我们坚持以满足人民群众多样化精神文化需求为根本目的,在坚持正确导向的前提下,认真贯彻"双百"方针,大力提倡多样化,尊重差异、包容多样,充分发扬艺术民主和学术民主,努力营造积极健康、宽松和谐的良好氛围,在艺术创作上提倡不同形式和风格的自由发展,在艺术理论上提倡不同观点和学派的充分讨论,在艺术发展上提倡不同品种和业态的积极创新,使社会主义文化百花园更加绚丽多彩。实践证明,只有坚持弘扬主旋律、提倡多样化,才能充分发挥文化引领风尚、教育人民、服务社会、推动发展的作用,才能不断满足人民群众日益增长的精神文化需求。

(六)必须坚持发展第一繁荣为先

长期以来,我国文化建设底子薄,投入少,基础差。十年来,我们坚持谋发展、促繁荣、重建设,在稳定中发展,在积累中创新,不断加强思想建设、队伍建设、制度建设、设施建设和业务建设,以理性的精神、务实的作风扎实推进文化工作。我们坚持面向农村、面向基层,不断争取国家财政对文化的投入,大力实施惠民工程和重大项目。实践证明,只有坚持把发展作为执政兴国第一要务,坚持建设为要,繁荣为先,才能够实实在在地推动文化建设,才能真正夯实文化大发展大繁荣的基础。

(七)必须坚持以人为本,执政为民

坚持以人为本、执政为民的理念,是我党性质和根本宗旨决定的,是指引、评价、检验政府行为的最高标准。十年来,我们不断践行党的宗旨,把实现好、维护好、发展好最广大人民根本利益作为一切工作的出发点和落脚点,坚持资源下移,重心下移,努力满足人民群众日益增

长的精神文化需求,让人民共享文化改革发展的成果。我们充分尊重人民群众的主体地位,尊重知识、尊重劳动、尊重创造、尊重人才,极大地激发了广大人民和文化工作者的文化创造活力。实践证明,只有坚持以人为本、执政为民,才能实现文化建设的根本目的。

(八)必须坚持统筹兼顾协调发展

科学发展观是党的十六大以来党中央总结提出的统领经济社会发展全局的重大战略思想。十年来,我们遵照中央的战略部署,准确把握文化工作的定位,努力统筹好文化建设与经济、政治、社会建设协调发展的关系;注重统筹城乡、地区之间文化发展的平衡,不断加大对农村地区、少数民族地区、边疆地区文化建设的支持力度;注重统筹国内国际两个大局、两个市场,既着力推动国内文化建设,又不断加大对外文化交流力度;注重把握国情,坚持尽力而为、量力而行,不搞不切实际的高指标、"大跃进"。实践证明,只有坚持统筹兼顾、协调、发展,才能实现文化建设的可持续发展。

十年弹指一挥间,文化改革发展取得了跨越式的发展,成就辉煌显著,经验弥足珍贵。在新的历史起点上,党的十七届六中全会立足中国特色社会主义事业发展全局,提出了坚持中国特色社会主义文化发展道路,努力建设社会主义文化强国的重大战略思想,我们将认真贯彻落实六中全会精神,坚定不移地深化文化体制改革,推动社会主义文化大发展大繁荣,不断向着社会主义文化强国的宏伟目标奋力前进!

坚持以人民为中心的创作导向
文艺创作生产异彩纷呈

　　文艺是民族精神的火炬,文艺事业是中国特色社会主义事业的重要组成部分,是社会主义文化建设的重要内容。党的十六大以来,尤其是党的十七大以来,在党和政府的领导下,中国的文化发展和文艺创作处于一个创新发展的重要时期,文艺创作坚持正确方向,创作环境宽松和谐,经费投入不断加大,艺术家创作热情高涨,艺术事业得到持续、健康发展,各门类艺术呈现出普遍繁荣的良好局面。广大文艺工作者坚持"二为"方向和"双百"方针,坚持"三贴近",与时代同进步,与人民共命运,奉献了大量思想内涵丰富、艺术品质上乘的精神食粮,为弘扬社会主义核心价值体系、满足人民群众精神文化需求发挥了重要作用。

　　作为主管全国艺术创作的政府部门,文化部认真贯彻落实党的十六大、十七大和十七届六中全会精神,始终坚持正确的文艺方向,加强对文艺产品创作生产的引导,用社会主义核心价值体系引领艺术创作,用科学思维、辩证思维指导艺术实践,用符合文艺规律的方式推动艺术发展,把满足人民群众精神文化需求作为文艺工作的出发点和落脚点,一切从实际出发,坚持两手抓、两加强,坚持弘扬主旋律与提倡多样化并举,精品艺术创作与面向基层演出并重,创新剧目与保留剧目并立,国有艺术院团和民营艺术院团并进,不断激发文艺创作生产活力,提高文艺产品质量,发挥文化引领风尚、教育人民、服务社会、推动发展的作用,努力推动艺术事业的全面协调可持续发展。

一、艺术创作繁荣发展的主要成就

（一）优秀艺术作品持续不断涌现

　　文艺繁荣的标志就是出人才、出精品、出效益。广大文艺工作者牢固树立以人民为中心的创作导向，积极投身到讴歌时代和人民的文艺创造活动之中，适应群众文化需求的新特点新变化，深入生活汲取营养，潜心创作不断创新，不断增强艺术作品的时代感和吸引力，推出了一大批具有民族特色、体现时代特征、富有中国气派的文艺精品。比如，山西省话剧院创作的反映晋商诚信为本的话剧《立秋》，主题厚重，内涵深刻，具有很强的思想性和艺术性，先后获得国家舞台艺术精品工程十大精品剧目、中宣部"五个一工程"奖、文化部文华大奖等重要奖项，该剧自 2004 年首演以来，走进全国近百个城市，演出 600 场，观众 60 多万人，创下了中国主流话剧演出的奇迹。江苏苏州滑稽戏剧院创作的儿童滑稽剧《一二三，起步走》，生动风趣，寓教于乐，贴近现实生活，在长期演出中反复磨砺，精益求精，久演不衰，累计演出 4000 多场。据不完全统计，全国已有京剧、话剧、桂剧、白剧、甬剧、婺剧、湘剧、锡剧等十多个剧种的 90 多个兄弟行业艺术团体先后改编、移植演出了这个剧目，演出场次 100 至 1000 场不等，取得了显著的社会效益和经济效益。陕西省戏曲研究院于 2011 年 3 月创作的秦腔《西京故事》，讲述了由农村迁徙进城打工的一家人的故事，作品揭示了农民工这个特殊城市社会群体在时代大潮裹挟下的生存状态，体现了对普通劳动者深沉、真挚的人文关怀。该剧自亮相舞台至今，深受群众喜爱，短短一年时间已公演 150 多场，为现代戏创作提供了良好启示。辽宁人民艺术剧院 2011 年 4 月根据全国道德模范、鞍钢矿业公司齐大山铁矿采场公路管理员郭明义的先进事迹创作改编的话剧《郭明义》，把郭明义生活工作中的多个平凡事件加以提炼，真实生动，以情感人，展示了郭明义无私奉献的崇高境界，诠释了雷锋精神新的时代特征，弘扬了中华民族的伟大精神。2011 年 9 月 2 日,胡锦涛总书记在北京观看话剧《郭明义》,并勉励文艺工作者牢记文艺神圣职责,创作更多优秀作品。该剧自 4 月在辽宁首演以来,短短半年多时间在北京、河北、河南、山西、浙江等 10 个省市进行巡回演出,行程 3 万多公里,演出场次超过一百场,近 18 万名观众通过舞台艺术的形式感受到郭明义的人格力量,把郭明义精神所代表的社会主义主流价值观传递给广大人民群众。中央芭蕾舞团 2008 年成功推出原创舞剧《牡丹亭》,在尊重和继承传统的基础上,力求将中国的优秀民族文化通过西方古典芭蕾舞这一独具魅力、颇具美感的艺术形式表现出来,让中国芭蕾舞走向世界。该剧应邀担任世界最有影响、规模最大的艺术节——英国 2011 爱丁堡国际艺术节开幕盛典演出,书写了中国文化走出去的新篇章。优秀作品的连续出现,使舞台艺术创作水平整体得到提升,无论是思想内涵范畴的题材概括、主题表达、精神境界,还是艺术表现范畴的叙事艺术、结构布局、人物塑造、唱腔音乐,以及多媒体和现代声光电在舞台上的广泛应用等,都充分展现了当代艺术创作在主题内容、风格样式上的丰富性和多样性,更好地满足了人民群众多层次、多样化、多方面的精神文化需求。

　　与此同时,创作队伍发展壮大,一大批富有才华的名编剧、名导演、名演员脱颖而出,老一代艺术家精神焕发,中青年艺术家担当主力,人才结构得到优化,队伍素质得到提升。还有一批节目和演员相继在国际重大艺术比赛中获奖,为中国艺术赢得了荣誉。比如,广州军区战士杂技团 2004 年创作的杂技芭蕾《天鹅湖》把西方的芭蕾艺术与中国传统杂技艺术完美融合,主演魏葆华和吴正丹首创了杂技结合芭蕾的"肩上芭蕾"和"顶上芭蕾"等,该剧经过不断修改创新,多次在国内外获奖并巡演,曾获 2008 年英国曼彻斯特戏剧奖"最佳国际剧目",已累计全球巡演 2500 场。中央芭蕾舞团青年演员何晓宇 2009 年获第六届赫尔辛基国际芭蕾比赛赛事最高奖——成年组组委会特别大奖,成为中国男演员在国际 A 级芭蕾比赛上获得大奖第一人。此后,中央芭蕾舞团朱妍、曹舒慈等多名青年演员又先后获得 2010 年美国国家芭蕾舞比赛、俄罗斯第 19 届"Benois de la Danse"国际芭蕾舞艺术节大奖。上海杂技团有限公司《腾跃——大跳板》和《男子艺术造型》双获 2012 年第 36 届蒙特卡洛国际马戏节比赛"金小丑"奖,这是中国杂技节目参加该项比赛历史上最优异的成绩。

(二)国家艺术院团发挥示范导向作用

文化部直属的国家京剧院、中国国家话剧院、中国东方演艺集团有限公司、中国交响乐团、中国儿童艺术剧院、中央歌剧院、中央芭蕾舞团、中央民族乐团 9 个国家艺术院团按照中央的部署和要求,积极稳妥地推进国有文艺院团体制机制改革,改革步伐加快,改革成效显著。2009 年 11 月,原中国东方歌舞团转企改制组建了中国东方演艺集团有限公司,是文化系统首批由"经营性文化事业单位"直接转制为"国有独资公司"的中央文化企业,集团公司在坚持艺术生产的同时,全面实行企业化管理和市场化运作,锐意进取,不断创新,呈现出良好的改革与发展新面貌。与此同时,中国国家京剧院等 8 家文化部直属保留事业单位性质的国有文艺院团,按照"政府扶持、转换机制、面向市场、增强活力"的方针,深化内部机制改革,实行企业化管理,以改革创新精神,坚持面向市场,积极探索新形势下国家艺术院团发展新途径,改革用人制度,改革分配制度,完善艺术管理机制,成为运行顺畅、充满活力的艺术创作和演出单位,在面向市场、服务群众的过程中不断发展壮大。

深化国有文艺院团体制机制改革,进一步解放了文化部直属院团的文化生产力,充分调动和发挥了文艺工作者的积极性、创造性,推出了一批优秀作品,演出场次和收入连年增长,实现了社会效益和经济效益的双丰收。据 2012 年前三个年度数据统计,9 个中直院团全年各类演出活跃,全年总演出场次稳定在 2000 场以上,2011 年高达 2655 场,平均每团演出 295 场;全年总收入分别为 34333 万元、40167 万元、53708 万元,年平均增长 25.3%,2011 年度有 6 个院团全年总收入超过

5000 万元。中国歌剧舞剧院创排的歌舞《四季情韵》自 2007 年首演至今已演出 600 余场,演出收入达 1.5 亿元。中国国家话剧院创排的话剧《四世同堂》自 2010 年 10 月首演至今,短短一年半时间演出超过一百场,演出收入 1600 多万元。中央歌剧院 2011 年精心创排被誉为歌剧艺术标杆的著名歌剧《汤豪塞》,演出原汁原味地展现瓦格纳的艺术风格,同时在歌剧艺术本土化方面实现了新的突破,展现出中央歌剧院正在成为能够驾驭古今中外作品的世界级歌剧院。

国家艺术院团是中国舞台艺术的"国家队"和"排头兵",肩负着建设国家主流文化的重要战略任务。为打造代表国家艺术形象和水平的演出品牌,建立优秀剧目的展演工作机制,更好地体现国家级艺术院团导向性、代表性、示范性的作用,文化部自 2010 年起连续两年举办国家艺术院团优秀剧目展演,9 个中直院团集中亮相,举办剧目展演、文艺评奖、交易推介、专题研讨等活动,推出了话剧《这是最后的斗争》、京剧《汉苏武》、歌剧《红河谷》、歌剧《霸王别姬》、芭蕾舞剧《牡丹亭》、歌舞《四季情韵》、歌舞《炫》、儿童剧《西游记》等近年来新创的剧目,以及京剧《杨门女将》、京剧《红灯记》、歌剧《白毛女》、歌剧《原野》、芭蕾舞剧《天鹅湖》、儿童剧《马兰花》等经典保留剧目,名家名作呈现经典,新品佳作不断涌现,青年人才崭露头角,充分展示了国家艺术院团的整体实力和艺术风采,展示了文化体制改革给国家艺术院团带来的生机与活力,受到了中央领导和社会各界的广泛赞誉。展演还成为加强国家艺术院团人才队伍建设和思想作风建设的重要平台,老艺术家吕瑞明、王晶华、冯志孝、雷恪生等人热情指导,亲自登台,起到了积极的"传、帮、带"作用。王晓鹰、查明哲、田沁鑫、于魁智、李胜素、朱媛媛、秦海璐、韩延文等一批中青年优秀艺术家勇于担纲,倾情奉献,展现了深厚的艺术功底和高超的艺术才华。新一代年轻演员也在演出舞台上得到了积极锻炼,健康成长,得到观众认可。展演还吸引了殷秀梅、戴玉强、魏松、普拉松等国内外优秀艺术家热情加盟,共同演绎。

2011 年国家艺术院团优秀剧目展演,36 台参演剧目共演出 65 场,观众 10 余万人次,展演活动在坚持艺术品质的同时,把社会效益放在首位,实行低票价,让更多群众能欣赏到国家艺术院团的精彩演出,票房总收入超过 1000 万元。演出交易成果斐然,9 个院团共与有关演艺机构和单位签约演出 571 场,金额 1.16 亿元,比上年大幅增长。

(三)重大主题演出铸就艺术丰碑

围绕中心,服务大局,利用重大节庆契机,举办具有导向性、代表性、示范性的重大艺术活动,是营造良好文化氛围、丰富群众精神文化生活的重要举措,也是发挥文化引领作用、推动艺术创作繁荣的成功经验。按照中央部署,在中宣部的直接指导下,文化部于 2009 年联合国家广电总局、北京市政府等有关部门创作排演了庆祝新中国成立 60 周年大型音乐舞蹈史诗《复兴之路》。晚会集中了中央、地方、部队艺术团体的优秀创作和表演人员共 3200 人,经过了一年多的艰苦创作和辛勤排练过程。全剧以历史时间为脉络,共 36 个节目,气势磅礴,感情充沛,艺术地再现了中华民族在危难中奋进、在拼搏中崛起的伟大历程。2009 年 9 月 28 日,胡锦涛总书记等党和国家领导人与首都各界群众一起观看大型音乐舞蹈史诗《复兴之路》,共同庆祝中华人民共和国成立 60 周年,并给予高度评价。《复兴之路》总计演出一百场,观众达 20 多万。还通过拍摄发行《复兴之路》电影艺术片、制作光盘、在线播放等形式,扩大社会影响,使之成为进行爱国主义教育的生动教材。2011 年庆祝中国共产党成立 90 周年之际,文化部联合有关部门举办了庆祝建党 90 周年《我们的旗帜》文艺晚会。晚会精选经过时间检验的、群众喜闻乐见的音乐和舞蹈作品,加以重新诠释和演绎,绚丽多彩,激情四溢,1500 多名文艺工作者以精湛的技艺和充沛的感情,表达了全国人民对中国共产党的深情爱戴。2011 年 6 月 29 日,胡锦涛等党和国家领导人出席观看晚会,与首都各界群众共同庆贺中国共产党 90 华诞。这两台重大主题演出思想精深、艺术精湛、制作精良,成为新中国文艺发展史上继大型音乐舞蹈史诗《东方红》、《中国革命之歌》之后,又一座既有厚重历史感又充满强烈时代精神的艺术丰碑。

为党和国家成功举办大事喜事、妥善应对难事急事提供强大精神动力,营造良好文化氛围,文化部还先后举办了一系列主题演出和展览活动,推出了一大批昂扬向上、形式多样的优秀演出和展览,唱响了社会主义好、共产党好、改革开放好、伟大祖国好、各族人民好的时代主旋律,振奋了民族精神,作出了突出贡献。2008年北京奥运重大文艺演出活动,荟萃了全国各地选送的138台优秀剧目参加,对于营造良好的奥运文化氛围、展示中华文化、宣传中国形象产生了积极作用和重要影响。2009年庆祝新中国成立60周年献礼演出,来自全国各地的110余台优秀节目在北京各大剧场连续上演近400场,名家云集精品荟萃,门类齐全丰富多彩,以舞台艺术创作的优秀成果向祖国60华诞献上一份厚礼,大大激发了爱国热情,观众超过30万人次。2011年庆祝建党90周年全国现代戏优秀剧目展演,《西京故事》等32台参演剧目主题积极鲜明,关注现实生活,塑造了一批优秀共产党员的光辉形象,反映了改革开放丰富多彩的现实生活,唱响了弘扬民族精神和时代精神的主旋律,把现代戏创作推向一个新的高度。2011年《光辉历程·时代画卷——庆祝建党九十周年美术作品展览》,共计展出包括中国画、油画、版画、雕塑、连环画、年画在内的各种类型的优秀美术作品近300件,展览以史诗般的画卷展示出中国共产党的光辉历程和伟大业绩,展示出在党的文艺方针指引下中国美术创作的时代画卷。2011年"百年风云·壮志丹青——纪念辛亥革命100周年美术作品展",精选了200件全国各艺术机构收藏的辛亥革命主题作品,包括孙中山、黄兴、于右任、何香凝等辛亥革命志士的真迹,还有近百件两岸和港澳及海外华人艺术家为本展览所创作的作品,展示了海内外美术界宣传辛亥革命伟大历史意义、缅怀辛亥革命先驱精神的美术创作风貌。在成功抗击低温雨雪冰冻灾害、汶川玉树抗震救灾、甘肃舟曲泥石流灾害和应对国际金融危机冲击的过程中,广大艺术院团和文艺工作者积极创作,赈灾义演,抚慰心灵创伤,鼓舞人民信心,生动展示了中国人民奋发有为的精神风貌和创造历史的宏伟业绩,弘扬了中华民族自强不息、艰苦奋斗、顽强拼搏、敢于胜利的优秀传统。

（四）重点艺术工程扶持精品生产

为保护和弘扬民族优秀文化,扶持艺术精品创作生产,文化部会同财政部进一步完善财政投入和保障政策,组织实施了一批体现国家行为、具有引导示范效应的重大工程项目和发展扶持计划,成为带动和引导全国艺术院团艺术创作和各地文艺事业经费投入的风向标,有力地推动了全国艺术事业的发展。

国家舞台艺术精品工程自 2003 年起实施,国家财政每年投入4000 万元,选拔扶持、宣传推广一批具有强烈艺术魅力和鲜明时代精神、深受人民群众喜爱的优秀作品的创作演出,使之成为立得住、留得下、传得远的艺术精品。截至 2011 年,共有 85 台剧目入选年度十大精品剧目或重点资助剧目,200 多台剧目得到资助,涌现出京剧《廉吏于成龙》、昆曲《公孙子都》、话剧《生命档案》、话剧《这是最后的斗争》、川剧《金子》、豫剧《程婴救孤》、越剧《梁山伯与祝英台》、滑稽剧《顾家姆妈》、儿童滑稽剧《一二三,起步走》、歌舞《云南映象》、舞剧《大梦敦煌》、芭蕾舞剧《大红灯笼高高挂》、杂技剧《天鹅湖》、杂技晚会《时空之旅》等一批代表我国舞台艺术发展最高水平的精品剧目,较好地实现了出精品、出人才、出效益的目标,带动全国艺术创作沿着良性循环的轨迹前进,为繁荣我国的文艺事业奠定了坚实的基础。为做好精品剧目的演出和宣传推广工作,先后在北京、深圳、洛阳等地举办精品剧目展演,进一步接受群众和市场的检验,还采取制作光盘、出版剧作、改编移植剧目等措施扩大社会影响。此外,还选择京剧《膏药章》、昆曲《班昭》、豫剧《程婴救孤》、舞剧《红河谷》等重点剧目拍摄成舞台艺术数字电影,为当代艺术创作积累了珍贵的历史资料和宝贵财富。

自 2004 年起,文化部、财政部历时 5 年组织实施国家重大历史题材美术创作工程,以我国波澜壮阔的新民主主义革命和社会主义革命、

建设的重大历史事件为主题内容,投入 1 亿元支持美术创作。2009 年
9 月,工程顺利完成,共有 104 件作品入选,并在中国美术馆举办作品
展览,呈现了当前我国主题性美术创作的最佳水平,为国家留下了一笔
宝贵的精神财富和物质财富。此后,为加强宣传推广,入选作品先后在
深圳、杭州、武汉、香港等十个城市进行巡展,观众近一百万人次。与成
功实施国家重大历史题材美术工程相衔接,启动国家重大现实题材美
术创作工程,目前正在进行相关论证和方案报批。

　　为保护和扶持民族优秀传统艺术,文化部和财政部还相继实施了
国家昆曲艺术抢救、保护和扶持工程,国家重点京剧院团保护和扶持规
划,中国民族音乐发展和扶持工程等一系列艺术扶持项目。国家昆曲
艺术抢救、保护和扶持工程自 2005 年起实施,构筑起科学的文化遗产
生态保护体系,共资助和扶持了全国 7 个昆曲院团整理、恢复和创作演
出了 52 台剧目和 200 出折子戏,成功举办了四届中国昆剧节,开展公
益性演出 800 余场,资助昆曲院团赴 11 个国家演出 100 场。《长生
殿》、《公孙子都》等一批剧目受到好评,其中青春版《牡丹亭》连续演出
200 场,在海内外掀起一股“昆曲热”。自 2006 年起,制定《国家重点京
剧院团保护和扶持规划》,在全国范围内确定了 11 个国家重点京剧院
团,每年投入 1000 万元予以经费扶持。《规划》实施 6 年来,共扶持了
新创和整理改编剧目 36 台,其中《成败萧何》、《响九霄》、《北风紧》、
《建安轶事》、《将军道》等一批剧目受到专家和观众的好评。规划还通
过举办展演、培训人才、进校园演出、对外文化交流等方式,推动京剧艺
术的传承和发展。自 2010 年起实施中国民族音乐发展和扶持工程,通
过举办中国民族音乐百场巡礼演出,创作演出大型民族音乐会《美丽
新疆》,整理、改编、创作和演出民族音乐作品,资助出版民族音乐作
品,培训民族音乐人才等活动,让民族音乐焕发蓬勃生机。为鼓励艺术
家、收藏家和社会各界人士向国家捐赠优秀美术作品,文化部和财政部
于 2004 年设立国家美术作品收藏和捐赠奖励专项资金,鼓励艺术家、
收藏家和社会各界人士向国家捐赠优秀美术作品,丰富国家美术馆藏。

先后对吴冠中、廖冰兄、吴作人、张仃、华君武、靳尚谊等一批向国家捐赠作品的著名美术家和个人给予适当奖励,并通过其他重要美术展览收藏部分具有重要影响和成就的优秀艺术家的作品。截至目前已累计投入1.5亿元,共完成收藏逾万件优秀美术作品。2010年启动国家美术发展工程,实施全国画院优秀创作研究扶持计划和全国美术馆发展扶持计划,对优秀美术创作、学术研究成果和公共推广项目给予奖励扶持。文化部还制订了《地方戏曲剧种保护扶持计划》、《曲艺皮影木偶戏发展扶持计划》、《中国杂技艺术振兴规划(2011—2015)》,建立健全对各个艺术门类扶持的长效机制。

为加大国家财政投入力度,扶持体现民族特色和国家水准的艺术精品和文化项目,根据国家和文化部"十二五"规划纲要,文化部和财政部正在研究并加快设立国家艺术基金,面向全社会文化机构和个人择优进行资助,扶持优秀艺术作品创作和人才培养。

(五)重大展演活动推动创作繁荣

文化部加强对艺术创作生产的引导,在坚持剧目创作"三并举"的同时,重视和加强现实题材创作,举办了一系列有声势、有影响的艺术展演活动,以点带面,重点推进,多出精品和人才,坚持把社会效益放在首位,为人民群众奉献更多更好的优秀作品。举办2010年第九届中国艺术节,作为我国规模最大、层次最高的文化艺术盛会,本届中国艺术节集中了65台优秀剧目、114台各类文艺演出、150多场群众文化活动、全国优秀美术作品展览等23个艺术展览,以及优秀舞台艺术演出交易会等活动内容,名家与观众互动,艺术和时代同行,实现了艺术的盛会、人民的节日的办节宗旨,以绚丽多彩的艺术形式,集中展示了中国文化艺术事业的辉煌成就、广大文艺工作者辛勤创作的精神面貌以及中外文化交流的艺术成果。举办第五、六届中国京剧艺术节和2010年全国京剧优秀剧目展演,名家云集,流派纷呈,观众踊跃,集中展现近年来全国京剧创作和人才建设的丰硕成果,展示京剧艺术绚丽多姿、欣欣向荣的美好景象,庆祝 2010 年京剧成功入选联合国教科文组织"人类非物质文化遗产代表作名录",进一步促进京剧的有效传承和健康发展。举办第三届中国诗歌节,22 场专业演出、诗歌论坛和群众文化活动丰富多彩,吸引了 50 万群众参与,为诗歌艺术创作和普及搭建了良好平台。举办 2011 年首届中国歌剧节,《洪湖赤卫队》等 16 台经典和原创歌剧参加演出,汇聚了 3000 多名中外歌剧艺术工作者,加强中国歌剧艺术的创作与交流,为中国当代歌剧的长远发展奠定良好基础。举办 2010 年首届全国民营艺术院团优秀剧目展演,集中 23 个优秀民营院团,演出了越剧《状元未了情》、豫剧《铡刀下的红梅》、晋剧《龙兴晋阳》等 14 台优秀剧目,引导扶持民营艺术院团健康发展。举办 2011 年全国小剧场话剧优秀剧目展演,来自国有专业院团和民营机构的 16 台优秀剧目参加展演,推出了《哥本哈根》、《恋爱的犀牛》、《活性炭》等优秀小剧场话剧,这是文化部首次举办此类展演,旨在加强政府职能部门对小剧场这一新兴艺术的关注和引导,提高其艺术水平和艺术品位。与有关省市举办戏曲艺术节和区域性艺术活动,如中国豫剧节、中国越剧节、中国评剧节、哈尔滨之夏音乐会等,内容丰富,特色鲜明,受到人民群众的广泛欢迎。

此外,文化部举办了第六届全国话剧优秀剧目展演、第六届全国儿童剧优秀剧目展演、第三届全国地方戏展演、首届中国西部交响乐周、全国杂技(魔术)比赛金奖节目展演,以及每年一次的文化部春节晚会等活动,繁荣艺术创作,加强艺术交流,丰富人民群众的文化生活。并组织话剧《郭明义》、豫剧《苏武牧羊》、《复兴之路》音乐会、民族音乐会《美丽新疆》在全国巡演,进一步加强优秀剧目的宣传推广。

(六)文艺评奖比赛坚持正确导向

文化部对全国性文艺评奖和比赛进行了改进和完善,建立健全对艺术作品创作生产科学的评价标准和评价机制,突出了政府奖的导向性、权威性和影响力。目前,文化部主办的"文华奖"等文艺评奖呈现出如下特点：一是奖项设置合理、分类科学、数额合理，文华奖现设有文华大奖、优秀表演奖、优秀剧目奖及编剧、导演、音乐、舞美等单项奖，从不同角度对艺术的繁荣发展进行激励和引导；二是评奖周期改为三年一届，在中国艺术节上评选，减少了因评奖过于频繁带来的质量下降弊端；三是提高参评作品的演出场次，将专家评议、市场检验和群众认可有机结合，注重加大市场和群众认可的权重；四是获奖剧目少而精，2010 年第十三届文华大奖十个获奖剧目如昆曲《长生殿》、评剧《我那呼兰河》、越调《老子》等，体现了传统戏、新编历史戏、现代戏三者并举，题材广泛，视野宽阔，创作观念更新，艺术形式丰富多彩，关注现实生活，用传统的舞台表演形式，注入现代艺术和科技元素，抒发当代人的情怀，彰显了当前舞台艺术创作的国家水准，获得了专家和广大观众的好评；五是将评奖活动与下基层演出等惠民文化活动有机结合，加大了获奖作品的宣传推介力度。

为完善艺术表演人才的奖励机制，文华奖还在第十三届评选中进行改革，首次对"文华表演奖"进行单独评选，旨在培养造就文艺领军人物和高素质文艺人才，将文华表演奖打造成国家舞台表演艺术的权威奖项，提高奖项的权威性和社会影响力。本次评奖提高了评选标准，明确要求参评演员应具有鲜明的表演风格和广泛的社会影响，对演员的艺德和演出场次提出了明确要求，评选出于魁智、朱妍、孟广禄、裴艳玲、谢涛、冯玉萍、蔡正仁、陈少云按行政区域排序等 25 名优秀演员，并给予每人 10 万元的奖金。

此外，文化部还先后举办了全国声乐比赛、全国杂技（魔术）比赛、全国舞蹈比赛、全国音乐作品评奖、荣毅仁基金会杂技奖等活动，发现和鼓励了一批优秀作品和优秀人才。

（七）建立优秀保留剧目演出制度

为进一步发挥文艺评奖的示范和导向作用，鼓励艺术院团建立科学的艺术生产决策机制和优秀保留剧目演出制度，文化部于 2009 年开展了首届优秀保留剧目大奖评选。评选提高"门槛",以1978年以来首演且演出超过四百场,且至今仍在舞台上演出为起点,从1200多部申报作品中评选出大型声乐套曲《长征组歌》、京剧《盘丝洞》、话剧《立秋》、越剧《五女拜寿》、吕剧《苦菜花》、儿童剧《马兰花》、儿童剧《一二三,起步走》、舞剧《丝路花雨》等18台优秀保留剧目,并奖励每部剧目一百万元。此次评选,把观众和市场的评价作为重要依据,提高对演出场次的要求,获奖作品久演不衰,经受住了时间和观众的双重检验,有力引导了艺术创作,克服了个别艺术院团只为获奖而创演、得了奖即完成任务的弊端,更加符合艺术规律,有利于优秀作品的积累传承。

　　这些获奖的优秀保留剧目,既叫好又叫座,成为所在院团的看家戏、"吃饭戏",在演出市场上可谓是响当当的金字招牌,而很多剧目也正是在市场演出中,不断修改、打磨、提高,做到与时俱进,从而永葆艺术魅力,成为群众喜闻乐见的舞台艺术经典作品。如莆仙戏《春草闯堂》,诙谐幽默,表演精湛,被京剧、黄梅戏、豫剧等剧种的600多个剧团移植演出,轰动全国。舞剧《丝路花雨》以崭新的舞蹈语言为舞剧艺术注入了新的活力,从创作观念和舞台样式都突破了中国民族舞剧原有的局限,成为中国舞蹈创作史上具有划时代意义的经典之作。京剧《盘丝洞》、《三打陶三春》、河北梆子《钟馗》都经过新的改编,剧本文学和舞台都有新的创造,久演不衰,历久弥新。

　　评奖不是目的,获奖也不是终点。2010年9月,文化部组织获奖作品在全国31个省市区和港澳台地区的100多个城市开展巡演。除了在大城市演出外,还注重到西部地区、基层农村进行慰问演出,并开展艺术讲座、艺术交流等公益活动,培养年轻观众,引导和提升观众审美趣味。这次巡演也是文化主管部门转变政府职能、创新评奖和展演机制的新尝试,巡演采取政府搭台、市场运作的方式,变事前资助为事后奖励,促使院团开拓演出市场,增强市场营销能力,有效调动了艺术院团、演出剧场、演出公司和地方政府的积极性,取得了良好效果,演出总场次419场,演出收入1300多万元,观众40多万人次,其规模之大、范围之广是文化系统自新中国成立以来前所未有的。

(八)公益演出活动服务广大基层群众

在艺术工作中坚持贯彻党的群众路线,面向基层、面向农村,实行重心下移、服务下移,开展公益性演出活动,实行低票价、举办农民工专场等惠民措施,引导和激励文艺工作者和文艺院团积极参与公共文化服务体系建设,让广大群众共享文化发展的成果。1.深入开展"三下乡"活动,根据中央部署,文化部持续多年,组织中直院团在元旦春节前后赴"老少边穷"地区和四川、甘肃等地震灾区,每年为基层群众进行慰问演出一百多场,并组织知名艺术家和书画家小分队开展慰问演出、送春联年画活动,受到了基层人民群众的欢迎。为贯彻中央新疆工作座谈会精神,文化部启动"文化援疆"工作,自 2010 年起连续三年组织著名艺术家组成小分队赴新疆进行慰问演出,为新疆各族人民群众送去丰富多彩的文艺节目。各地文化主管部门结合本地实际,也广泛开展形式多样、内容丰富的文化惠民活动。2.组织高雅艺术进校园,从 2005 年开始,教育部、文化部、财政部以"走近大师、感受经典、陶冶情操、提高修养"为主题,每年组织国家级艺术院团和地方优秀艺术院团赴高校进行一百多场演出,内容均是古今中外相关艺术领域的经典作品或优秀艺术成果,引导青年学生接受优秀文化艺术的熏陶,树立正确的价值观和健康向上的审美观念,受到大学生的热烈欢迎,已有数百万大学生成为此项活动的直接受益者。3.深入开展"走转改"活动,组织 9 个国家艺术院团于 2011 年下半年深入开展"走基层、转作风、改文风"活动,分赴北京、辽宁、福建等多个省市,下到基层厂矿和田间地头,接地气、采民风、动真情,为群众献上精彩演出。一些艺术院团还创办品牌性公益演出活动,使走进基层、慰问演出制度化、规模化,如国家京剧院"红色经典中华行"活动、中央歌剧院"年度歌剧公共免费开放日"活动、中国儿童艺术剧院"红典儿童剧走进西部校园公益演出"活动、中央芭蕾舞团"走进芭蕾"公益教育演出等,吸引力不断增强,辐射面越来越广。4. 建立国家艺术院团联系基层基地，为引导文艺工作者牢记文艺的"二为"方向，加强文艺与人民群众的联系，增强国情了解，增加基层体验，增进群众感情，文化部建立和完善国家艺术院团基层联系点制度，中国东方演艺集团公司在福建南安蓉中村、中央歌剧院在辽宁东港桃源村、中国交响乐团在重庆南岸北斗村、中央民族乐团在河北固安屈家营村、中国国家京剧院在山东烟台鲁东京剧文化促进会、中国儿童艺术剧院在北京东城区分司厅小学先后建立了深入生活、服务群众的联系基地，并已正式挂牌，开展采风创作、慰问演出、基层辅导等文化共建活动。中国国家话剧院、中央芭蕾舞团、中央歌剧舞剧院也正在与有关地方加强联系，推动建立基层联系点。推进全国美术馆免费开放，2011 年 3 月文化部、财政部印发《关于推进全国美术馆、公共图书馆、文化馆站免费开放工作的意见》，要求国家级、省级美术馆于 2011 年底之前向公众免费开放，中央财政将"三馆一站"免费开放经费列入制度性预算当中。截至 2011 年年底，全国 15 个省级美术馆已经全部向公众免费开放。美术馆免费开放拆除了"艺术殿堂"的围墙，更加突出了公共文化设施的公共属性，使参观流量明显上升，受众层次日益丰富。而且各美术馆通过举办优秀展览和公共教育活动，改造服务设施，完善服务管理，受到群众的广泛欢迎。

二、艺术创作繁荣的主要经验

党的十六大以来，尤其是党的十七大以来，当代中国进入了全面建设小康社会的关键时期和深化改革开放、加快转变经济发展方式的攻坚时期，文化越来越成为综合国力竞争的重要因素、越来越成为经济社会发展的重要支撑，丰富精神文化生活越来越成为我国人民的热切愿望。着眼世情、国情、党情新变化，我们党越来越重视文化建设，提出了一系新思想、新观点、新论断，逐步形成了新的文化发展理念，走出了一条中国特色社会主义文化发展道路。

　　党的十七大从党和国家事业发展全局出发,对兴起社会主义文化建设新高潮、推动社会主义文化大发展大繁荣作出战略部署。党的十七届六中全会,进一步从战略上研究部署文化改革发展,通过了《中共中央关于深化文化体制改革　推动社会主义文化大发展大繁荣若干重大问题的决定》,提出了坚持中国特色社会主义文化道路、努力建设社会主义文化强国的战略思想和宏伟目标,提出了新形势下推进文化改革发展的指导思想、重要方针、目标任务、政策举措。《决定》是当前和今后一个时期指导我国文化改革发展的纲领性文件,鼓舞和激励着广大文艺工作者以高度的文化自觉和文化自信,为推动文化大发展大繁荣、建设文化强国作出新的伟大贡献。

　　以党的十七大为标志,我国社会主义文化建设进入了大发展大繁荣的新的历史时期。文化体制改革不断深化,文艺事业取得了长足进步和崭新成就,呈现出百花齐放、生机勃勃的繁荣景象。在党中央国务院的坚强领导下,文化部以科学发展观统领艺术工作,牢牢把握先进文化前进方向,坚持"二为"方向和"双百"方针,加强对文艺产品创作生产的引导,在组织理论学习培训、繁荣艺术创作生产、推进艺术传承创新、实施重大艺术工程、举办重大艺术展演、培养造就艺术人才、开展基层慰问演出、推动中华文化走出去等方面做了大量卓有成效的工作。广大文艺工作者在改革开放波澜壮阔的历史进程中,以更大的思想解放力度和改革创新力度,投身火热的现实生活和文艺实践,生动反映改革开放和社会主义现代化建设的伟大实践,热情讴歌国家繁荣富强与民族团结进步的历史征程,真情描绘人民群众创造幸福生活的精神风貌,潜心创作,辛勤耕耘,立足当代中国实践,传承优秀民族文化,借鉴世界文明成果,反映人民主体地位和现实生活,创作生产出一大批思想深刻、艺术精湛、群众喜闻乐见的艺术作品,谱写了中国艺术事业的新篇章。戏剧、音乐、舞蹈、杂技、曲艺等舞台艺术和美术作品精彩纷呈,无论是题材主题的丰富还是风格形式的多样,无论是思想内涵的开掘还是艺术表现的拓展,都呈现出崭新的面貌。舞台艺术和美术成为当今中国创作活跃、富有影响的文艺样式,成为广大人民群众精神文化生活的丰富大餐,吸引、感染着亿万观众。

在看到成绩的同时,我们也要清醒地看到,与我国经济社会又好又快发展的新形势相比,与文化"两大一新"的要求相比,与人民群众不断增长的精神文化需求相比,艺术创作生产依然存在一些突出问题和差距。比如,体现时代精神、反映现实生活的精品力作还不够多,文艺团体和优秀作品面向市场、面向群众的意识需进一步加强,原创能力和创新意识不够,利用现代高新技术和传播手段的能力不强,文化贸易"逆差"较大,优秀作品走出去的力度需进一步加大,优秀作品的推介宣传方式和渠道仍需进一步拓展,文艺人才队伍建设急需加强,等等。这些问题需要我们认真加以研究,进一步完善相关政策扶持和经费保障,加大对文艺作品创作生产的引导力度。

党的十六大以来,我国艺术创作和艺术工作的丰富实践,进一步深化了我们对中国特色社会主义文艺工作特点和规律的认识,积累了许多宝贵的工作经验。归结起来,有如下几点:

(一)必须坚持社会主义先进文化前进方向,推进社会主义核心价值体系建设

社会主义先进文化是马克思主义政党思想精神上的旗帜,文化建设是中国特色社会主义事业总体布局的重要组成部分。坚持中国特色社会主义文化发展道路,推动社会主义文化大发展大繁荣,必须坚持以马克思列宁主义、毛泽东思想、邓小平理论和"三个代表"重要思想为指导,深入贯彻落实科学发展观,坚持社会主义先进文化前进方向。要坚持马克思主义的指导地位,用中国特色社会主义理论体系武装头脑、指导实践、推动工作,确保文化改革发展沿着正确道路前进。

社会主义核心价值体系是兴国之魂,是社会主义先进文化的精髓,决定着中国特色社会主义发展方向。在当代中国,一切文化产品只有生动地体现了社会主义核心价值体系这个"魂",才有主心骨,才有精

气神。广大文艺工作者要确立正确的价值坐标,自觉把社会主义核心价值体系体现到精神文化产品创作生产传播各方面,赋予文艺作品更加丰富、更加深刻的思想内涵,推动全社会形成统一指导思想、共同理想信念、强大精神力量、基本道德规范。要把以爱国主义为核心的民族精神和以改革创新为核心的时代精神作为文艺作品表现的主题,大力弘扬中华民族自强不息、艰苦奋斗、顽强拼搏、敢于胜利的思想传统,深刻反映当代中国人民解放思想、实事求是、与时俱进、开拓创新的进取精神,进一步增强民族自尊心、自信心、自豪感。要通过各种形式的文艺创作,大力倡导中华民族优秀传统美德和社会主义精神文明,弘扬真善美、贬斥假恶丑,在全社会形成积极践行社会主义荣辱观的良好风尚。要坚持用社会主义核心价值体系引领社会思潮,在有力抵制各种错误和腐朽思想影响的同时,尊重差异、包容多样,激发社会思想文化活力,不断巩固和壮大主流思想文化,建设中华民族共有精神家园。

(二)必须全面贯彻"二为"方向和"双百"方针,坚持"三贴近",把满足人民群众精神文化需求作为文艺工作的出发点和落脚点

为人民服务、为社会主义服务方向和百花齐放、百家争鸣方针,是坚持中国特色社会主义文化发展道路、建设社会主义文化强国的根本遵循。广大文艺工作者要认清肩负的历史责任,自觉把"二为"方向和"双百"方针的要求贯穿于文化产品创作生产全过程,努力创作生产更多无愧于历史、无愧于时代、无愧于人民的优秀作品。

全面贯彻"二为"方向和"双百"方针,就要始终坚持以人民为中心的创作导向。文艺创作生产源于人民、为了人民、属于人民,必须牢固树立人民是历史创造者的观点,坚持正确创作方向,热情讴歌改革开放和社会主义现代化建设伟大实践,生动展示我国人民奋发有为的精神风貌和创造历史的辉煌业绩。引导文化工作者牢记神圣职责,坚持正确文化立场,认真对待和积极追求文化产品的社会效果,弘扬真善美、贬斥假恶丑,把积极的人生追求、高尚的情感境界、健康的生活情趣传递给人民。

全面贯彻"二为"方向和"双百"方针,就要坚持贴近实际、贴近生活、贴近群众,把满足人民群众精神文化需求作为文艺工作的出发点和落脚点。要组织和鼓励文艺工作者深入人民群众、深入社会实践,获取新鲜营养,进一步增强文艺作品的吸引力和感染力。要坚持把遵循社会主义先进文化前进方向、人民群众喜闻乐见作为评价作品最高标准,把社会效益放在首位,坚持社会效益和经济效益相统一,催生更多既叫好又叫座的文艺作品。要坚持面向基层、重心下移,多创作生产传播适合基层群众需要的文艺作品,多开展方便基层群众欣赏和参与的文艺演出,进一步丰富基层文化生活。

全面贯彻"二为"方向和"双百"方针,就要坚持发扬艺术民主、学术民主,营造积极健康、宽松和谐的氛围。弘扬主旋律、提倡多样化,提倡不同观点和学派充分讨论,提倡各种体裁、题材、形式、手段充分发展,推动观念、内容、风格、流派积极创新,鼓励探索,扶持原创,宽容失败,最大限度地焕发创新激情和创造活力。要建立公开、公平、公正的评奖机制,开展积极健康的文艺批评,努力形成褒优贬劣、激浊扬清的正确导向。

(三)必须坚持精品战略,多出优秀作品和优秀人才,努力为人民群众创造出更好更多的精神食粮

精品力作是一个时代文艺繁荣发展的重要标志,是中华民族伟大复兴征程上最耀眼的文化印记。在当今文化建设的热潮中,人民群众和伟大时代都在呼唤着更好更多的优秀作品不断涌现,文化主管部门和文艺工作者要把多出思想性、艺术性、观赏性相统一的精品力作作为不懈追求。

文艺工作者要树立精品意识,潜心创作、精益求精,善于把深刻的思想内涵、丰富的知识信息与完美的艺术形式有机结合起来,在注重提升作品思想内涵的同时,不断提高作品的艺术魅力,增强吸引力和感染力。要克服浮躁心态,克服急功近利,发扬十年磨一剑的精神,甘于寂寞,心无旁骛,精雕细刻,反复打磨,不断挖掘作品的深刻主题,不断丰富作品的表现形式,不断提升作品的艺术境界,勇攀艺术高峰,努力创作出更多经得起历史和人民检验的精品力作、传世佳作。

政府主管部门要实施精品战略,加强创作规划,精心组织好重大革命和历史题材创作、重点文艺作品的扶持工程,鼓励原创和现实题材创作,扶持代表国家水准、具有民族特色和地方特色的优秀艺术品种,积极发展新的文艺样式,不断推出文艺精品,进一步加强对文艺作品创作生产的引导,充分发挥重大文化精品工程和文艺精品的示范导向作用。加强文艺人才队伍建设,建立健全有利于优秀文艺人才脱颖而出的体制机制,造就一批人民喜爱、有国际影响的名家大师和民族文艺代表人物。加大优秀文艺作品推广力度,为展演展览弘扬主流价值的精品力作创造条件。鼓励一切有利于陶冶情操,愉悦身心,寓教于乐的文艺创作,抵制低俗之风。设立专项艺术基金,支持收藏和推介优秀文艺作品。

(四)必须加强优秀传统文化传承,坚持改革创新,积极推动中华文化走出去

优秀传统文化凝聚着中华民族自强不息的精神追求和历久弥新的精神财富,是发展社会主义先进文化的深厚基础,是建设中华民族共有精神家园的重要支撑。要全面认识祖国传统文化,取其精华、去其糟粕,古为今用、推陈出新,加强对优秀传统文化思想价值的挖掘和阐发,维护民族文化基本元素,使优秀传统文化成为新时代鼓舞人民前进的精神力量。

文化引领时代风气之先,是最需要创新的领域。要树立新的文化发展理念,进一步解放思想、转变观念,增强改革创新的自觉性和坚定性,热情支持改革,积极投身改革,勇于破解改革难题,在文化体制机制改革的大潮中激发创作热情,成就艺术辉煌。要紧密结合时代发展的新要求、人民群众审美需求的新变化、文艺创作生产传播手段的新变

革,大力推进文化体制机制创新、内容形式创新、传播手段创新、业态创新、科技创新,使创新始终成为文艺产品创作生产传播的强劲动力,形成创新活力竞相迸发、创新成果不断涌现的生动局面。要善于把继承和创新有机结合起来,大力弘扬民族优秀文化传统和五四运动以来形成的革命文化传统,学习借鉴国外文化创新有益成果,兼收并蓄、博采众长,展示中国文艺的创新品格和创新风范,引领中国文艺与时俱进、蓬勃发展。

推动中华文化走向世界,不断增强中华文化在世界上的感召力和影响力。开展多渠道多形式多层次对外文化交流,广泛参与世界文明对话,促进文化相互借鉴,着力打造一批有世界影响的知名文艺作品、文化品牌、文化企业,充分展示中华优秀传统文化的多姿多彩和博大精深,充分展示当代中国文化建设的最新成果,充分展示中国人民改革创新、和平发展、文明进步的精神风貌和良好形象,努力形成与我国国际地位相适应的文化软实力。

(五)必须加强和改进党对文艺工作的领导,完善政策保障机制,提高推动文艺事业繁荣发展的科学化水平

加强和改进党对文化工作的领导,是推进文化改革发展的根本保证,也是加强党的执政能力建设和先进性建设的内在要求。各级党委和政府要从战略和全局出发,把文化建设摆在全局工作重要位置,进一步关心支持重视文艺工作,贯彻落实好党的各项文艺方针政策,深入研究文艺工作新情况新特点,及时解决涉及文艺繁荣发展的重大问题,切实担负起推进文化改革发展的政治责任。

推进文艺繁荣,要以科学理论为指导,遵循艺术规律。文化主管部门必须坚持以科学发展观为统领,坚持发展是硬道理,把文化繁荣发展作为落实科学发展观的重要内容和基本要求。要自觉把科学发展理念贯穿到文化建设的各个方面、各个环节,坚持以人为本,坚持全面协调可持续发展,坚持统筹兼顾,正确认识和妥善处理涉及文化改革发展和文艺创作生产的各种重大关系,不断提高文化建设和文艺管理的科学化水平,努力促进文化建设和文艺事业又好又快发展。要正确认识文化的双重属性、双重功能,确立"双轮驱动"的发展思路,发展公益性文化事业和文化产业。必须准确运用马克思主义唯物辩证法,学会全面地、辩证地认识问题,分析问题,解决文化改革发展中遇到的各类问题。要把握好处理各种复杂问题的度,着力破解文化改革发展的难点热点,统筹兼顾,区分轻重缓急,处理好点与面、当前与长远的关系,统筹协调好各方面关系。在具体工作中,保证文艺作品数量稳定增长的同时,着力提高艺术质量、多出精品佳作,是当前文艺创作生产落实科学发展观、转变发展方式重要而紧迫的任务。必须牢牢把握正确方向,遵循文艺发展规律,加快构建有利于文艺繁荣发展的管理体制和运行机制,综合运用政策、资金、展演、评奖、宣传等多种手段,加强引导扶持,进行宏观调控,最大限度地调动积极因素,最大限度地整合利用资源,最大限度地发挥广大文艺工作者的积极性主动性创造性,为人民群众提供更好更多的精神食粮。

要完善保障机制,加大经费支持,为文艺繁荣创造良好发展环境,提供强大动力。保证公共财政对文化建设投入的增长幅度高于财政经常性收入增长幅度,提高文化支出占财政支出的比例。扩大有关文化基金和艺术创作专项资金规模,完善投入方式,加强资金管理,提高资金使用效率,扶持代表国家水平、具有民族特色和地方特色的优秀艺术品种,扶持国有文艺院团的创作生产和经营发展。发挥市场在文化资源配置中的积极作用,落实和完善文化经济政策,支持社会组织、机构、个人捐赠和兴办公益性文化事业。鼓励、支持非公有制资本进入文艺表演团体等文化领域,增强文艺发展活力。

这些宝贵经验,继承了党领导文艺工作的优良传统,体现了社会主义文艺工作的本质要求,反映了新形势下党和人民的要求与期待,展现了新时期文艺工作的成功探索,弥足珍贵,一定要倍加珍惜、长期坚持、大力发扬,并在实践中不断丰富和发展。

深入推进文化体制改革
进一步解放文化生产力

党的十六大以来,伴随全面建设小康社会的推进,文化体制改革也进入了新阶段。在党中央的高度重视和正确领导下,文化系统高举中国特色社会主义伟大旗帜,深入贯彻落实科学发展观,按照区别对待、分类指导、循序渐进、逐步推开的要求,紧紧围绕制约文化科学发展的重点领域和关键环节,解放思想、开拓创新,着力破解改革难题,增强发展动力,加强组织领导,完善政策措施,推进文化体制改革取得实质性进展,文化事业和文化产业发展实现新的跨越,开创了中国特色社会主义文化建设崭新局面。

一、十六大以来文化体制改革的主要历程

党的十六大对深化文化体制改革、加快文化事业和文化产业发展作出一系列重大部署,以胡锦涛为总书记的党中央以科学发展观为指导,把文化建设提到前所未有的高度,提出了一系列新观点、新论断、新要求。总体上说,近十年来的文化体制改革实现了由被动改革向主动改革的转换,由适应经济体制改革的需要向把握文化体制改革自身规律的转换。发展理念和实践的不断创新,带动了文化体制改革不断向纵深推进,大致经历了三个阶段。

（一）第一阶段：试点先行，积极探索

按照党的十六大关于深化文化体制改革的总体部署，2003 年 6 月，中央在京召开了文化体制改革试点工作会议，确定在北京、上海、广东、浙江、重庆、深圳、沈阳、西安、丽江 9 个地区和国家图书馆、中国电影集团公司等 35 家单位进行试点。改革试点的一项重要工作，就是将经营性文化事业单位转换为市场主体。对重要媒体的经营性部分剥离转制，对经营性文化事业单位整体转制，对具备条件的文化单位直接进行股份制改造。试点工作启动后，国家有关部门出台了一系列扶持政策。2003 年 12 月，国务院办公厅下发《关于印发文化体制改革试点中支持文化产业发展和经营性文化事业单位转制为企业的两个规定的通知》（国办发［2003］105 号），从国有文化资产授权经营、资产处置、财政税收、投资和融资、工商管理、价格、收入分配、社会保障、人员分流安置等方面做出了详细的规定，为文化体制改革试点中经营性文化事业单位转制为企业和文化产业发展提供了强有力的政策保障。2005 年，国务院还出台了《关于鼓励、支持和引导个体私营等非公有制经济发展的若干意见》（国发［2005］3 号）和《关于非公有资本进入文化产业的若干决定》（国发［2005］10 号），积极引导多种所有制资本进入文化产业。财政部、海关总署、国家税务总局出台了《关于文化体制改革中经营性文化事业单位转制为企业的若干税收政策问题的通知》（财税［2005］1 号）和《关于文化体制改革试点中支持文化产业发展若干税收政策问题的通知》（财税［2005］2 号），从税收方面进一步细化了优惠扶持政策。经过两年多的大胆探索，扎实工作，各试点地区和单位基本完成了中央确定的试点任务，为改革向面上逐步推开提供了典型示范，积累了新鲜经验。

全国文化体制改革试点工作启动以后，文化系统认真贯彻落实中央关于深化文化体制改革的系列精神，进一步理清改革思路，研究制定试点工作方案，配合制定相关政策，先后召开了"文化系统体制改革试点工作座谈会"、"全国画院改革工作座谈会"、"全国公共图书馆改革

工作座谈会"、"全国文化系统推进体制改革工作座谈会"、"全国文化事业单位人事制度改革工作座谈会"等会议,大力推进文化体制改革工作。经过改革试点探索,文化系统解放思想、转变观念有了新突破,管理体制和运行机制不断完善,文化事业产业发展迈出了新的步伐。经营性文化事业单位转企改制迈出关键步伐,2004年4月,文化部直属事业单位中国对外演出公司和中国对外艺术展览中心转企改制,组建了中国对外文化集团公司,这是经国务院批准设立的第一家大型国有文化企业。

(二)第二阶段:扩大试点,由点到面

在认真总结试点经验的基础上,2005年年底,中共中央国务院下发《关于深化文化体制改革的若干意见》(中发〔2005〕14号)(以下简称《意见》)。《意见》总结了改革试点经验,明确了推进文化体制改革的指导思想、原则要求和目标任务,对于进一步深化文化体制改革作出全面部署。2006年3月,中央在北京召开全国文化体制改革工作会议,科学地分析了文化体制改革面临的形势和任务,深刻论述了进一步深化文化体制改革的重大意义,对全面推进文化体制改革进行了具体部署。会议新确定除新疆、西藏外全国所有省(区、市)的89个地区和170个单位开展文化体制改革试点。2006年9月,中央发布《国家"十一五"时期文化发展规划纲要》,对"十一五"时期进一步加快文化建设、改革文化体制作出了全面部署,这是新中国成立以来的第一个国家文化发展规划。按照中央深化改革、加快发展的有关精神,中宣部会同文化部、广电总局、新闻出版总署积极制订改革方案,出台政策保障措施,切实落实各项改革任务。党的十七大深刻阐述了文化建设的极端重要性,号召全党更加自觉、更加主动地推动文化大发展大繁荣,兴起社会主义文化建设新高潮,提高国家文化软实力。为贯彻落实党的十七大精神,2008年4月,中央召开全国文化体制改革工作会议,进一步强调要加大力度、加快进度,推动文化体制改革工作取得新的实质性进展。会上,文化部、广电总局、新闻出版总署负责同志分别介绍了本系统改革进展情况和下一步工作要求,20 个地区和单位交流了经验,33家文化体制改革优秀企业得到表彰。2008 年 10 月,国务院办公厅下发《关于印发文化体制改革中经营性文化事业单位转制为企业和支持文化企业发展两个规定的通知》(国办发[2008]114 号),延续并完善了国办发[2003]105 号文件中关于国有文化资产管理、资产和土地处置、收入分配、社会保障、人员分流安置、财政税收、投资和融资、工商注册登记等方面的扶持政策。2009 年上半年,中央文化体制改革领导小组组成督查组,对除新疆、西藏外的全国 29 个省(区、市)的文化体制改革工作进行督查,进一步推动改革。2009 年 7 月,国务院常务会议审议通过的《文化产业振兴规划》提出,支持有条件的文化企业进入主板、创业板上市融资,鼓励已上市文化企业通过公开增发、定向增发等再融资方式进行并购和重组,支持符合条件的文化企业发行企业债券。这是我国第一部的文化产业专项规划,是继钢铁、汽车、纺织等十大产业振兴规划后出台的又一重要产业振兴规划,标志着文化产业上升为国家战略性产业。

　　文化系统积极贯彻落实十七大精神,不断积累试点经验,推动文化系统体制改革工作向面上开展。2006 年 7 月,文化部制定了《关于进一步做好文化系统体制改革工作的意见》(文政法函[2006]1329 号),进一步明确了深化文化系统体制改革的重要性和紧迫性,并结合文化建设实际,明确了文化系统体制改革的方针、原则和目标要求。《意见》要求各级文化行政部门要切实贯彻“区别对待、分类指导、循序渐进、逐步推开”的工作方针,以发展为主题,以改革为动力,以体制机制创新为重点,紧紧围绕加强公共文化服务、重塑文化市场主体、完善市场体系、改善宏观管理、转变政府职能等关键环节,积极稳妥地推进文化系统体制改革。《意见》明确提出要坚持“两手抓,两手强”,推动公益性文化事业和经营性文化产业全面发展。2008 年 12 月,文化部召开了文化体制改革工作领导小组及办公室调整后的第一次工作会议,将文化体制改革列入党组最重要的议事日程之一,进一步深化对文化体制改革重要性、紧迫性和艰巨性的认识,认真分析和梳理存在的问题和难点,抓住关键环节,力求取得重点突破。2009年6月,文化部召开全国文化体制改革工作领导小组会议,总结中国东方歌舞团、中国文化报社、文化部文化市场发展中心和中国演出管理中心四家单位转企改制阶段性工作的经验,号召各转制单位和部机关广大干部职工以高度的政治责任感,振奋精神,扎实工作,同心协力,攻坚克难,确保完成各项既定工作任务。为加快推进国有文艺院团体制改革,2009年7月,中宣部、文化部联合下发《关于深化国有文艺演出院团体制改革的若干意见》(文政法发[2009]25号),明确了国有文艺院团体制改革的"路线图"和"时间表";系统阐述了国有院团体制改革的重要性和紧迫性、指导思想、目标任务和基本原则;明确提出了坚持把转企改制作为国有院团体制改革的中心环节,把结构调整作为重要内容,同时积极推进县级院团体制改革,深化保留事业体制院团的内部机制和管理制度改革;指明了国有院团体制改革在宏观环境建设、政策支持、组织保障等方面的要求。

(三)第三阶段:全面展开,加快推进

2009年8月,中央在南京召开全国文化体制改革经验交流会。这是中央开展大规模督查之后推进文化体制改革的又一重要举措。会议强调,当前文化体制改革已进入攻坚克难的关键阶段,迫切要求在已有工作的基础上,抓住关键环节和重点领域,加大力度,加快进度,在解决影响和制约文化科学发展的一些深层次矛盾和问题上实现重点突破,推动文化体制改革向纵深发展。会上,中宣部、文化部、广电总局、新闻出版总署联合表彰了12个先进地区和58家先进企业,对改革成功经验进行总结,进一步深化了对文化体制改革工作规律的认识,明确了新形势下深化文化体制改革的新要求,对改革的重点领域和关键环节作出了部署。2010年7月23日,中共中央政治局就深化我国文化体制

改革研究问题进行第二十二次集体学习。胡锦涛总书记在主持学习时强调,深入推进文化体制改革,促进文化事业全面繁荣和文化产业快速发展,关系全面建设小康社会奋斗目标的实现,关系中国特色社会主义事业总体布局,关系中华民族伟大复兴。我们一定要从战略高度深刻认识文化的重要地位和作用,以高度的责任感和紧迫感,顺应时代发展要求,深入推进文化体制改革,推动社会主义文化大发展大繁荣。当前和今后一个时期的工作重点是"三加快一加强",即加快文化体制改革创新,加快构建公共文化服务体系,加快发展文化产业,加强对文化产品创作生产的引导。这次会议发出了文化体制改革的"总动员令"。2010 年 9 月,全国文化体制改革工作会议在青岛召开,总结前一阶段全面推进文化体制改革的情况,明确了深化文化体制改革特别是促进文化发展方式转变的要求。2011 年 1 月,全国宣传部长会议在北京举行,李长春同志在讲话中围绕推动社会主义文化大发展大繁荣的目标,明确了宣传思想文化工作推动"三加快一加强"的具体举措,要求宣传思想文化战线为"十二五"时期发展开好局、起好步提供强大的思想保证、精神动力、舆论支持和文化条件。2011 年 4 月底至 5 月初,中央在合肥召开全国文化体制改革工作会议,强调要按照国家"十二五"经济社会发展的总体部署,牢牢把握科学发展主题和加快转变经济发展方式主线,着力破除制约文化发展的体制机制障碍,转变文化发展方式,为"十二五"文化改革发展开好局、起好步。会议表彰了 84 个改革工作先进地区,交流了经验、分析了形势、研究了问题、理清了思路,对深化文化体制改革、加快文化事业文化产业发展作了全面部署。2011 年 10 月,党中央召开十七届六中全会,这是党的历史上第一次在中央全会上专门讨论文化的改革发展问题,第一次以中央决定的形式就文化改革发展的重大问题做出决定,使之成为全党的意志,也是我国历史上第一次提出建设社会主义文化强国的宏伟目标和战略任务。十七届六中全会及其《中共中央关于深化文化体制改革　推动社会主义文化大发展大繁荣若干重大问题的决定》,对于中国特色社会主义事业和中国特色社会主义文化建设而言,具有历史性、里程碑的意义,标志着我国文化建设进入了一个新的历史发展阶段。2012年2月15日,中央发布《国家"十二五"时期文化改革发展规划纲要》(以下简称《规划纲要》),明确了文化建设和文化体制改革的中长期规划。《规划纲要》重申了十七届六中全会提出的文化改革发展的指导思想,明确了"五个坚持"的重要方针,即坚持以马克思主义为指导,坚持社会主义先进文化前进方向,坚持以人为本,坚持把社会效益放在首位,坚持改革开放,将《决定》中提出的战略目标、大政方针、政策措施进行了数量化、项目化和具体化。《规划纲要》提出了到2015年我国文化改革发展的10项主要目标,进一步明确了完成这一目标的具体要求,提出以重点工程带动的工作思路,规划了九大重点工程,并细化分解为50项重点项目。2012年2月17日至18日,中央在太原召开全国文化体制改革工作会议,深刻分析了当前文化改革发展的难得机遇和紧迫要求,全面阐述了下一步文化体制改革工作的方针政策和重点任务。会上,中宣部、文化部、广电总局、新闻出版总署对已基本完成中央确定的文化体制改革任务、文化事业和文化产业发展成效明显的17个省(区、市)和148个市(州、盟)予以通报表彰。

文化体制改革工作全面推开后,文化系统按照中央决策部署,进一步解放思想、转变观念,坚持以改革促发展、以发展带改革,紧紧抓住国有文艺院团体制改革、经营性文化事业单位转企改制、文化市场综合执法改革等关键环节,推动文化系统体制改革向纵深发展。2010年1月,文化部文化体制改革工作领导小组会议全面总结了前一阶段各项改革工作的成就和经验,对下一阶段全面推进文化系统体制改革工作作出全面部署和安排。

在国有文艺院团体制改革方面,文化系统积极贯彻落实《关于深化国有文艺演出院团体制改革的若干意见》(文政法发[2009]25号),举办全国国有文艺院团体制改革工作培训班,各地文化系统迅速掀起学习贯彻关于深化院团体制改革精神的热潮,2009年共有69家国有文艺院团转企改制,是过去六年的总和。2011年5月,中宣部、文化部联合下发《关于加快国有文艺院团体制改革的通知》(文政法发[2011]22号),进一步明确了改革的"路线图"、"时间表"和"任务书",确定了"五个一批",即"转企一批"、"整合一批"、"划转一批"、"撤销一批"、"保留一批"的改革路径,要求确保在2012年上半年之前完成改革任务。《通知》一并下发了最终确定的131家保留事业单位性质的国有文艺院团名单,明确今后原则上不得新设或恢复事业单位性质的文艺院团。《通知》强调,院团转制改革,要严格标准、规范操作,建立充分体现艺术规律的经营管理体制;要加大在财政、土地处置、社会保障、人员安置、演出场所建设等方面的政策保障力度;要切实加强组织领导,按计划开展督查和验收工作。2012年上半年,文化部开展国有文艺院团体制改革专项督查,督促改革滞后地区加快进度、加大力度,确保按照中央要求完成国有文艺院团体制改革的阶段性任务。

在经营性文化事业单位转企改制方面,2009年11月,由中国东方歌舞团、中国文化报社、文化部文化市场发展中心和中国演出管理中心(合并转制)四家单位转企改制组建的中国东方演艺集团有限公司、中国文化传媒集团有限公司、中国动漫集团有限公司三家文化央企成立,连同先前成立的中国对外文化集团公司,"文化航母"初见雏形。2010年,文化部继续推动四家集团公司深化转企改制,以人员身份转换为主线、以职工群众支持为保障、以完善企业运行机制为依托,创造性地推进规范转制工作,取得重大实质性进展,事业编制全部核销,实现了全员劳动合同管理。2011年12月,文化部所属图书出版单位转企改制工作基本完成,中国录音录像出版总社将转企改制和引入战略投资者结合起来,成立了中国数字文化集团有限公司,打造科技型文化企业。

在文化市场综合执法改革方面,2009年9月,中宣部、中编办、文化部、广电总局和新闻出版总署联合下发《关于加快推进文化市场综合执法改革工作的意见》(中宣发[2009]25号),明确提出要建立协调有序的文化市场综合执法运行机制,完善统一高效的文化市场监管体系,加强文化市场综合执法队伍的专业化、规范化、信息化建设。2009年10月,文化部召开全国文化市场综合执法改革经验交流会,明确了改革的目标任务、重点工作,文化市场综合执法改革从试点阶段转入全面开展、加快推进的阶段。随后,文化部下发了《关于加强文化市场综合执法指导工作的通知》(文市发[2009]37号),为进一步健全权责明确、行为规范、监督有效、保障有力的文化市场综合执法体制,提高文化市场综合执法规范化水平提供了政策保障。2010年,文化部开发了文化市场综合执法办公系统,以技术手段提升文化市场管理水平,逐步建立了一个全国的统一高效的执法信息化平台。2011年年底,文化部出台《文化市场综合行政执法管理办法》,这是我国第一部专门针对文化市场综合执法工作进行管理和规范的部门规章,奠定了综合执法的法律基石、理顺了各相关行政部门的职责分工、进一步规范了执法程序和执法制度。

为贯彻落实十七届六中全会精神和《国家"十二五"时期文化改革发展规划纲要》,2012年2月28日,文化部发布《文化部"十二五"时期文化产业倍增计划》(文产发[2012]7号),紧扣十七届六中全会关于文化产业发展的最新精神和文化产业发展新趋势,明确了"十二五"时期文化系统文化产业的指导思想、发展思路、发展目标、主要任务、重点行业和保障措施,拟实现"十二五"时期文化部门管理的文化产业增加值至少翻一番的目标。2012年5月10日,文化部发布《文化部"十二五"时期文化改革发展规划》,这是指导文化系统"十二五"时期改革发展的总体规划,明确了"十二五"期间文化发展的总体思路、目标和任务,对于文化系统科学谋划"十二五"文化发展,抓住机遇,乘势而上,推动文化大发展大繁荣,具有重要意义。

二、十六大以来文化系统体制改革取得的主要成就

党的十六大以来,文化系统面对错综复杂的国际形势和国内改革

发展稳定的任务,牢牢把握科学发展这个主题,坚持围绕中心、服务大局,认真落实党中央国务院关于文化改革发展的重大部署,团结奋进,攻坚克难,推动文化系统体制改革工作不断向纵深发展,取得了巨大成就,开创了文化体制改革发展的崭新局面。

(一)全国国有文艺院团体制改革基本完成,一个以企业为主体、事业为补充的新型演艺体制格局基本形成

国有文艺院团体制改革是文化体制改革的重点任务之一。党的十六大以来,在中央的正确领导下,各地各部门按照"因地制宜、分类指导"的要求,开拓进取、攻坚克难,有力推动该项工作不断取得突破性进展。一是国有文艺院团体制改革基本完成。截至 2012 年 7 月 20 日,全国文化系统 2102 家承担改革任务的国有文艺院团,已完成和正在进行转制、撤销和划转的院团 1925 家,占比 92% ;北京、天津、河北、山西、内蒙古、辽宁、吉林、上海、江苏、安徽、江西、湖北、湖南、重庆、四川、贵州、云南、陕西、甘肃、青海、宁夏等 21 个省(区、市)基本完成国有文艺院团转企改制任务。在已完成改革任务的院团中,转企改制占61% ,撤销院团占 20% ,划转院团占 19% 。二是保留事业单位性质院团积极深化内部机制改革。保留事业单位性质的院团积极推进劳动人事、收入分配、社会保障等方面的改革,并在项目策划、剧目创作、市场推广、品牌运作方面创造了新鲜经验。国家话剧院建立"国家话剧院北京演出院线",形成了"长时段、多剧目、多场次、多场点"的国话演出新模式。中国交响乐团将北京音乐厅转制为剧院管理有限公司,组建全国音乐厅院线联盟,并建立了符合交响乐团职业特点和规律的现代化管理体系。三是国有演艺骨干企业不断壮大。按照调整布局、优化结构、扩大规模、延伸产业链的要求,目前全国共组建演艺集团 80 家。中国东方演艺集团公司、北京演艺集团有限公司、江苏演艺集团有限公司、重庆演艺集团有限公司都跨入年营业收入超亿元的演艺企业行列。四是演艺市场逐渐繁荣。通过改革,国有文艺院团的活力得以充分释

放,纷纷以开拓市场求发展、以提高艺术质量求进步,取得了社会效益
与经济效益的双丰收。市场在演艺资源配置中的积极作用逐渐凸显,
破除了演出市场经营主体的所有制壁垒。国有演艺企业与民营演艺企
业相互促进、平等竞争。演艺业与其他产业相互结合、良性互动,如演
艺产业与旅游业融合,成功打造了《时空之旅》、《丽水金沙》、《宋城千
古情》等一系列旅游演艺品牌。通过改革,一个以企业为主体、事业为
补充,面向市场、面向群众的新型演艺体制格局基本形成。

(二)经营性文化事业单位转企改制取得丰硕成果,文化企业不断做大做强,市场竞争力明显增强

经营性文化事业单位转企改制是整个文化体制改革的重难点。长
期以来,掌握大量文化资源的经营性文化事业单位游离于市场之外,竞
争力不强,不是真正意义上的市场主体。以国办发[2003]105号文件
和国办发[2008]114号文件为代表的改革配套政策,为经营性文化事
业单位转企改制和文化企业发展提供了重要保障。一是转企改制工作
取得重大胜利。文化部按照"创新体制、转换机制、面向市场、壮大实
力"的要求,以建立现代化企业制度为重点,积极推进文化部系统经营
性文化事业单位转企改制。中国对外文化集团公司、中国东方演艺集
团有限公司、中国文化传媒集团有限公司、中国动漫集团有限公司将原
事业单位1020个事业编制全部核销,实现了全员劳动合同管理,推动
职工参加企业保险,妥善解决职工社会保障问题。文化部系统五家出
版社转企改制工作也顺利完成。中国录音录像出版总社先后完成了债
权债务清理、转制方案报批、清产核资、财务审计等工作,引入首都创业
集团有限公司作为战略合作伙伴,成立了中国数字文化集团有限公司;
国家文物局所属的文物出版社、中国艺术研究院所属的文化艺术出版
社、国家图书馆所属的国家图书馆出版社、故宫博物馆所属的紫禁城出
版社也完成了各项转企改制工作。二是文化企业社会效益和经济效益
显著提升。中国东方演艺集团有限公司积极开创全媒体、多业态的演

艺文化产业发展模式,与江苏熔盈投资集团联合成立东方熔盛文化艺术股份有限公司,注册资本1亿元,并且与民生银行总行联合,通过柜台发行总价值50亿人民币的"东方汇文化产业基金",用于资助股份公司的产业拓展项目。2011年,公司总收入超过1亿元,演职员工年均收入15万元。中国对外文化集团公司制作并推出音乐剧《妈妈咪呀》中文版,票房超过5700万元,观众达21万余人次。

中国动漫集团有限公司2011年本部收入超过7000万元,其中动漫相关业务超过5000万元。中国文化传媒集团有限公司在日本设立了总代表处,与北京市西城区政府、东莞市政府、台湾旺旺中时媒体集团签订了战略协议,竞争力大大提升。改革有力地解放和发展了文化生产力,一大批经营性文化事业单位转企改制后,按照现代企业制度要求建立新的管理体制和运营模式,通过调整结构、整合资源、引入社会资金等多种方式,生产出既符合精神文明建设要求,又有市场前景的文化产品,逐步成为文化市场中的国有骨干文化企业。

(三)文化市场综合执法改革基本完成,文化市场综合执法水平进一步提高,统一、开放、健康、有序的文化市场环境进一步形成

自2004年8月文化市场综合执法改革启动以来,各地积极探索、扎实工作,按照"统一领导、统一协调、统一执法"的要求,坚持加强规范与促进发展并举,加快组建统一的文化市场综合执法机构,积极建立协调有序的综合执法运行机制,不断完善统一高效的文化市场监管体系,文化市场综合执法改革取得重大胜利,文化市场进一步繁荣。一是文化市场综合执法机构组建工作全面完成。截至2012年5月31日,除新疆、西藏外,全国地级市(含副省级城市及直辖市的县区)已全部组建综合执法机构,全国2605个县区,综合执法机构组建率已达94.2%,文化市场综合执法改革已进入收尾阶段。二是执法队伍建设得到增强。全国执法人员总数由改革前的17220人增加到2011年年底的30175人。北京、上海、重庆、浙江、广东等地将综合执法经费全部纳入财政预算,执法机构的工作条件大为改善。文化部出台《文化市场综合执法队伍培训规划(2011—2015年)》和《关于加强文化市场综合执法装备配备的指导意见》,组建了131人的综合执法培训师资队伍,组织统一培训。仅2011年就开展培训6批次,培训了535人;省级执法机构开展培训64批次,培训了3100多人。文化市场综合执法办公系统已在全国大部分省(区、市)应用,执法队伍信息化水平显著提升。三是文化市场监管效能大大提高。2012年1至5月份,文化部部署开展各类专项行动,重点加强对动漫、网吧、演出以及出版物等市场的清理整治力度,全国各级文化行政部门和文化市场综合执法机构共出动执法人员488万余人次,确保文化市场平稳有序运行。

(四)公共文化服务管理体制和运行机制日趋完善,服务能力和水平显著提升,人民群众的基本文化需求得到更好满足

按照"增加投入、转换机制、增强活力、改善服务"的要求,全国各地公益性文化事业单位均在人事、分配、社保等方面先后实行了改革,不同程度地建立了绩效考核评价的机制,有效整合资源,创新服务模式,提高了公共文化服务能力和公共文化资源利用效率,人民群众的基本文化需求不断得到满足,初步建成覆盖城乡的公共文化服务体系。一是公共文化基础设施建设稳步推进。2011年,我国重点乡镇综合文化站已新建和扩建2.67万个,实现乡乡全覆盖,全国乡镇综合文化站建设全部规划项目基本建成并投入使用。如北京市实现了区县文化馆、图书馆全覆盖,街道乡镇和社区农村文化设施覆盖率达到96.4%,公共图书馆计算机信息服务网络覆盖全市。广西整合文化、卫生、计生、体育和新闻出版等部门的资源,共建共享,建设800个村级公共服务中心。二是公共文化服务制度体系建设取得进展。2011年,国家公共文化服务体系示范区(项目)创建工作取得突破性进展,首批31个地级市(区)和47个项目获得创建资格,为公共文化服务体系建设发挥了示范和带动作用。在山东烟台召开全国地市级公共文化服务体系建设现场经验交流会,明确了以地市级城市为中心,统筹城乡公共文化服务发展的思路。三是公共文化服务能力明显提升。2011 年,公共文化设施免费开放工作全面推进,全国文化文物部门归口管理的博物馆、纪念馆和爱国主义教育基地全部实行免费开放,全国美术馆、公共图书馆、文化馆(站)免费开放工作全面实施,北京、安徽、江苏、湖南、陕西、广东、江西、山东、新疆等地已率先实现"三馆一站"免费开放。四是公共数字文化建设稳步推进。2011 年,文化部下发《关于进一步加强公共数字文化建设的指导意见》(文社文发[2011]54 号),提出了统筹实施数字文化惠民工程、全面推进公共数字文化服务体系建设的发展思路,全年文化信息资源共享工程资源建设总量达 28.4TB,服务 1.6 亿人次。公共电子阅览室建设试点工作全面铺开,数字图书馆推广工程正式启动。广东省建立了全国首家"网络文化馆",推出"网上图书馆"、"网上博物馆"、"网上剧场"等系列数字文化服务。深圳市继续推进图书馆自助服务,全市 41 家公共图书馆及 160 台城市街区自助图书馆服务机实现统一服务。此外,2011 年 9 月,文化部、人力资源和社会保障部、中华全国总工会联合下发《关于进一步加强农民工文化工作的意见》(文社文发[2011]45 号),以进一步保障农民工基本文化权益,丰富农民工精神文化生活,将农民工的文化服务纳入公共文化服务体系统筹安排。

(五)文化产业呈现跨越式发展,规模和实力不断提升,为实现成为国民经济支柱性产业夯实了基础

文化部坚持"结构好、布局好、效益好、可持续"的要求,不断加强文化产业示范园区建设,加快发展动漫、数字文化等新兴文化业态,积极引导和鼓励社会资本投资文化产业,文化产业规模化、集约化、专业化水平不断提高。一是政策规划不断完善。文化部参与并推动国务院出台《文化产业振兴规划》,制定发布了《文化部关于加快文化产业发展的指导意见》(文产发[2010]36 号)和《文化产业投资指导目录》,印发《文化部"十二五"时期文化产业倍增计划》(文产发〔2012〕7号),明确了"十二五"时期文化系统文化产业增加值实现倍增的目标并提出相关政策保障措施。一批重点园区、重点产业、重点项目、重点会展在政策引导下进入快速健康的发展轨道。二是投融资体系建设卓有成效。文化部分别与中国进出口银行、中国银行签订了《关于扶持培育文化出口重点企业、重点项目的合作协议》和《支持文化产业发展战略合作协议》,联合中国人民银行等部门制定下发了《关于金融支持文化产业振兴和发展繁荣的指导意见》(银发〔2010〕94号),为金融支持文化产业发展提供强有力的政策保证。目前,通过部行合作机制完成的重点文化企业信贷项目68个,涉及金额188.91亿元,贷款余额97.32亿元。三是园区基地的引导示范作用不断加强。目前全国共有204家国家文化产业示范基地,6家国家级文化产业示范园区和4家国家级文化产业试验园区,有效发挥了骨干文化企业的示范、窗口和辐射作用。四是文化产业交易平台与公共服务平台作用日益凸显。第六届中国(深圳)国际文化产业博览交易会总交易额首次突破千亿元大关,中国义乌文化产品交易博览会、中国北京国际文化创意产业博览会、中国东北文化产业博览交易会等成功举办。2011年,文化部联合中宣部等部门印发《关于贯彻落实国务院决定加强文化产权交易和艺术品交易管理的意见》(中宣发〔2011〕49号),进一步完善对文化产权交易和艺术品交易的引导和规范。党的十七大以来,全国文化产业增加值年平均增长速度超过23%,占国内生产总值的比重显著提升,为实现文化产业成为国民经济支柱性产业奠定了坚实的基础。

(六)大力实施文化"走出去"战略,国家文化软实力不断提升,中华文化的国际竞争力和影响力日益增强

十六大以来,文化系统贯彻落实党和国家关于对外文化工作的方针政策,充分发挥文化外交的作用,进一步强化与世界大部分国家和地区的文化关系,大力推动我国文化产品和服务走向世界,中华文化的影

响力和竞争力不断增强。一是对外文化交流工作机制逐渐完善。2009年,经国务院批准,文化部牵头建立了"对外文化工作部际联席会议"制度,为整合资源,形成合力,推动中华文化"走出去"奠定了重要基础。二是文化外交活动影响广泛。积极开展中外文化对话,有效引导思想文化的交流、交锋与交融,先后举办中欧文化高峰论坛、中美文化论坛、中欧文化对话、中日文化界人士座谈会、中土文化界知名人士座谈会、中印文化界人士座谈会等文化精英间的对话,增进彼此间的了解与理解。努力发挥品牌效应,开展"欢乐春节"、"中国艺术节"、"中国文化年"、"中外文化展示周"、"中非文化"聚焦等一系列重大的文化活动,扩大中华文化影响力。三是海外中国文化中心建设扎实推进。在德国、日本、俄罗斯、蒙古、新加坡、墨西哥、泰国、西班牙等国筹建中国文化中心,逐步在世界范围内形成科学合理的布局,强化文化中心的平台作用和辐射功能。2011年,9个文化中心共举办文化活动近800起,在传播中华文化方面作出了重要贡献。四是文化贸易繁荣,文化企业"走出去"步伐加快。2011年,我国首个国家级对外文化贸易基地在上海揭牌。中国对外文化集团公司与奥地利维也纳控股有限公司、维也纳城市演艺有限公司之间建立长期合作谅解备忘录。天创国际演艺制作交流有限公司以独立投资方式购买美国布兰森市白宫剧院产权,通过实施"本土化"战略抢占了国际文化竞争的主动权。据不完全统计,2011年,我国出国商业演出场次达到8090场,观众达到1316.97万人次,总收入达到2.03亿元,是2009年总收入的2.5倍。通过改革,"全国一盘棋"的对外文化工作格局已经初步形成,"政府主导、社会参与、多种方式运作"的活动机制逐步形成,对外文化交流渠道日益拓展。

(七)对文化产品创作生产的引导机制逐渐完善,文艺创作生产不断繁荣,精品力作不断涌现

党的十六大以来,文化系统坚持"二为"方向和"双百"方针,坚持弘扬主旋律与提倡多样化相统一,坚持面向市场、面向观众的正确导向,不断加强对文化产品创作生产的扶持和引导,创新艺术管理手段,改进完善文艺评奖工作,提高评奖质量,强化评奖机制的激励和导向作用,文艺创作生产异彩纷呈,精品力作不断涌现。一是大型文艺创作演出进一步繁荣。如以庆祝新中国成立60周年重大活动为契机,文化系统组织强大阵容圆满完成了大型音乐舞蹈史诗《复兴之路》、大型主题展览《复兴之路》、"向祖国汇报——庆祝新中国成立六十周年献礼演出"、"向祖国汇报——新中国美术六十年"大型美术展览和国家重大历史题材美术创作工程作品展览等一系列大型庆祝活动。大型音乐舞蹈史诗《复兴之路》在人民大会堂连演16场,观众达10万人次,在国家大剧院连续演出80场,得到了中央领导同志和各界观众及海内外的广泛赞誉。献礼演出时间长、规模大、影响广泛,全国各地包括港澳台在内的110余台优秀剧(节)目在北京演出400余场,观众超过30万人次。各地文化行政部门也开展了丰富多彩的文化活动,呈现出全民欢庆的喜人场面。在庆祝建党90周年和纪念辛亥革命100周年系列文艺活动中,《我们的旗帜》文艺晚会主题深刻、规模宏大、富有艺术感染力,受到胡锦涛总书记等中央领导的赞扬和社会各界的好评。二是文化精品工程的示范和导向作用进一步发挥。推动国家舞台艺术精品工程、国家重点京剧院团保护和扶持规划、国家昆曲艺术抢救保护和扶持工程、中国民族音乐发展和扶持工程,各省积极推动艺术创作,推出了一批优秀作品。2009年,国家重大历史题材美术创作工程经过近五年的创作,共评出104件入选作品,为国家留下了一笔宝贵的精神财富和物质财富。三是文艺评奖机制逐渐完善,评奖质量不断提高。2009年,开展首届优秀保留剧目大奖评选,近三十年来创作演出的1000多部剧目中,有18部深受广大观众喜爱的优秀作品获得了"优秀保留剧目大奖"称号。2010年,文化部会同财政部设立总额达1亿元的"国家繁荣文学艺术创作专项资金";改革"文华奖"评奖机制,提高了政府奖的权威性和影响力;第十三届"文华奖"和第十五届"群星奖"评选活动,组织了114台各类文艺演出,150多场各具特色的群众广场演出、展览展示和送戏下乡活动,进一步丰富、活跃了群众文化生活,使之真正成为"艺术的盛会、人民的节日"。四是艺术节、展演、评介推广等活动影响广泛。2010年,开展国家艺术院团优秀剧目展演,观众超过10万人次;首届优秀保留剧目全国巡演活动在100多个城市演出近400余场。2011年,国家艺术院团优秀剧目展演期间的演出交易推介会上签约演出571场,交易额达1.16亿元,实现了社会效益和经济效益双丰收。与湖北省政府在武汉举办了第六届中国京剧艺术节,35台剧目参加,名家云集,流派纷呈,共举办了64场剧场演出和20多场基层演出,观众达17万人次。

三、文化体制改革的主要经验

通过全方位推进文化体制改革,文化生产力不断解放、文化创造活力充分焕发,文化事业文化产业全面繁荣、协调发展,开创了文化建设的崭新局面,走出了一条成熟的中国特色社会主义文化发展道路。改革实践使我们不断深化对文化改革发展的规律性认识,为我们在新的历史起点上进一步深化文化体制改革、加快发展文化事业和文化产业积累了宝贵经验。

(一)必须坚持以马克思主义为指导,深入贯彻落实科学发展观,自觉把社会效益放在首位,努力实现社会效益与经济效益相统一

文化改革发展的目标是建设社会主义先进文化,为社会主义现代化建设服务。在发展社会主义市场经济条件下,如何正确处理好社会效益与经济效益的关系,是文化建设和文化体制改革必须解决好的一个重大课题。要充分考虑文化产业的意识形态属性和商品属性,始终坚持先进文化的前进方向,把社会效益放在首位,努力实现社会效益和经济效益的有机统一。要把尊重精神文明建设规律与尊重市场经济规律结合起来,通过占有更大的市场份额,更好地发挥优秀作品引导人、教育人的作用。无论是文化事业还是文化产业,都应当在科学发展观的统领下服务于社会主义现代化建设大局。

(二)必须充分认识文化体制改革的重要性和紧迫性,把深化改革、加快发展放在重要战略位置

发展社会主义先进文化,是贯彻落实科学发展观的必然要求,是构建社会主义和谐社会的必然要求。对文化建设和文化体制改革思想上重视不重视,领导上得力不得力,是改革工作能否顺利推进的重要保证。党的十六大突出强调了文化建设的极端重要性,明确了文化体制改革的总体目标。党的十七大明确提出要推动社会主义文化大发展大繁荣。十七届六中全会就文化改革发展的重大问题做出决定,使之成为全党的意志,提出建设社会主义文化强国的宏伟目标和战略任务。这充分体现了党中央面对新阶段新形势作出科学判断,将文化体制改革的重要地位上升到前所未有的高度。由于长期以来计划经济形成的某些认识和体制机制还在一定程度上影响着文化发展,我国丰富的文化资源还没有得到充分有效的开发和利用,文化产品服务与人民群众需求之间不相适应的矛盾还比较突出。要繁荣和发展社会主义先进文化,就必须通过破除制约文化发展的机制体制障碍,进一步解放和发展文化生产力。从全局和战略的高度出发,高度重视文化建设和文化体制改革,把改革工作纳入重要议程,纳入经济社会发展全局,统一安排部署,是改革工作顺利推进的保证。

(三)必须坚持以科学发展观为指导,不断解放思想、更新观念,勇于实践、大胆创新,推动改革向纵深发展

改革涉及利益调整,冲击传统观念,必然会遇到各种各样的矛盾和问题。要顺利推进改革,必须以解放思想、更新观念为先导。思想观念的解放程度,决定了文化体制改革的广度和深度。只有冲破落后观念和主观偏见的束缚,在加快发展中解放思想,在解放思想中统一认识,

才能不断开创改革发展新局面。改革取得了突破,归根到底是解放思想、实事求是、与时俱进的结果。要全面领会中央关于发展社会主义先进文化的一系列新观念新论点,用新的视野来看待文化的地位、作用和发展途径,破除传统观念的束缚,增强运用市场机制推动文化改革发展的本领。要进一步强化"早改早主动、早改早发展"的改革意识,发扬与时俱进、敢为人先的进取精神,把转变思想观念贯穿于改革全过程,不断以新思维研究新情况、解决新问题。

(四)必须坚持一手抓公益性文化事业、一手抓经营性文化产业,促进文化事业和文化产业协调发展

正确区分公益性文化事业和经营性文化产业,坚持"双轮驱动"的发展模式,是市场经济条件下发展社会主义文化的必然选择。公益性文化事业单位是实现和保障公民基本文化权益的重要手段。发展公益性文化事业,要坚持以政府为主导,鼓励社会参与,贯彻"增加投入、转换机制、增强活力、改善服务"的方针,切实提高服务群众的能力和水平,最大限度地发挥公益性文化事业的社会效益。经营性文化产业是繁荣发展社会主义文化、满足人民群众多方面精神文化需求的重要途径。发展经营性文化产业,要充分发挥市场配置资源的基础性作用,坚持以市场为导向,贯彻"创新体制、转换机制、面向市场、壮大活力"的要求,调动社会力量发展文化产业,在市场竞争中发展壮大。

(五)必须坚持区别对待、分类指导、循序渐进、逐步推开的工作方针,确保文化改革发展符合实际、收到实效

区别对待,就是要考虑中、东、西部不同地区经济社会发展的不平衡性,考虑农村和城市的差别,因地制宜,不搞一刀切,不要求用同一个标准、同一个模式解决所有问题。分类指导,就是充分考虑不同行业、不同单位的性质和特点,提出不同的改革要求,对每一个行业领域和单位的性质和功能进行分析,有针对性地加强指导。循序渐进、逐步推开,就是要把改革的总体目标和阶段性目标有机统一起来,从实际出发,坚持典型引路、先点后面、先易后难、逐步推进,确保改革有计划、有步骤地推进。在深化改革的过程中,善于发现和总结经验,运用多种形式及时推广。把总结经验和学习中央精神结合起来,在实践中加深对中央精神的理解,更好地把中央的要求落到实处。把总结经验与基层改革实践结合起来,善于从群众的创造中汲取智慧,不断探索解决问题、推动工作的新思路、新途径、新办法。把总结经验与理论研究结合起来,把具有普遍意义的经验升华为理性认识,为深化改革提供有力的理论指导。充分发挥新闻媒体的作用,采取生动有效的形式,积极宣传推广改革试点阶段创造的好经验,宣传改革中涌现的新典型,加大推动改革的力度。

(六)必须正确处理改革与发展的关系,把改革的力度与发展的速度有机结合起来

改革是动力,发展是目标,两者相互依存、不可分割。要通过深化改革,调整结构,盘活存量,为加快发展注入不竭动力。只有把深化改革与促进发展统一起来,以改革的力度推动发展的速度,以发展的成果检验改革的成效,才能推动文化建设又好又快发展。必须以发展、繁荣为主题,聚精会神搞建设,一心一意谋发展。发展必须是以改革为动力的发展,必须是科学的发展。近年来,我们在文化体制改革中不断创新管理体制,拓宽发展思路,取得了很好的成效,一个重要原因就是使改革和发展相互衔接、相互配套。要通过改革和发展调动广大文化工作者的积极性,才能保证改革的正确方向,积极稳妥地推进各项改革工作。

(七)必须完善宏观管理、转变政府职能,更好地以管理促进文化市场主体发展和文化市场体系繁荣

随着文化体制改革的深入推进,文化产业和文化市场快速发展,文化管理的对象、内容和范围都有了很大的变化,必须创新文化管理体制,提高管理和服务水平,推动文化大发展大繁荣。完善宏观管理,要加快建立党委领导、政府管理、行业自律、企业事业单位依法运营的文化管理体制和富有活力的文化产品生产经营机制。推广综合执法,加大执法力度,提高文化市场的监管能力和水平。加快转变政府职能,要按照建设法治政府和服务型政府的要求,推进政企分开、政资分开、政事分开、政府与市场中介组织分开,推动文化行政管理部门逐步实现由办文化向管文化转变,由微观向宏观转变,由主要依靠行政手段向综合运用经济、法律、行政手段转变,更好地履行政策调节、市场监管、社会管理和公共服务的职能。完善市场体系,要打破按部门、按行政区划和行政级次分配文化资源和产品的传统体制,打破条块分割、地区封锁、城乡分离的市场格局,加快建立健全统一、开放、竞争、有序的现代文化市场体系。培育各类文化产品市场,加强文化生产要素市场建设,促进文化资本、人才、技术在更大范围内合理流动。建立健全市场中介机构和行业组织,提高文化产品和服务的市场化程度。

(八)必须坚持以人为本,切实保护广大干部职工的利益,调动文化工作者的积极性、主动性和创造性,激发全社会的文化改革发展活力

广大文化工作者是文化建设的主力军,深化文化体制改革,直接涉及他们的利益调整。要坚持一切相信人民群众,一切依靠人民群众,从群众中来、到群众中去的工作路线,使改革获得最广泛最可靠的群众基础和力量源泉。要引导大家正确认识眼前利益和长远利益、局部利益和整体利益、个人利益和集体利益的关系,考虑干部职工的承受能力和接受程度,维护群众基本利益,特别注重妥善解决转企改制中职工的社会保障和分流安置问题。要用改革凝聚人心,尊重基层群众的首创精神,激发干部职工的改革热情,使广大文化工作者成为改革的主人。

（九）必须加强对改革发展的组织领导、完善政策体系，确保各项工作任务扎实推进

文化体制改革是一项系统工程，深化文化体制改革，各地各有关部门一定要担负起推动文化改革发展的政治责任，加强组织领导，健全领导体制和工作机制，不断提高工作的科学化水平，确保文化改革发展各项工作任务顺利实施、落实到位。完善政策体系是加强组织领导工作的关键环节，文化体制改革的推进离不开行之有效的配套政策。改革实践证明，政策的完善程度和执行力度，直接关系到改革发展的进度和成效。随着改革的不断深化，必须根据实践的需要不断修订、完善配套政策体系，使文化领域体制机制创新与劳动、人事、分配、社会保障、行政管理等各方面的改革相衔接，为顺利推进改革、加快发展营造良好环境。

推动公共文化服务体系科学发展
保障人民共享文化改革发展成果

　　2002 年,党的十六大提出"要积极发展文化事业和文化产业",分别就文化事业和文化产业的改革发展提出了具体目标和任务,基本上形成了公益性文化事业与经营性文化产业"两手抓,两加强"的文化发展思路,吹响了发展公益性文化事业,尊重和保障人民群众基本文化权益的号角。2005 年 10 月,党的十六届五中全会第一次正式提出要"加大政府对文化事业的投入,逐步形成覆盖全社会的比较完备的公共文化服务体系"。2006 年,十六届六中全会作出的《中共中央关于构建社会主义和谐社会若干重大问题的决定》要求,"加快建立覆盖全社会的公共文化服务体系"。2007 年 6 月,胡锦涛总书记主持召开中共中央政治局会议,强调要大力加强公共文化服务体系建设。8 月,中办、国办下发《关于加强公共文化服务体系建设的若干意见》。党的十七大把建设"覆盖全社会的公共文化服务体系"作为实现全面建设小康社会的重要目标之一,标志着公共文化服务体系建设已经成为国家文化发展的重要战略。2011 年,《国民经济和社会发展第十二个五年规划纲要》明确提出要在"十二五"时期"建立健全公共文化服务体系"。2011 年 10 月,十七届六中全会专题研究文化改革发展,通过了《关于深化文化体制改革　推动社会主义文化大发展大繁荣若干重大问题的决定》,提出到 2020 年文化事业全面繁荣,覆盖全社会的公共文化服务体系基本建立,努力实现基本公共文化服务均等化的奋斗目标。构建公共文化服务体系这一战略任务的确立,体现了对政府文化职能的清晰定位、对公民文化权利的尊重和对文化民生的主动担当,为更好地坚持中国特色社会主义文化发展道路,指明了方向、提供了依据。当前,加强公共文化服务体系建设已经成为各级党委政府的自觉行动,逐渐成为社会各界的广泛共识。

党的十六大以来,党中央、国务院以保障人民群众基本文化权益为出发点和落脚点,高度重视公共文化服务体系建设。各级党委政府和文化、财政、发改等部门认真贯彻落实科学发展观,以建立覆盖全社会的公共文化服务体系为目标,以重点文化惠民工程为抓手,以文化设施为载体,以强化服务为核心,加大建设力度,公共文化服务体系建设呈现出蓬勃发展、整体推进、重点突破的良好态势,覆盖城乡的公共文化服务体系框架基本建立,有效保障了广大人民群众的基本文化权益。

一、推动公共文化服务体系科学发展的举措和取得的成果

(一)文化事业费投入大幅度增加,公共文化服务体系资金保障水平明显提高

随着我国财力的增强,文化事业费投入不断增加,为公共文化服务体系建设提供了有力的资金保障。2011年,全国文化事业费为392.62亿元,与2002年的83.66亿元相比,增长了4.69倍。人均文化事业费从2002年的6.51元增加到2011年的29.14元,增长了4.5倍。尤其是党的十七大以来,我国的文化事业费投入大幅度增加。2011年,全国文化事业费为392.62亿元,与2007年的198.96亿元相比,增幅达97.33%。人均文化事业费从2007年的15.06元增加到2011年的29.14元,增幅为93.49%。2011年,文化部、财政部联合开展了美术馆、公共图书馆、文化馆(站)免费开放工作,以免费开放为契机,初步建立了中央财政和地方财政合理分担的公共文化机构运行经费保障机制,推动了各地政府加大对公共文化机构的经费保障力度。2011年,

在中央对地方文化工程补助资金 35.97 亿元中,对实施免费开放的市县两级公共图书馆、文化馆和乡镇综合文化站实行经费补助,每个地市级公共图书馆、文化馆每年补助 50 万元,每个县级公共图书馆、文化馆每年补助 20 万元,每个乡镇综合文化站每年补助 5 万元,中央财政分别分担中西部地区的 50% 和 80%,对东部地区实行以奖代补,仅 2011 年中央免费开放资金补助就达到 18.23 亿元。据不完全统计,全国地方各级财政共落实免费开放保障资金 30.82 亿元,其中东部地区落实 25.11 亿元,中部地区落实 2.89 亿元,西部地区落实 2.82 亿元。

在中央财政的引导和带动下,各地努力加大文化事业费投入力度,积极探索社会资本参与公共文化服务体系建设的途径和方式,公共文化服务体系经费投入方式日趋多样化。一是通过财政预算对公共文化设施建设和活动经费提供充分保障。二是设立文化发展基金。三是以政府补贴的方式增强基层文化设施建设能力。四是通过多级投入的方式,实现经费分担。五是积极引导社会资金进入公共文化服务领域。云南省于 2009 年起,每年按照农民人均 0.50 元的标准安排文化惠农活动补助经费,用于农民享有基本文化权益的活动补助,2009—2010 年,省级财政共安排“文化惠农”专项资金 3764 万元。四川省成都市把乡镇(街道)综合文化站(中心)活动经费纳入财政预算,城区人均文化经费每人每年按 6—10 元标准纳入财政预算,远郊区县每人每年按 2 元标准转移支付,全市每年累计投入达 1.1 亿多元,基本满足了保障人民群众基本文化权益的需要。福建省引导、鼓励社会力量捐赠文化设施建设,福州图书馆设施建设募集资金 4 亿元。河北霸州市政府设立文化发展基金,把重点文化设施、公益性文化服务列入财政预算,每年对文化建设的投入增幅不低于市财政经常性收入的增幅。多样化的公共文化服务投入方式,既明确了政府在公共文化服务投入中的主导性责任,又兼顾了各级政府和基层社区的财力状况,成为公共文化服务体系建设的有力保证。

（二）公共文化设施建设稳步推进，覆盖城乡的公共文化设施网络初步形成

党的十六大以来，我国公共文化设施建设稳步推进。在国家重大文化设施建设方面，国家博物馆改扩建工程、国家话剧院剧场建设工程等相继竣工，国家美术馆、中国工艺美术馆·中国非物质文化遗产展示馆、中央歌剧院剧场等工程完成立项审批。同时，一系列面向基层、面向农村的重大文化设施建设项目顺利实施，显著改善了基层文化设施的整体面貌。在县级公共文化设施建设方面，"十五"期间我国实施了县级图书馆、文化馆建设项目，到"十五"期末，基本实现县县有图书馆、文化馆的建设目标。2009 年至 2011 年，中央财政又投入 8.1 亿元，对全国面积不达标的 621 个公共图书馆、1502 个文化馆进行修缮，显著提高了公共图书馆、文化馆的建设水平。在乡镇文化设施建设方面，2007 年至 2010 年，中央财政共投入 39.48 亿元，补助全国 2.67 万个乡镇综合文化站建设，到"十一五"末基本实现了"乡乡有综合文化站"的建设目标。为解决乡镇文化站设施"空壳"问题，中央财政 2008 年至 2011 年安排乡镇文化站设备购置专项资金 15 亿元，为中西部 22 个省（区、市）已建成且达标的 2.25 万个乡镇文化站配备文化信息资源共享工程设备和开展文化活动所必需的设备器材。在地市级公共文化设施建设方面，2011 年，国家发展改革委、文化部和国家文物局印发了《全国地市级公共文化设施建设规划》，"十二五"时期，中央将补助 70 亿元用于地市级公共图书馆、文化馆和博物馆建设。截止到 2011 年底，全国共有县级以上独立建制公共图书馆 2952 个，文化馆（含群艺馆）3285 个，乡镇（街道）文化站 40390 个，村文化室 283752 个，社区文化活动中心 99521 个，基本实现了"县有图书馆、文化馆，乡有综合文化站"的建设目标，覆盖城乡的公共文化设施网络已经基本形成。

各级地方政府和文化行政部门也积极推动公共文化设施建设，努力完善区域公共文化设施网络。福建省组织实施了"年百个乡镇综合文化站改造完善工程"，为乡镇综合文化站配送设备器材。福建省南

平市把 500 多座祠堂、庙堂、废旧礼堂改造为书堂或农民文化俱乐部，扩大了文化阵地。四川省成都市将社区文化中心纳入城乡建设规划，统一规划设计、统一建设标准、统一功能配置、统一标志标牌，率先实现社区文化设施达标全覆盖。山东省青岛市投资 30 多亿元，在城区形成了"十五分钟文化圈"，在农村实现了文化活动场所"镇镇有"、"村村有"的目标。从总体上看，经过中央和各地长期持续的努力，我国基本上实现建成中央省地县乡村六级公共文化设施网络。

（三）公共文化人才队伍建设不断加强，队伍素质稳步提升

高素质的公共文化人才队伍是公共文化服务体系科学发展的重要支撑。近年来，文化部按照"存量优化、增量优选"的原则，积极推动各地探索吸引人才、培养人才、留住人才、用好人才的体制机制，建立一支稳定的、高素质的公共文化人才队伍。2010 年，中宣部、文化部等六部委下发了《关于加强地方县级和城乡基层宣传文化队伍建设的若干意见》，明确规定了乡镇文化站人员编制标准和培训要求。2011 年，中宣部、文化部等六部委组织督察组对各地贯彻落实《意见》情况进行了督察，有效推动了地方加强城乡基层公共文化人才队伍建设。2011 年，文化部、财政部在制定国家公共文化服务体系示范区创建标准时，明确要求"乡镇（街道）综合文化站的人员编制 3 名以上，行政村和社区有至少 1 名财政补贴的文化管理员（文化指导员）"，"市级文化单位业务人员占职工总数不低于 70%，县级文化事业单位业务人员占职工总数不低于 80%"，"县级文化单位在职员工参加脱产培训时间每年不少于 15 天，乡镇街道、村、社区基层文化专兼职人员参加集中培训时间每年不少于 5 天"等，以此带动县级和城乡基层公共文化队伍建设。为提高基层文化工作者的综合素质和服务能力，2010 年，文化部下发了《文化部关于开展全国基层文化队伍培训工作的意见》，策划实施了基层文化队伍培训项目。在"十二五"期间，将坚持"分级负责，分类实施"的原则，对全国现有 24.27 万县乡专职文化队伍和 366.85 万左右的业

余文化队伍进行系统培训;依托中央文化管理干部学院、山东大学、浙江艺术职业学院等全国基层文化队伍培训基地,形成辐射全国、带动周边、各具特色、功能互补的培训基地网络。全国基层文化队伍培训以"学得会、用得上、有实效"为出发点,突出基层文化工作者在学习培训中的主体地位,坚持把素质和能力培养贯穿于培训的全过程,使专兼职结合的基层文化队伍素质显著提高,公共文化服务能力明显增强。

在中央政策的指导下和基层文化队伍培训项目的带动下,各地文化行政部门努力强化公共文化人才配备,加强队伍培训,提高公共文化队伍素质。一些地方探索建立了包括图书馆总分馆体系中的分馆馆长委派制度、村级文化中心(室)专职管理员制度、镇(街)综合文化中心专职工作人员编制量化制度、综合文化站文化工作人员下派制度等。如,四川省在城市社区普遍建立"文化辅导员制度",积极鼓励艺术家、教师和有文艺专长的居民担任文化辅导员。福建省从 2006 年开始,采取县聘、乡管、村用的方式,在全省近 1.5 万个行政村聘用了 14597 名村级文化协管员,由省级财政安排每人每月 100 元专项补贴(每年近2000 万元)。山东省确定了 100 个基层文艺人才辅导点,各市确定了640 多个基层辅导点,累计培训群众文艺骨干 6.5 万人次。浙江实施农村文化队伍素质提升工程,分级分批分类对基层文化干部、业余文艺骨干、村级文化管理员进行培训,3 年来受训人员达 7 万余人。河北霸州探索建立"文化户口管理制度",对现有文化人才情况进行调查摸底,建立个人艺术档案,在全市营造了尊重人才、爱护人才、关心人才的良好环境,培养了书法之家、绘画之家、音乐之家、戏曲之家等"特色文化家庭"1000 多户,民间文化带头人 2000 余人。

(四)公共文化服务体系软件建设深入推进,政策法规等制度保障水平明显提高

党的十六大,尤其是十七大以来,各级文化部门认真贯彻中央文化体制改革精神,转变政府职能,把公共文化政策法规体系建设和制度设计作为履行好公共文化管理和服务职能的重要抓手,加强典型经验的总结推广,不断提高公共文化政策法规保障水平,努力向人民群众提供系统性、制度性、公平性、可持续性的公共文化服务。

一是开展制度设计研究,加强公共文化服务体系顶层设计。2010年3月,文化部启动了国家公共文化服务体系制度设计研究工作。主要任务是围绕谋划"十二五"工作思路,针对当前公共文化服务体系建设存在的突出问题,根据我国区域差异、城乡差异的具体实际,结合公共文化服务体系示范区建设,对涉及全局性、战略性的重大问题进行研究,提出相关政策建议和具体解决方案。通过制度设计研究,吸纳一流专家,建立一支政府公共文化机构、专家学者组成的公共文化服务体系政策理论研究队伍,为政府决策提供参考咨询;形成一系列推进公共文化服务体系建设的政策、手段和措施,努力建立公共文化服务体系建设的长效机制。2011年上半年,文化部成立了国家公共文化服务体系建设专家委员会作为思想库和智囊团,确定了制度设计研究课题体系,建立了专家对课题、课题对省份、省份对专家的工作机制,把国家公共文化服务体系示范区(项目)创建工作与制度设计研究工作相衔接。这一系列举措,对于进一步推动公共文化服务体系建设科学发展,具有里程碑意义。围绕国家公共文化服务体系建设大局,制度设计研究为重大政策的出台提供了有力的理论支撑和智力支持,有效发挥了"决策参考,指导实践,推动立法"的重要功能。比如,文化部依据制度设计课题研究成果,制定了美术馆、公共图书馆、文化馆(站)免费开放、加强农民工文化建设、加强公共数字文化建设的有关政策文件,对公共文化服务体系建设发挥了重要的推动作用。

二是开展国家公共文化服务体系示范区(项目)创建工作,探索推动公共文化服务体系建设科学发展的路径。2011年,文化部与财政部实施了国家公共文化服务体系示范区(项目)创建工作。在"十二五"期间,按照公益性、基本性、均等性、便利性的要求,在全国东、中、西部创建一批结构合理、发展平衡、网络健全、运行有效、惠及全民的公共文

化服务体系示范区,培育一批具有创新性、带动性、导向性、科学性的公
共文化服务体系示范项目,为我国公共文化服务体系建设探索路径、积
累经验、提供示范,推动公共文化服务体系建设科学发展。创建工作以
地级市为单位,用 6 年时间分 3 个创建周期创建 90 个左右的示范区,
覆盖、带动全国 1/3 以上的市县,以此为抓手,整体推动全国公共文化
服务体系建设。示范区创建工作得到了党中央、国务院的肯定,党的十
七届六中全会《决定》明确提出,要"推进国家公共文化服务体系示范
区创建",表明这项工作已经由文化系统的部门行为上升为中央的重
要决策部署。从创建工作情况看,各示范区创建城市将创建工作作为
探索建立符合本地实际的公共文化服务体系建设路径的重要举措,在
资金投入、设施建设、体制机制建设等方面优先考虑、重点推进,推动了
公共文化服务体系的跨越式发展。一是撬动地方大幅投入。粗略估
算,首批中央财政 3.05 亿元示范区创建补助资金撬动了 31 个城市财
政资金投入超过 100 亿元。31 个示范区创建城市均以创建工作为契
机,推动落实了中央关于"保证公共财政对文化建设的增长幅度高于
财政经常性收入增长幅度"的政策要求,部分创建城市 2011 年比 2010
年文化事业费投入实现了翻一番。二是设施建设大幅提速。通过开展
创建工作,许多示范区创建城市将重大公共文化设施项目列入"十二
五"规划并加快施工建设,公共文化设施建设至少提速 5 年,不少创建
城市上马了一些大型公共文化设施建设项目,实现了跨越式发展。各
地还采取了一系列"固强补弱"的措施,优化公共文化设施空间布局,
提高设施体系化水平,推动了文化设施合理布局、均衡发展。三是突出
矛盾加快解决。如各创建城市纷纷增设编制,落实创建标准中每个乡
镇文化站配备 3 名专职人员、每个社区配备不少于 1 名财政补贴的文
化管理员的要求,使长期存在的乡镇文化站无人员编制和村(社区)无
配置文化管理员的问题得到了有效解决。此外,很多创建城市对社会
力量参与公共文化服务、建立公共文化服务绩效考核机制等难题进行
了制度设计研究,并上升为政府文件,形成长效机制。

　　三是加快推进文化立法,完善公共文化服务政策法规体系。文化立法是推动公共文化服务体系建设的一个重要抓手,也将为地方文化行政部门争取各方面支持提供法律依据。近年来,文化领域制定了《文物保护法》、《非物质文化遗产保护法》、《著作权法》、《公共文化体育设施条例》等法律法规。在公共文化服务方面,2008 年 11 月,文化部召开《公共图书馆法》立法工作会议,正式启动《公共图书馆法》立法工作。2010 年 3 月,起草完成了《公共图书馆法》的征求意见稿,广泛征求了意见,并进行了修改完善。目前,该稿已报送国务院法制办。2004 年,中宣部下发了《关于制定我国文化立法十年规划(2004—2013)》,提出要制定《公益性文化事业保障法》。目前,《公共文化服务保障法》已列入文化部二类立法项目。在部门规章层面,文化部积极推动地方贯彻落实《乡镇综合文化站管理办法》,组织修订《文化馆管理办法》、制定《城市社区文化设施管理办法》等规章,争取早日形成一个比较完备的具有中国特色的公共文化法律法规体系,提高依法治文、依法行政水平。同时,文化部还会同国家发展和改革委员会、住房和城乡建设部、国土资源部、国家质量监督检验检疫总局、国家标准化管理委员会等多部门联合颁布了一批规范公共文化设施规划、建设和服务的标准,如 2008 年颁布的公共图书馆和文化馆的"建设用地指标"与"建设标准",2012 年初以国家标准形式颁布的《公共图书馆服务规范》等。地方性公共文化法规政策建设也不断加强,发挥着先行先试、探索路径、积累经验的作用。如广东省和江苏省分别出台了《广东省公共文化促进条例》和《江苏省农村公共文化服务管理办法》,上海、山东、江西、新疆等地先后出台了公共图书馆服务规范,有效提高了公共文化服务体系建设政策法规保障水平。

　　四是总结和推广公共文化服务体系建设的典型经验,在全国发挥示范和带动作用。2010 年 11 月,文化部在云南省昆明市召开了"全国村级文化建设工作座谈会",推广云南省腾冲市大村、昆明市福保村等地村级文化建设经验。2010 年 12 月,文化部、中宣部在河北省霸州市组织召开"全国县级公共文化服务体系建设现场经验交流会",总结推广河北霸州 14 年持之以恒推进公共文化服务体系建设的典型经验。2011 年 6 月,文化部、中宣部在山东烟台组织召开全国地市级公共文化服务体系建设现场经验交流会,总结推广山东烟台、湖南长沙等地市级公共文化服务体系建设的典型经验。通过推广地市级—县级—村级文化建设的典型经验,有效发挥了先进典型的示范带动作用,以点带面推动我国公共文化服务体系建设。

(五)深入实施重大数字文化工程,促进文化和科技的融合

现代科学技术和传播手段在公共文化服务体系建设中具有基础性和战略性的地位。在数字化、信息化、全球化的时代背景下,公共数字文化建设是数字化、信息化、网络化环境下文化建设的新平台、新阵地,发展公共数字文化建设,是适应时代发展的必然要求和战略选择。近年来,文化部、财政部适应时代进步和社会发展的新要求,联合实施了全国文化信息资源共享工程、数字图书馆推广工程与公共电子阅览室推广计划等重大数字文化工程。2011 年,文化部、财政部下发了《关于进一步加强公共数字文化建设的指导意见》,提出加大三大数字文化惠民工程实施力度。

一是深入实施全国文化信息资源共享工程。工程自 2002 年实施以来,经过十年建设,已初步构建了层次分明、互联互通、多种方式并用的国家、省、市、县、乡镇(街道)、村(社区)六级数字文化服务网络。截至 2011 年底,工程经费投入总额达 66.87 亿元,其中,中央财政投入30.64 亿元,各地累计投入资金 37.12 亿元。截至 2012 年 5 月,工程已建成 1 个国家中心,33 个省级分中心(覆盖率达 100%),2840 个县级支中心(覆盖率达 99%),28595 个乡镇基层服务点(覆盖率达 83%),60.2 万个行政村基层服务点(覆盖率达 99%),部分省(区、市)村级覆盖范围已经延伸到自然村。29 个省(区、市)完成县级支中心全覆盖和"村村通"目标。数字资源建设总量已达到 136.4TB,包括艺术欣赏、农

业科技、文化教育、知识讲座、少儿动漫等视频类资源 34809 部（场）、21964 小时，少数民族语言资源 1956 小时，共建成 207 个地方特色专题资源库。累计培训人次 591 万，为 11.2 亿多人次提供了服务。

二是实施数字图书馆推广工程。工程于 2011 年 5 月正式启动。数字图书馆推广工程的核心内容是建设覆盖全国的数字图书馆虚拟网、互联互通的数字图书馆系统平台和海量分布式数字资源库群，形成完整的数字图书馆标准规范体系，借助全媒体提供数字文化服务，推进公共文化服务新业态的形成。2011 年，中央财政安排 4980 万转移支付资金，用于选定的 15 个省级馆和 51 个市级馆的硬件平台搭建。截至 2012 年 5 月，已实现与 15 家副省级以上图书馆的虚拟网联通，其中浙江省、湖北省、黑龙江省、山西省基本实现全省联通。2012 年，推广工程将在全部省级馆和 133 个市级馆实施。

三是实施公共电子阅览室建设计划。自 2009 年下半年在北京、天津、辽宁、山东、上海、浙江、广东、安徽、陕西 9 省（市）开展试点工作以来，各试点省（市）积极启动试点工作，推进免费开放，服务成效显著。截至 2011 年底，9 个试点省（市）各级经费投入近 2.7 亿元，参加试点的公共电子阅览室数量达 6200 个，资源总量达 386GB，服务人次近 1700 万。2011 年，中央财政转移支付 1.2 亿元建设资金，重点将东中西部已配备文化共享工程设备的乡镇、街道和社区电子阅览室设备更新和升级，开展少数民族双语网站服务平台、公共电子阅览室管理信息平台的建设，全面提升硬件设施和服务质量。

（六）公共文化服务方式不断创新，公共文化服务能力和水平明显提高

加强公共文化服务体系建设，必须发挥各级公共文化机构的作用，积极创新服务方式，提高服务水平，为城乡居民提供优质高效、普遍均等的公共文化服务。公共文化机构免费开放是提升公共文化服务能力和水平，改善服务质量，推动群众共享文化发展成果，体现文化惠民的

重要举措。从 2004 年开始,我国各级各类国有博物馆、纪念馆、美术馆、有条件的爱国主义教育基地等公共文化设施逐步实行了免费或者优惠开放制度。2011 年,全国各级文化文物部门归口管理的公共博物馆、纪念馆有 2115 座陆续向社会免费开放。为落实温家宝总理在《2010 年政府工作报告》中提出的"推进美术馆、图书馆、文化馆、博物馆免费开放,丰富人民群众的精神文化生活"的要求,提高公共文化机构服务能力和水平。2011 年,文化部、财政部联合下发了《关于推进全国美术馆、公共图书馆、文化馆(站)免费开放工作的意见》,实施全国美术馆、公共图书馆、文化馆(站)免费开放。截至 2011 年底,全国 2952 个公共图书馆、3285 个文化馆、34139 个乡镇综合文化站实现了无障碍、零门槛进入,所提供的基本服务项目全部免费。此外,文化部还会同财政部、教育部、全国总工会、共青团中央、全国妇联、中国科协等相关部门,共同推进科技馆、工人文化宫、青少宫、妇女儿童活动中心免费开放工作。公共文化设施免费开放是我国公共文化服务体系建设实现历史性转折的标志,是公共文化服务真正走向"公共"的标志。通过实施公共文化设施免费开放,基本建立了中央财政和地方财政合理分担的公共文化机构运行经费保障机制,进一步明确了目前阶段基本公共文化服务的内容和范围,解决了长期存在的公共文化设施出租和挪用现象,推动了公共文化服务机构健全服务项目,提高服务能力,改善服务质量。自开展免费开放工作以来,各级公共文化机构以提高服务能力、惠及基层群众为目标,在增加服务总量、丰富服务内容、创新服务形式、改善服务质量等方面都取得了很好的成效。2011 年,全国公共图书馆总流通人次达到 38150.92 万人次,比 2010 年增长 16.2%;全国文化馆培训达到 615.18 万人次,比 2010 年增长 43.1%;全国乡镇综合文化站组织训练班培训人次达到 1231.28 万人次,比 2010 年增长 32.7%。

　　除免费开放以外,各地文化部门还采取了一系列措施推动公共文化服务创新。如浙江省嘉兴市以创建国家公共文化服务体系示范项目——"城乡一体化的公共图书馆服务体系建设"为契机,从"大嘉兴"范围内形成"中心馆—总分馆体系"、乡镇分馆向村级延伸、组建跨系统的图书馆服务联盟、整合公共文化服务资源四个方面,深化具有嘉兴特色的公共图书馆总分馆体系。辽宁省依托广播电视"村村通"网络,传输文化共享工程信息资源,实现文化共享工程进村入户。深圳自主研发"城市街区 24 小时自助图书馆系统"。广东、浙江等地积极发展流动文化馆、图书馆、博物馆,使群众能够享受就近、便捷的公共文化服务等。江苏吴江的区域文化联动、浙江的"文化走亲",带动了区域文化的交流与融合,丰富了人民群众的文化生活。河北邯郸的"欢乐乡村农村文化工程"、浙江萧山的"十大金色文化工程"、贵州遵义的"四在农家"活动,内容不同,形式各异,但都有效提升了公共文化服务水平。

(七)群众文化活动蓬勃开展,群众文化生活日益丰富

党的十六大以来,文化部按照"宏观布局、统筹指导、抓住重点、整体推进"的工作思路,以导向性、示范性、带动性、可持续性为原则,以"群星奖"和"中国民间文化艺术之乡"为龙头,努力形成点面结合、上下联动的群众文化活动长效机制,引导和带动全国群众文化活动的广泛开展。"群星奖"是文化部为推动全国群众文化活动开展而设置的一个国家级奖项。近年来,文化部通过改革创新,推出一批雅俗共赏、群众喜闻乐见的群众文艺作品,并将精彩纷呈的群文节目送进社区、广场、学校和军营,提高了"群星奖"的社会影响力和社会效益。"中国民间文化艺术之乡"自 1987 年创办以来,在全国命名、培育了一批具有影响力和持续性的特色文化品牌,丰富了广大城乡基层群众的精神文化生活。目前,全国共有 528 个县(县级市、区)、乡镇被命名为"2011—2013 年度中国民间文化艺术之乡"。此外,文化部还组织开展了一系列重点群众文化活动,如"纪念改革开放 30 周年——首届中国农民文艺会演";"歌声伴着我成长"——庆祝新中国成立 60 周年优秀少儿歌

曲音乐晚会;"大地情深"——全国城乡基层群众小戏小品展演、全国城乡基层群众庆祝建党 90 周年等系列群众文化活动等,充分展现了改革开放的时代大潮中全国人民昂扬向上的精神风貌。

(八)针对特殊群体的公共文化服务广泛开展,公共文化服务均等化水平明显提高

文化部按照推进基本公共文化服务均等化的要求,积极推动公共文化资源向特殊群体倾斜,广泛开展针对特殊群体的公共文化服务,推动各地文化部门加强对进城务工人员、老年人、未成年人、下岗失业人员、低收入人群、残障人群等群体文化权益的保障。

一是广泛开展针对老年、少年儿童、残疾人的公共文化服务。文化部落实中国少儿歌曲推广计划,已举办 4 届中国少年儿童合唱节。举办了 13 届"永远的辉煌"——中国老年合唱节。文化部以满足广大少年儿童的精神文化需求为出发点和落脚点,积极推动少年儿童图书馆事业发展。2010 年 5 月 31 日,国家图书馆少年儿童馆暨少儿数字图书馆开馆。全年面向 6 岁至 15 岁的学龄儿童开放。国家少儿数字图书馆还利用信息网络技术打造网上绿色阅读平台,把国家图书馆的少儿服务延伸到全国。目前,数字资源总量已达 10TB,读者遍布国内各省市以及美、日、韩、法、加拿大等 15 个国家。为保障残疾人的基本文化权益,2008 年 10 月,国家图书馆与中国残疾人联合会、中国盲文出版社联合建设的"中国盲人数字图书馆网站"开通,成为国内首个依据无障碍化国际标准建成的、专为视障群体服务的国家级网络图书馆,通过读屏软件为盲人朋友提供丰富的数字资源。由三方共同承担的"中国残疾人数字图书馆"作为 2010 年度国家文化创新工程项目成功立项,研究面向残障人士的数字图书馆建设问题,进行信息无障碍技术手段的开发与应用,使之建设成为残疾人朋友"获取信息的窗口,学习知识的海洋,图书馆服务的平台"。

二是加强农民工文化建设,保障农民工基本文化权益。保障农民

工文化权益、丰富农民工精神文化生活是文化部长期坚持的重点工作之一,也是推进基本公共文化服务均等化的重要举措。十七大以来,文化部认真贯彻落实中央部署,采取多种措施加强农民工文化建设。2011年和2012年春节期间,文化部连续两年在北京组织举办了慰问农民工晚会,实现"农民工演、演农民工、农民工看",推动草根节目走上大舞台,充分发挥文化在推进农民工融入城市的桥梁作用。2011年,文化部围绕当前农民工文化生活的基本情况以及农民工当前最迫切的文化需求,在全国范围内组织开展了农民工文化工作的大调研。在调研基础上,以文化部、人力资源和社会保障部、中华全国总工会三个部门名义联合下发《关于进一步加强农民工文化工作的意见》,提出了以公共文化服务体系为支撑,逐步形成"政府主导、企业共建、社会参与"的农民工文化工作机制的总体思路。其中,"把农民工文化建设纳入公共文化服务体系"的内容被写入十七届六中全会《决定》。2012年5月,文化部在浙江省东阳市组织召开了全国农民工文化建设现场经验交流会,表扬了一批成绩突出的农民工文化服务示范项目。在文化部推动下,各地农民工文化建设取得明显成效。一是地方各级党委政府对农民工文化工作的重视程度进一步提升。比如,北京市出台了《保障来京务工人员基本文化权益温暖工程工作方案》,深圳市发布了《关于进一步健全公共文化服务体系的实施方案》。二是公益性文化事业单位在农民工文化工作中的骨干作用进一步增强。各地公益性文化事业单位自觉担当起公共文化服务体系骨干力量的使命和责任,发挥设施、资源和人才优势,创造出了许多顺应和符合农民工需求的服务项目与服务方式。三是城市社区、用工单位和社会力量关心、支持和参与农民工文化建设的共识进一步形成。在政府主导的框架内,城市社区在农民工文化服务方面发挥了重要的平台和载体作用,社会力量参与形成了农民工文化服务的有效补充。部分企业在当地政府引导和支持下自觉把农民工文化工作纳入企业文化建设,增加了企业凝聚力,为企业农民工文化建设提供了新鲜做法和经验。

三是实施"春雨工程"——全国文化志愿者边疆行工程,提高边疆民族地区公共文化服务水平。2010 年,为深入贯彻落实党中央、国务院西藏、新疆工作座谈会精神,丰富边疆群众精神文化生活,保障少数民族地区群众的基本文化权益,维护边疆和谐稳定,文化部组织开展了"春雨工程"——全国文化志愿者边疆行工作。边疆行工作实施以来,围绕各民族"共同团结奋斗、共同繁荣发展"主题,以满足边疆民族地区群众精神文化需求为主要任务,以文化志愿者为骨干力量,通过大舞台、大讲堂、大展台三种基本形式,为边疆民族地区群众提供文化志愿服务,搭建了内地与边疆民族地区文化交流的平台。全国文化志愿者边疆行工作实施以来,文化部通过搭建分类对接平台,实现了内地与边疆各区域、多层次的有效对接。参与内地省(市)文化厅(局)在文化志愿者组织招募、规范管理、科学引导等方面进行了有益尝试,推出了一批品牌项目,使边疆民族地区群众得到了实实在在的文化服务。活动开展 3 年来,共有 20 多个内地省(市)和单位组成 50 多支志愿团,招募2000 多名文化志愿者,先后为 12 个边疆民族省、区和新疆生产建设兵团组织文艺演出 300 多场,业务培训 1400 多学时,文化展览 400 多天,惠及群众达数十万人次。同时,从边疆民族地区实际出发,将边疆行与文化援助工作有机结合,采取"走进去"与"请出来"的双向互动方式,邀请 500 多名少数民族基层文化干部到内地接受培训,提高了边疆民族地区的公共文化服务水平和能力。

二、推进公共文化服务体系科学发展的经验启示

党的十六大以来,公共文化服务体系建设的丰富实践,为我们提供了有益的经验启示。

(一)高度的文化自觉是公共文化服务体系科学发展的思想保证

在公共文化服务体系建设中,存在两个层面的文化自觉:一是党

委、政府的文化自觉;二是人民群众的文化自觉。政府文化自觉与群众文化自觉的相互激励,成为推进公共文化服务体系建设认识自觉、规划自觉、工作自觉的原动力。十六大以来,在党中央、国务院的高度重视下,各地区、各部门与时俱进,勇于探索,逐步树立起新的文化发展理念,公共文化服务理论体系逐步完善,公共文化服务体系建设实践取得显著成效,推进公共文化事业建设越来越成为各级党委政府和广大文化工作者的基本共识和自觉行动。如,安徽省把公共文化服务体系建设放在突出位置,将公共文化建设列入民生工程,将文化建设纳入各级政府目标任务考核,并量化了分值,"软实力"有了硬措施。青岛市高度重视文化建设,市主要领导多次深入文化系统进行调研考察,解决问题,分管领导靠上抓,依托文化建设工作联席会议制度,相关部门积极配合,形成了齐抓共管的工作格局。河北省霸州市把文化建设作为"一把手"工程,党政主要领导亲自过问、亲自抓,明确提出"抓文化就是抓民生",将文化建设作为一个独立的目标体系,纳入整个县域经济社会发展的大坐标中,以经济硬实力和文化软实力的共同提高来促进城乡和谐发展,全市上下形成了高度的文化自觉,保证了公共文化服务体系建设的科学推进。

(二)坚持政府主导是公共文化服务体系科学发展的关键

公共文化服务是政府的职能,政府是公共文化服务的管理者和主要提供者。从我国的国情来看,政府的公共文化服务职能主要体现在以下几个方面:一是政府要充分重视、坚决维护社会主流意识形态,引导人民群众树立和弘扬社会主义核心价值观。二是要制定公共文化发展法律、政策,完善各项制度,提供制度化的公共服务。三是要发挥公共财政作用,为公共文化服务体系建设提供资金、人才、技术等各方面的保障,为公益性文化事业的发展创造条件。只要党委政府高度重视,本级财政持续投入给予保证,政府部门不断完善相关政策、机制,吸引社会参与,也能真正建立起完善的公共文化服务体系。因此,各级党委、政府必须要把文化改革发展纳入经济社会发展总体规划,纳入科学发展考核评价体系,与经济建设、政治建设、社会建设一同部署、一同实施、一同推进、一同考核,真正做到思想上高度重视,组织上加强领导,工作上强力推进,政策上全力支持,使文化工作在四位一体的布局中凸显应有的作用,把中央精神落到实处。

(三)加强制度建设是公共文化服务体系科学发展的保障

维护和实现公民的文化权益,必须设计并实施切实有效的制度体系。近年来,文化部将制度设计和实践推动并重作为公共文化服务体系建设的重点,组织开展了公共文化服务体系制度设计研究工作,对公共文化服务体系建设的基本理论政策体系和制度框架,进行深入、全面的理论政策研究,充分发挥"决策参考,指导实践,推动立法"的作用,逐步建立和完善符合中国国情、符合市场经济规律、符合文化自身发展要求的公共文化服务制度体系。同时,文化部和财政部启动了"国家公共文化服务体系建设示范区"创建工作,为我国公共文化服务体系建设探索路径、积累经验、提供示范。制度设计和示范区(项目)创建工作是"十二五"时期推动公共文化服务体系建设的具有全局性和战略性意义的工作。实践证明,通过制度设计和示范区创建的抓手,充分发挥地方党委、政府的积极性,切实加大了对公共文化事业的支持和投入力度,为公共文化服务体系建设提供了实践示范和制度经验。

(四)创新体制机制是公共文化服务体系科学发展的动力

各地文化部门积极探索,把机制创新、管理创新、内容创新、服务创新渗透到公共文化服务体系建设的每一个领域,不断为公共文化服务注入新的理念、内涵和方式。文化部以文化共享工程、数字图书馆推广工程和公共电子阅览室建设计划三大数字文化惠民工程为抓手,以现代信息技术为支撑,以打造基于新媒体的服务新业态为目标,努力构建内容丰富、技术先进、覆盖城乡、传播快捷的公共数字文化服务体系。

广东省创新运行机制,建设以"流动图书馆"、"流动博物馆"和"流动演出服务网"为主体的公共文化流动服务网络,盘活了现有文化资源。浙江省图书馆开通网络图书馆,积极构建城乡一体化的公共图书馆系统"一卡通"工程。深圳市开展城市街区24小时自助图书馆建设,使群众能够更便捷地享受到公共图书馆的服务。台州市"百分之一"文化计划、嘉兴市公共图书馆城乡一体化服务体系等文化创新实践影响广泛,有效促进了公共文化服务质量进一步提升。

（五）坚持群众需求导向是公共文化服务体系科学发展的前提

公共文化服务体系建设是面向全民的事业,必须突出群众的主体地位,围绕群众读书看报、看电影、看电视、公共文化鉴赏、文化素质培训、群众性文体活动等需求,提供服务项目,创新服务载体。在服务内容上,要紧贴时代主题、紧跟基层需求,注重老少皆宜、雅俗共赏。在服务方式上,坚持方便群众、联动基层,不违农时,不择场地,不拘形式。要建立信息反馈机制,利用热线电话、网站民意调查等形式,畅通群众对文化的建议渠道,倾听群众意见,调整服务内容,及时满足群众需求。比如,浙江省嘉兴市在公共图书馆总分馆体系建设中,各县市根据各乡镇分馆和村级图书流动站的借阅信息统计,及时调整分馆图书配置和流动站书目,使图书资源的配置最大程度地与基层群众借阅需要吻合。

（六）确保文化惠民是公共文化服务体系科学发展的目标

公共文化服务体系建设的落脚点是文化惠民,努力实现均等化。公共文化服务的均等化主要通过城乡均等和身份均等两个方面得以实现。在城乡均等方面,要切实解决城乡共享文化发展成果的问题,努力弥补农村文化建设的历史欠账,使文化资源在城乡之间均衡布局,合理配置,推动城乡文化全面协调可持续发展。在身份均等方面,要高度重视和保护社会特殊群体的文化权益,始终关注社会各阶层、群体,并向农村留守儿童、空巢老人、城市低保户、农民工、残疾人等特殊群体倾斜。如福建省群艺馆 2004 年起启动"艺术扶贫工程",每年组织专家前往偏远地区中小学开展艺术讲座。福建省南安市从 2007 年开始实施"文化低保"惠民工程,将全市有文化意愿而没有经济条件的弱势群体列为"文化低保"帮扶对象。云南在 2009 年起开展"文化惠民示范村"创建,做到"文化乐民"服务农村,"文化育民"服务农民,"文化富民"服务农业。青岛市成立"手足情"艺术团,深入工地演出;在工地建立民工夜校,传授科学文化知识,丰富其业余文化生活。推动公共文化服务体系科学发展,必须要努力打造人人参与、惠及全民的文化服务体系,使广大群众能够更方便地享受公共文化服务、参与公共文化活动,形成公共文化设施物尽其用、先进文化成果人人共享的良好局面。

(七)推动社会参与是公共文化服务体系科学发展的基础

公共文化服务体系建设在政府主导的同时离不开全社会的广泛参与。政府一手拉着群众,才能调动广大民间文艺人才的积极性,用身边人带动身边人,引导更多的群众广泛参与到文化活动中来,才能激发全民关注文化、参与文化传承和文化创造的热情。一手拉着企业,通过制定优惠政策,引导社会力量尤其是广大民营企业投资、捐助公益文化设施,发展文化创意产业,形成了良性竞争、多元互补、广泛参与公共文化服务体系建设的发展格局。比如山东省青岛市积极引导社会资金参与青啤博物馆、纺织博物馆等专题博物馆及各类展览馆建设,已吸纳社会资金 20 多亿元;整合社会人才资源建立文艺人才库,整合社会文艺节目资源建立节目资源库。长沙市自办文化团体(场馆)500 多个,民营博物馆 20 多家。浙江全省 500 余家民营剧团,全年累计演出约 15.8 万余场,观众 7900 万余人次,约占全省年营业性演出场次总量的 90%,观众人数的 85%。

十七届六中全会提出了到 2020 年要实现"覆盖全社会的公共文化服务体系基本建立,努力实现基本公共文化服务均等化"的发展目标,为公共文化服务体系建设指明了方向。今后,文化部将以科学发展观为统领,认真贯彻十七届六中全会精神,按照《国家"十二五"时期文化改革发展规划纲要》、《文化部"十二五"文化改革发展规划》、《文化部"十二五"公共文化服务体系建设实施纲要》的要求,以保障人民群众基本文化需求为出发点和落脚点,按照公益性、基本性、均等性、便利性的要求,坚持政府主导,依循"保基本、强基层、建机制"的基本路径,逐步建立和完善覆盖城乡、结构合理、网络健全、运营有效、惠及全民的公共文化服务体系,促进基本公共文化服务均等化,推动社会主义文化大发展大繁荣。

全面推进文物保护利用和传承发展
努力建设文化遗产强国

国家文物局

党的十六大以来的十年，是文物事业取得重大进展的十年。从保护为主抢救第一到保护利用传承发展，从融入经济社会到保护成果惠及民生，从对外交流合作到中华文化走向世界，文物事业始终是在社会主义现代化建设的大背景大环境下进行的，始终融汇于国家富强、人民幸福、文化繁荣、社会进步的历史进程。广大文物工作者在党中央、国务院的坚强领导下，坚持科学发展，坚持改革创新，认真贯彻中央决策部署，切实履行保护职责，有效发挥文物工作咨政育人、传承文明、普及知识、丰富生活的作用，推动文物事业在保护中传承、在开拓中前进，不断提高新水平、迈上新台阶。

一、党的十六大以来文物工作日益
受到党和国家的高度重视

文物是人类文明的物化成果，是中华民族悠久历史和灿烂文化的生动见证，是不可再生的珍贵资源。做好文物工作，对于继承和弘扬中华民族优秀传统文化、建设中华民族共有精神家园，对于满足人民群众日益增长的精神文化需求、提高全民族思想道德素质和科学文化素质，对于展示国家形象、提高文化软实力、维护世界文化多样性，具有十分重要的意义。

党的十六大以来，以胡锦涛同志为总书记的党中央对文化建设规律的把握达到了新高度，对文物事业战略地位的认识有了新提高，进一步强调了优秀传统文化凝聚着中华民族自强不息的精神追求和历久弥新的精神财富，是发展社会主义先进文化的深厚基础，是建设中华民族共有精神家园的重要支撑；进一步明确了文物事业是中国特色社会主义事业四位一体总体布局和文化建设的重要组成部分，要求文物工作充分发挥引领风尚、教育人民、服务社会、推动发展的重要作用，为新时期文物工作指明了方向，提供了依据。2002年，党的十六大着重强调了文化建设的战略地位和全局意义，从弘扬中华文化、发展社会主义先进文化的高度，要扶持对重要文化遗产的保护工作。2007年，党的十七大正式确立了中国特色社会主义经济建设、政治建设、文化建设、社会建设四位一体的现代化建设总体布局，鲜明提出了建设中华民族共有精神家园和提高国家文化软实力的战略任务，着力强调了加强对各民族文化的挖掘和保护，重视文物和非物质文化遗产保护。2011年，党的十七届六中全会对坚持中国特色社会主义文化发展道路、努力建设社会主义文化强国作出战略部署，明确提出了建设优秀传统文化传承体系，坚持保护利用、普及弘扬并重，加强国家重大文化和自然遗产地、重点文物保护单位、历史文化名城名镇名村保护建设。

十年来，中央领导同志多次对文物工作作出重要批示，多次亲临文物、博物馆单位指导工作。2004年，第28届世界遗产委员会会议在江苏省苏州市开幕，国家主席胡锦涛向大会发来贺词，强调中国政府高度重视保护文化和自然遗产，将继续弘扬中华民族的优秀文化，保护生态环境，扩大国际合作，保证文化和自然遗产的充分保护和适度利用，进一步促进人与自然和谐发展。2008年，国务院总理温家宝在政府工作报告中强调加强文化建设，加强民族文化遗产保护。2009年，中共中央政治局常委李长春同志在视察河南博物院时指出，公共博物馆实行免费开放后，要坚持贴近实际、贴近生活、贴近群众，进一步创新体制机制、创新内容形式、创新展陈手段，提高服务质量和水平，努力把博物馆建设成为爱国主义教育的重要阵地，人民群众文化鉴赏、愉悦身心的精神家园，青少年增长知识、陶冶情操的第二课堂，中外游客踊跃参观的重要景点，对外文化交流、推动中华文化走出去的重要窗口，学术研究和科普教育的重要平台。2011 年，中共中央政治局委员、国务委员、国务院第三次全国文物普查领导小组组长刘延东出席第三次全国文物普查工作电视电话会议并讲话，强调要认真学习贯彻十七届六中全会精神，抓住机遇，乘势而上，在新起点上推动文物事业实现新跨越，为推动文化繁荣发展、建设社会主义文化强国作出新贡献；要准确把握文物事业面临的新形势新任务，坚持文物保护与经济发展社会建设相结合、依法保护与科学保护相结合、保护抢救与利用管理相结合、政府主导与社会参与相结合，加强文化遗产保护。2012 年，全国人大常委会委员长吴邦国对首次文物保护法执法检查作出重要批示，强调全面贯彻落实文物保护法，是继承和弘扬中华民族优秀传统文化、推动社会主义文化大发展大繁荣的必然要求。全国人大常委会这次在全国范围内开展文物保护法执法检查，主要目的就是在党的十七大和十七届六中全会精神指导下，督促、支持各级政府和有关国家机关依法履行职责，改进工作，加强管理，推动我国文物保护事业全面发展。2012 年，中共中央总书记胡锦涛致信祝贺中国国家博物馆建馆 100 周年，希望中国国家博物馆以建馆百年为新的起点，进一步丰富馆藏内容、提升科研水平、改进展陈方式、创新体制机制、优化服务质量、拓展对外交流，加快世界一流博物馆建设步伐，更好地发挥展示中华文化的重要窗口作用、培育民族精神的重要基地作用、引领文博事业科学发展的重要示范作用，在社会主义文化大发展大繁荣的进程中再创辉煌；李长春出席纪念大会并为文博老专家颁奖。

十年来，国务院先后召开了两次全国文物工作会议，中央领导同志会见会议代表或者出席会议并作重要讲话，全面部署文物工作的重点任务和具体要求。2002 年 12 月，经国务院批准，新世纪第一次全国文物工作会议在北京召开,中共中央政治局常委、国务院副总理李岚清出席会议并作《认真学习贯彻十六大精神　努力开创文物工作新局面》的重要讲话。会议明确提出了文物事业发展的工作方针和基本思路,强调充分认识加强文物工作的重大意义;全面完整准确地理解和执行文物工作方针,要在有效保护的前提下实现对文物的合理利用;要注重基本建设中的文物保护;要健全完善文物管理体制和运行机制;要采用现代科技手段加强文物保护;强调提高全民族的文物保护意识是文物工作的首要任务,也是解决当前文物工作面临的一些困难和问题的根本。2012 年 7 月,全国文物工作会议在北京隆重召开。中共中央政治局常委李长春亲切会见与会代表,希望各级党委政府进一步增强文化自觉,把文物工作摆上重要议事日程,予以大力支持和推动;要求广大文物工作者要增强责任感和紧迫感,牢牢把握"保护为主、抢救第一,合理利用、加强管理"的文物工作方针,扎实工作、开拓创新,不断提高文物保护、开发、管理水平,在新的历史起点上努力开创文物事业发展新局面。中共中央政治局委员、国务委员刘延东同志出席会议并发表了《继往开来　改革创新　全面推进文物保护利用和传承发展》的重要讲话,科学概括了党的十六大以来文物事业的辉煌历程和成功经验,深刻分析了当前文物工作面临的新形势新任务,鲜明提出了全面推进文物保护利用和传承发展、努力建设文化遗产强国的奋斗目标,全面部署了新时期文物工作的基本要求和重点任务。会议强调要以科学发展为主题,以改革创新为动力,坚持文物保护与经济社会发展相结合,依法保护与科学保护相结合,有效保护与合理利用相结合,政府主导与社会参与相结合,既要注重有效保护、夯实基础,又要注意合理利用、发挥效益,在保护利用中实现传承发展。会议要求进一步落实文物保护责任,切实把文物工作摆到更加突出位置;进一步推进文物保护重点工作,切实提高文物安全防范能力;进一步发挥文物资源优势,更多更好地服务社会、促进发展、惠及民生;进一步完善政策法规体系,努力营造有利于文物事业科学发展的良好环境;进一步健全机构和队伍,全面加强能力建设;进一步增强全民文物保护意识,引导全社会共同参与文物保护,以高度的文化自觉和文化自信,切实肩负起建设文化遗产强国的历史责任。

十年来,党和国家出台了一系列有关文物保护的决策部署和政策措施,文物事业发展目标、发展思路和重大举措日益明晰。2002年,《文物保护法》修订实施;2003年,《文物保护法实施条例》正式施行。《文物保护法》第一次以法律的形式确立了"保护为主、抢救第一、合理利用、加强管理"的文物工作方针,并对不可移动文物、历史文化名城名镇名村保护、考古管理、馆藏文物保护、民间文物收藏、文物进出境管理、法律责任等方面都进行了明确的规定。《文物保护法》及其实施条例,更好地适应了文物工作与社会发展的实际,符合社会主义市场经济和改革开放的时代要求,也是文物法制建设的重要里程碑。2005年,国务院发布了《关于加强文化遗产保护的通知》,明确了文化遗产保护的指导思想、总体目标和具体措施,并决定设立"文化遗产日",这标志着我国文物事业进入一个新的发展阶段。《通知》提出了新时期文化遗产事业"两步走"的发展目标,即"到2010年,初步建立比较完备的文化遗产保护制度,文化遗产保护状况得到明显改善"和"到2015年,基本形成较为完善的文化遗产保护体系,具有历史、文化和科学价值的文化遗产得到全面有效保护"。2010年,中央政治局常委李长春同志于第五个文化遗产日在《人民日报》上发表《保护发展文化遗产　建设共有精神家园》的重要文章,站在党和国家事业发展全局的战略高度,科学诠释了保护好文化遗产的重要意义及贡献,全面回顾了党的十六大以来我国文化遗产保护工作的历程,深刻分析了文化遗产保护面临的新形势新情况,深刻阐述了在科学发展观指引下形成的新的文化遗产保护理念,明确提出了新时期我国文化遗产工作的指导思想、战略任务、工作方针、政策措施,着力强调了加快推进文化遗产强国建设,在新的历史起点上推动文物事业实现新的跨越,对今后一个时期文化遗产工作进行了总体部署。李长春强调,加快文化遗产保护和发展的步伐,是深入贯彻落实科学发展观、促进经济社会又好又快发展的迫切需要，是弘扬中华民族优秀传统文化、传播社会主义先进文化、推动社会主义文化大发展大繁荣的迫切需要，是满足人民群众日益增长的精神文化需求、提高全民族思想道德素质和科学文化素质的迫切需要，是增进民族团结、维护国家统一和社会稳定的迫切需要，是提高国家文化软实力、增强中华文化国际影响力的迫切需要，是维护世界文化多样性和创造性、促进人类共同发展的迫切需要。李长春要求，围绕中心、服务大局，不断提高文化遗产事业对促进经济社会发展的贡献；突出思想内涵、强化教育功能，充分发挥文化遗产在开展爱国主义教育方面的重要作用；以人为本、关注民生，推动文化遗产保护成果最大限度地惠及全体人民，丰富人民群众精神文化生活；深化改革、开拓创新，始终保持我国文化遗产事业的生机和活力；促进交流、走向世界，不断提高中华文化的国际影响力；加强领导、形成合力，努力营造全社会参与保护、发展文化遗产事业的良好环境。这是近年来中央领导同志专门就文化遗产工作提出的最完整最系统最创新的新论述。2011年，《国民经济和社会发展第十二个五年规划纲要》提出全面推进经济建设、政治建设、文化建设、社会建设、生态文明建设，加强文物、历史文化名城名镇名村、非物质文化遗产和自然遗产保护，拓展文化遗产传承利用途径。2012年，《国家"十二五"时期文化改革发展规划纲要》强调，提高物质文化遗产保护水平，拓展文化遗产传承利用途径；正确处理保护与利用、传承与发展的关系，促进文化遗产资源在与产业和市场的结合中实现传承和可持续发展；推动文化遗产教育与国民教育紧密结合，提升中华文明展示水平和传播能力，广泛开展优秀传统文化教育普及活动。

　　十年来，在党中央、国务院的正确领导和统筹协调下，在各级党委、政府的高度重视和大力支持下，在全社会的广泛关注和踊跃参与下，在全国文物系统的不懈努力和积极探索下，文物基础工作进一步夯实，文物保护能力建设明显加强。一批文物法规制度相继实施，文物保护制度初步建立。第三次全国文物普查、长城资源调查、重大文物保护工程、灾后文物抢救保护、基本建设考古和文物保护、大遗址保护、世界文化遗产保护、水下文化遗产保护等重点文物保护工作扎实推进,文物保护状况得到切实改善。博物馆体系逐步完善,博物馆免费开放取得重大突破,公共文化服务水平日益提高。文物博物馆事业对外交流合作成绩斐然,有力推动了中华文化走向世界。文物科技工作取得长足进步,科技支撑引领作用得以提升。文物行政执法督察机制初步建立,文物安全形势有所好转。文物博物馆工作队伍稳步壮大,人才培养得到加强。文物保护投入大幅增长,文物保护基础设施显著改善。文物保护知识逐步普及,全社会积极参与文物保护势头方兴未艾。文物保护成果进一步惠及公众,文物事业对经济社会发展的贡献持续增长。文物保护对象和范围进一步拓展,文物保护理念和管理制度不断创新,文物博物馆事业初步实现由政府行为到全社会共同参与的转变。总体看来,我国文物事业日益步入历史上最好的发展时期。

二、党的十六大以来我国文物事业的发展成就

十年来,各级政府对文物事业的投入前所未有,全社会对文物事业的关注前所未有,文物工作对经济社会发展的贡献前所未有,文物事业正处于大有可为的全新历史阶段。全国文物系统深入贯彻落实科学发展观,牢牢把握新时期文物工作面临的新机遇新特点,顺应时代发展,体现人民意愿,立足自身实际,承担社会责任,在保护传承中华文明、融入经济社会发展、推动保护成果惠及民众等方面,取得了令人鼓舞的显著成就。

(一)基础工作进一步夯实,文物保护能力建设不断增强

落实依法治国基本方略,文物法规制度日趋完备。随着2002年新修订的《文物保护法》颁布实施,国家先后出台了《文物保护法实施条例》、《长城保护条例》、《历史文化名城名镇名村保护条例》、《文物进

出境审核管理办法》、《文物认定管理暂行办法》等行政法规和部门规章,以及《田野考古工作规程》、《考古发掘项目检查验收办法》、《国家考古遗址公园管理办法(试行)》、《文物入境展览管理暂行规定》、《世界文化遗产申报项目审核管理规定》等规范性文件。各省、自治区、直辖市依据文物法律法规,结合本地区文物保护实际,积极推动地方文物立法工作。其中,2006年,国务院颁布实施的《长城保护条例》,是我国首次为单项文化遗产的保护进行立法的开创性实践,极大地推动了文物保护专项立法进程。2012年4月,全国人大常委会开展的首次《文物保护法》执法检查全面启动。截至2011年,我国现行有效的、专门的文物保护规范性文件包括文物保护法律1部、行政法规5项、法规性文件21项、部门规章24项、部门规范性文件114项、地方性法规80余项、地方政府规章20余项、地方规范性文件160余项、军事规章1项,6项国家标准和33项行业标准,签署加入文化遗产保护相关国际公约4项,总数超过430项。我国基本形成了以《文物保护法》为核心,以行政法规为支撑,以部门规章、地方性法规、地方政府规章、各种规范性文件和行业标准规范为基础的文物保护法律法规体系。文物保护单位、世界文化遗产、历史文化名城名镇名村、博物馆管理制度进一步完善;考古、文物保护工程、文物拍卖、文物进出境责任鉴定等从业资质资格制度进一步规范。文物保护工作基本实现了有法可依、有法必依、执法必严、违法必究,正日益步入法制化、科学化、标准化的可持续发展轨道,为我国文物事业科学发展创造了良好的法制保障。

全面完成第三次全国文物普查,文物家底基本廓清。这是国情国力调查的重要内容,是加强文物保护的重要基础工作。2007年,国务院全面启动第三次全国文物普查,成立文物普查领导小组及办公室,印发《关于开展第三次全国文物普查工作的通知》,多次召开会议研究部署普查工作。国务院有关部门参与普查工作,密切配合、形成合力。县级以上地方人民政府按照国务院的统一部署,设立相应的普查工作机构、专家咨询机构和调查实施机构,配备技术力量,落实工作人员,认真组织实施本地区普查工作。广大普查工作者特别是5万名一线普查队员认真学习各项文物法规、普查政策和标准规范,高质量地完成了实地文物调查和普查资料整理工作,实现了2871个县级普查基本单元不漏行政村、自然村,普查覆盖率和到达率均实现了历史性突破。2011年,第三次全国文物普查圆满完成了各项主要任务,共调查登记各类不可移动文物766722处(不包括港澳台地区),其中新发现536001处。这是迄今我国范围最广、投入最多、成果最大的一次文物国情国力调查。从总量上看,这次普查的文物总量比20世纪80年代第二次全国文物普查文物总量增长232.3%;从理念上看,第三次全国文物普查范围是中国境内(不包括港澳台地区)地上、地下、水下的不可移动文物,将乡土建筑、工业遗产、文化景观、文化线路、老字号、20世纪文化遗产、水下文化遗产等遗产资源纳入普查范围,标志着我国文物保护理念日趋成熟;从组织上看,第三次全国文物普查首次由国务院组织开展,标志着文物普查工作由部门行为上升为国家行为。长城资源调查全面完成,公布明长城长度为8851.8千米,认定长城遗产43721处,统计历代长城总长度21196.18公里,基本摸清明长城、秦汉及其他时代长城状况,初步建成长城资源信息系统。大运河文化遗产资源调查工作圆满完成,登记大运河文化遗产点段1000余处。沿海文物调查进展顺利,发现200余处水下文物点、70处沉船遗址。2011年,文物调查及数据库管理系统建设、全国文物系统馆藏一级文物登录和二、三级文物备案圆满完成,共采集1660275件/套馆藏珍贵文物数据,其中一级文物48006件/套,二、三级文物1612269件/套,拍摄照片3869025张,录入文本信息3.05亿字,采集一般文物数据137万余条,初步建立了国家、省、收藏单位三级分布式文物信息存储体系,基本摸清了文博系统馆藏的珍贵文物家底,有力推进了馆藏文物管理的标准化工作,也为下一阶段开展国有可移动文物普查奠定了坚实基础。2011年7月,国有可移动文物普查启动试点工作,这是继第三次全国文物普查之后,我国文物保护领域又一次重要的国情国力资源调查。2012年下半年,国有可移动文物普查计划全面启动。按照国务院统一部署,建立领导机构,完善工作机制,培训专业队伍,搞好动员部署,为我国首次国有可移动文物普查开好头、起好步。

确立文物安全"生命线"地位,执法督察和文物安全监管工作有序开展。2009 年 3 月,国务院批准国家文物局增设督察司,专门负责文物执法督察和安全监管工作。2010 年 5 月,国务院批准建立由文化部、国家文物局、公安部、国土资源部、环境保护部、住房和城乡建设部、海关总署、国家工商行政管理总局、国家旅游局、国家宗教事务局等 10 部门参加的"全国文物安全工作部际联席会议"制度,建立文物安全监管长效机制。目前,全国文物安全工作部际联席会议成员单位已增加到 16 个部门,成功召开了两次全体会议,各成员单位联合印发《关于加强和改进文物安全工作的指导意见》。2011 年 4 月,公安部、国家文物局依托陕西省公安厅建立全国文物犯罪信息中心,负责收集、汇总、分析和研究全国文物犯罪信息,为全国打击和防范文物犯罪提供技术支持。国家文物局建立并实施文物安全与执法督察公示公告制度,推动实施文物保护单位执法巡查制度,连续开展文物行政执法专项督察,表彰了一大批先进集体、先进个人和组织协调先进单位。2008 年开展全国范围文物安全大检查,2010 年联合公安部开展文物单位消防安全大检查,2011 年联合公安、气象部门分别开展"博物馆安全专项整治行动"和"国保单位防雷专项检查",2012 年开展"文物安全隐患排查整治专项行动",督促整改了一大批安全隐患。与公安部、住房和城乡建设部等联合督办湖南长沙"12·29"特大盗墓案、秦东陵盗掘案,以及天津、南京城市改造破坏文物事件,直接督察山西大同云冈石窟、福建福州乌塔、内蒙古库伦三寺违法建设等数十起重大文物违法犯罪案件。与公安部门联合开展 2010、2011"全国重点地区打击文物犯罪专项行动",共侦破文物案件 1097 起,打掉犯罪团伙 281 个,抓获犯罪嫌疑人 1849 人,追缴文物 7000 余件(其中国家珍贵文物 1100 余件)。举办"众志成城,雷霆出击——全国重点地区打击文物犯罪专项行动成果展"。会同海关总署,开展2012打击文物走私专项行动。推进执法机构和队伍建设,全国省级文物行政部门均成立了行政执法专兼职机构,文物资源集中的市、县成立了文物行政执法队;全面开展文物行政执法培训,提高执法能力。推进文物系统博物馆风险等级和安全防护级别达标工作,田野文物技术防范工作初见成效,一批古建筑消防安全设施得到完善。

实施科技支撑战略,文物保护科技实现跨越式发展。在国家发改委、财政部、科技部的大力支持下,国家先后启动了"中华文明探源工程及其相关文物保护技术研究"、"指南针计划——中国古代发明创造的价值挖掘与展示"等一批重大科技项目。国家"863"计划、"973"计划、科学技术支撑计划、哲学社会科学基金、自然科学基金、国家文化科技创新工程也逐步加大了对文物保护科学研究的支持和引导,实现文博行业重大项目立项的新突破。国家文物局完成了全国馆藏文物腐蚀损失专项调查,并组织多学科力量对文物保护重点和难点(比如,以秦始皇兵马俑为代表的土遗址、以大足石刻为代表的石质文物、以沧州铁狮子为代表的铁质文物、以敦煌莫高窟为代表的壁画岩画)开展了综合研究和科学保护工作。通过系统协作、联合攻关,在深刻揭示文物价值、探究中华文明形成与早期发展的特征与规律、现代科学技术在考古领域中的应用、大遗址的保护与管理、馆藏文物保护修复技术与材料、馆藏文物保存环境的监测与控制、传统工艺技术科学化、文物出土现场移动实验室建设等领域取得重要进展,突破一批具有推广价值的共性技术和关键技术,文物保护科技水平显著提高,抢救保护了一大批重要文物。举办"早期中国——中华文明探源工程成果展"、"奇迹天工——中国古代发明创造文物展"、"惠世天工——中国古代发明创造文物展"。中国文化遗产研究院组建成立国家水下文化遗产保护中心和中国世界文化遗产监测中心,初步建设成为国家级文化遗产保护研究中心。依托敦煌研究院成立古代壁画保护国家工程技术研究中心,标志着文物保护科研机构正式纳入国家科技创新体系。17个国家重点科研基地和 2 个科技创新联盟相继建立。与中科院探索建立文物保护技术创新平台,与中国科协开展文物保护科研和普及战略合作,成立陶质彩绘文物保护技术创新联盟。文物保护科技创新体系和标准化体系初步建立,文博单位、高等院校、科研院所设立的区域性、专题性的文物保护科技中心发展到 80 余家,实验室近 500 个。以国家科技支撑计划为例,首批启动的 6 项国家科技支撑计划项目全部通过结项验收。文物出土现场保护移动实验室研发、馆藏文物保存环境应用技术研究、古代建筑油饰彩画保护及传统工艺科学化研究等科研成果获得文物保护科学和技术创新奖。

落实人才强国战略,人才培养和队伍建设势头良好。牢固树立人才资源是第一资源的观念,积极开展各级各类培训,全国共培训 13 万人次,文博队伍整体素质和水平稳步提升。2003 年、2004 年、2010 年组织召开了全国文博教育培训工作座谈会、全国文物宣传教育工作会议和全国文物博物馆教育培训工作座谈会,具体部署文博教育培训工作任务。文博管理干部培训深入开展。2003 年至 2008 年,国家文物局与北京大学、清华大学、复旦大学、南开大学、四川大学、西北大学和中国文化遗产研究院密切合作,连续六年举办了全国省级文物局局长、博物馆馆长、考古研究所所长、古建保护所所长专业管理干部培训班,共培训省级文博管理干部 443 名。国家文物局与各省、自治区、直辖市文物局合作,开展了地市文博干部和全国重点文物保护单位负责人培训,共有 27 个省、自治区、直辖市共 3300 多人参加培训,有效提高了基层文博管理干部队伍素质。自 2004 年起,国家文物局连续六年举办 7 期世界文化遗产保护管理机构负责人培训班。2008 年,国家文物局与北京大学文博学院合作,举办 2 期地震灾区文博干部培训班。2011 年 5 月以来,国家文物局举办 8 期全国县级文物行政部门负责人培训班,共培训基层文物行政部门管理干部 850 人。国家文物局积极配合中央组织部在中央党校举办地市领导干部文化遗产保护专题研讨班,与解放军总后勤部联合举办军队营区文物保护与管理培训班,帮助党政领导干部及部队领导干部提高依法保护文物的能力。专业技术人员培训取得实效。近年来,国家文物局连续举办了古建维修、考古发掘、博物馆藏品保护修复、文物鉴定等各类专业技术培训。围绕长城资源调查、第三次全国文物普查、博物馆免费开放、数字信息化技术应用等重点工作、重大工程开展专项培训,实现了项目实施和人才培养的双丰收。开展文物行政执法人员片区集中轮训,提高文物行政执法能力和水平。国家文物局举办了5期行业标准宣传贯彻培训班和2期馆藏文物保护修复技术培训班,培训600余名专业技术人员,实现了科学研究、成果推广与人才培养的有效结合。博物馆藏品保护与修复中长期培训计划、博物馆人员文物鉴定中长期培训计划相继展开。少数民族地区文博培训工作得到加强,西藏文物保护工程培训班、藏羌碉楼保护维修培训班和新疆坎儿井文物保护培训班将民族传统工艺保护纳入培训内容。各地文物部门开展教育培训的积极性普遍提高,新疆维吾尔自治区文物局与北京大学等高校合作举办研究生专修班,培养了120名文博干部。贵州省文物局委托北京大学、同济大学举办文化遗产保护研究生进修班和研讨班,培养了47名文博干部。陕西省文物局、河南省文物局积极配合省委组织部,举办市县领导干部文化遗产保护专题培训班。大教育、大培训观念进一步强化,多渠道联合办学和培训的模式逐步形成。

(二)扎实开展不可移动文物保护工作,文物保护状况显著改善

重大文物保护工程进展顺利。经过十年努力,全国共实施各类文物保护项目超过26000个,第一至五批全国重点文物保护单位险情基本排除,第六批全国重点文物保护单位抢救保护工程正在抓紧推进。西藏布达拉宫、罗布林卡、萨迦寺三大重点文物保护工程和山海关长城等一批重点文物保护工程顺利完工,山西南部早期建筑、承德避暑山庄及周围寺庙、涉台文物维修保护工程等取得阶段性成果。加强近现代重要史迹保护,开展湘鄂赣三省革命文物保护试点工作。北京故宫、龙

门石窟等一批全国重点文物保护单位周边环境明显改善,大量省、县(市)级文物保护单位得到保护和修缮。2006年5月,国务院核定公布了第六批全国重点文物保护单位1080处,数量上相当于前五批之和。组织开展全国重点文物保护单位保护维修现状调研和分析,基本完成第一至五批全国重点文物保护单位的记录档案备案工作。开展第七批全国重点文物保护单位的遴选和评审工作。截至2012年6月,确定全国不可移动文物近77万处,其中:全国重点文物保护单位2352处,国家级历史文化名城119个,中国历史文化名镇名村350个,文化部和国家文物局公布历史文化名街40处。

灾后文化遗产抢救保护有序开展。2008年,全国文物系统卓有成效地开展了救援速度最快、动员范围最广、投入力量最大的灾后文物抢救保护行动。国家文物局迅速启动应急机制,成立抗震救灾应急保障协调小组和灾后文物保护协调小组,研究部署文物系统抗震救灾和灾后重建工作。文物保护被纳入国家《汶川地震灾后恢复重建条例》。四川、甘肃、陕西三省文物抢救保护修复规划中294个灾后文化遗产抢救保护项目被纳入国家《汶川地震灾后恢复重建公共服务设计建设专项规划》,中央基金安排文物抢救保护专项资金26.5亿元。汶川灾后文物抢救保护工程顺利完成,都江堰古建筑群、理县桃坪羌寨、梓潼七曲山大庙、江油云岩寺、德阳文庙、罗江庞统祠墓、广元千佛崖摩崖造像等工程顺利完工,地震文物征集、馆藏文物保护修复和灾区博物馆建设稳步推进。积极开展藏羌民族文化遗产的保护,建设茂县羌族博物馆新馆、北川羌族民俗博物馆。云南姚安龙华寺古建筑群文物本体保护工程竣工。玉树灾后文物抢救保护迅速推进,为灾区人民恢复生产、重建家园发挥了重要作用。

考古和大遗址保护工作扎实推进。三峡文物保护工程规划内项目全面完成并通过验收。所有南水北调工程文物保护项目及其资金已获国家批复,完成发掘面积160余万平方米,到2012年底,全部田野工作可完成,确保工程建设顺利开展,实现了文物保护与工程建设的双赢。

文明探源、人类起源、农业起源、区域调查、边疆考古、城市考古等课题研究顺利开展,动物考古、植物考古等科技考古项目成果瞩目。2005年国家正式设立大遗址保护专项资金,投入20亿元启动大遗址保护工程。国家文物局与湖北、陕西、甘肃、四川等省人民政府签署共建大遗址片区的协议,建立大运河沿线城市联盟和省部际会商制度,成立洛阳大遗址保护办公室、杭州良渚遗址管理区管理委员会,积极探索建立新的大遗址保护工作模式。编制完成秦始皇陵、隋唐洛阳城、汉长安城、大明宫等50余处重要大遗址保护总体规划。组织实施一批具有示范意义的大遗址保护展示工程,初步建成汉阳陵、秦始皇陵、鸿山等一批大遗址保护展示示范园区。殷墟遗址博物馆、良渚博物院、金沙博物馆、鸿山遗址博物馆等一批遗址博物馆相继建成。探索建设"国家考古遗址公园",良渚、大明宫、隋唐洛阳城等考古遗址公园初步建成。2010年,公布第一批12个国家考古遗址公园名单和23个国家考古遗址公园立项名单。成功举办西安、良渚、洛阳和荆州大遗址保护高峰论坛。初步形成以西安、洛阳、荆州、成都、曲阜、郑州6大片区,长城、大运河、丝绸之路、茶马古道4条线路,陆疆、海疆一圈分布为核心,覆盖全国的大遗址保护框架。"南海Ⅰ号"、"华光礁Ⅰ号"、"南澳Ⅰ号"等水下考古项目成功实施。长江三峡白鹤梁水下博物馆建成开放。推进国家水下文化遗产保护中心及其南海基地建设,国家水下文化遗产保护宁波基地、青岛基地、武汉基地、福建基地相继挂牌成立,努力形成水下文化遗产保护新格局,为捍卫我国海疆主权作出积极贡献。

世界文化遗产工作卓有成效。2011年2月,国家文物局文物保护与考古司加挂世界文化遗产司牌子;国家文物局在中国文化遗产研究院设立中国世界文化遗产监测中心,增加人员编制10名,进一步加强了监测管理力量。高句丽王城、王陵及贵族墓葬,澳门历史城区,安阳殷墟,开平碉楼与古村落、福建土楼、五台山、登封"天地之中"历史建筑群、杭州西湖、元上都遗址等先后被列入《世界遗产名录》。我国成为唯一连续十年"申遗"成功的国家,世界遗产总数已达43项,居世界第三位,其中世界文化遗产30项,世界文化与自然混合遗产4项,世界自然遗产9项。重设《中国世界文化遗产预备名单》,颁布《世界文化遗产保护管理办法》、《中国世界文化遗产监测巡视管理办法》、《中国世界文化遗产专家咨询管理办法》等管理文件。亚太地区世界遗产第二轮定期报告工作深入开展。2006年、2007年、2010年、2011年相继召开世界文化遗产监测工作会议,部署推进相关工作。加大世界遗产监测巡视力度,初步建立国家、省、市三级监测巡视体系。据统计,已有26处世界文化遗产建立了监测管理机构,13处初步建成遗产监测预警平台。江苏省苏州市建立了世界遗产动态信息管理和监测预警系统,并颁布了国内首个世界遗产监测管理的地方规范性文件——《世界文化遗产苏州古典园林监测管理工作规则》。丝绸之路跨国联合申遗有序推进,大运河保护和申遗工作全面启动。"十二五"期间,中央财政首次设立了世界文化遗产保护专项经费。

(三)不断推进博物馆建设和免费开放工作,公共文化服务能力稳步提高

博物馆体系日臻完善。全国博物馆由2002年的2200个增长到2011年的3415个,体系布局逐步完善。新建、扩建重点博物馆200余座。全国馆藏文物由2002年的1355.4万件(套)增加到2011年的3018.5万件(套),增长122.7%。中国国家博物馆改扩建工程竣工开放;首都博物馆、中国文字博物馆、中国妇女儿童博物馆、中国科技馆、山东博物馆等新建、扩建项目竣工开放;湖南省博物馆、海南省博物馆等建设持续推进。博物馆门类日益丰富,办馆主体呈多元化,社会力量兴办的博物馆日渐增多。经文物部门注册登记的民办博物馆达456个。生态博物馆、社区博物馆、数字博物馆等新型博物馆实践积极开展。2011年,浙江省安吉生态博物馆、安徽省屯溪老街社区博物馆、福建省福州三坊七巷社区博物馆、广西龙胜龙脊壮族生态博物馆、贵州黎平堂安侗族生态博物馆被命名为首批生态(社区)博物馆示范点。初

步形成以国家级博物馆为龙头、省级博物馆和重点行业博物馆为骨干，国有博物馆为主体、民办博物馆为补充，门类丰富、特色鲜明、分布广泛的博物馆发展新格局。

免费开放取得重大突破。2008年，按照中央部署，全国博物馆免费开放全面启动，中央财政每年安排免费开放专项经费20亿元。截至目前，全国免费开放博物馆纪念馆总数达到1804个，年接待观众5.2亿人次，有效发挥了爱国主义、传统文化、公民素质教育的重要作用。2008年至2011年，接待观众共20亿人次，平均观众量比免费开放前增长50%，使广大人民群众在博物馆的知识殿堂中实现了前所未有的文化体验。免费开放加快了博物馆融入社会的步伐，博物馆的文化辐射力和社会关注度得到空前提高，公共文化服务能力和社会效益得到进一步增强。

博物馆管理水平逐步提升。博物馆评估定级工作全面启动，公布83个国家一级博物馆、171个二级博物馆和288个三级博物馆。推进博物馆体制机制创新试点，8家博物馆被确定为首批中央地方共建国家级重点博物馆，3家博物馆被确定为培育对象。2009年，开展民办博物馆专题调研，召开全国民办博物馆工作座谈会。2009年，中央财政拨付专款对西安关中民俗博物馆、青海藏医药文化博物馆的陈列展览项目给予支持。2010年，国家文物局、民政部、财政部、国土资源部、住房和城乡建设部、文化部和国家税务总局七部局出台了《关于促进民办博物馆发展的意见》。发布《国家一级博物馆运行评估报告》。博物馆文物中心库房建设加快推进，全国文博单位文物库房面积增长近1倍，文物保管条件不断改善，试点单位绵阳博物馆文物中心库房在汶川大地震中发挥了重要作用。举办"国际文博合作项目协调人"培训班、国际遗址博物馆馆长河姆渡峰会和执委会会议。

博物馆社会效益显著增强。全国博物馆年均举办陈列展览10000个以上。落实"三贴近"要求，全国博物馆积极融入社会，更新服务理念，充实服务内容，创新展示方法，基本陈列和专题展览的主题内容、科技含量和艺术感染力显著提升。启动县级博物馆展示服务水平提升工程。推动博物馆纳入国民教育体系。"复兴之路"、"中国记忆"、"长江文明"、"奇迹天工"等展览取得良好的社会效益和经济效益。连续开展"全国博物馆十大陈列展览精品"评选活动。博物馆进社区、进校园等特色活动持续开展,彰显了博物馆的文化魅力。

社会文物管理力度加大。颁布《文物出境审核标准》、《文物进出境审核管理办法》,启动实施全国文物进出境审核信息共享工程。推动设立 17 个文物进出境审核机构,审核文物 300 余万件,为把好文物进出境的国门作出重要贡献。文物出境数量大幅下降,临时进境的回流文物数量年均增长 10%。社会文物流通日益活跃,文物商店、文物拍卖等经营管理日趋规范,较好地满足了人民群众收藏、鉴赏等多样化的精神文化需求。文物拍卖经营资质行政审批、文物拍卖许可证年审、文物拍卖标的备案工作得到加强。联合有关部门,出台规范引导文物流通、加强对文物鉴定类广播电视节目管理的文件和规范古玩旧货市场管理的政策措施。国家投入珍贵文物征集经费,征集商代"子龙"鼎等重要文物 1 万余件。成功开展多次影响较大的文物追索行动,追回流失境外中国文物 3000 余件。

(四)坚持"走出去"、"请进来",不断提高中国文化遗产的国际影响力

政府间交流与合作不断深化。截至 2012 年 6 月,我国已与美国、意大利、印度等 15 个国家签署关于防止盗窃、盗掘和非法进出境文化财产协定或谅解备忘录,并在信息交流、成果共享、人员培训、文物返还等方面取得实质性的合作成果。开展柬埔寨吴哥窟、蒙古国博格达汗宫保护维修和肯尼亚合作考古等援外项目。涉外培训取得突破。近年来,国家文物局与 ICCROM 合作举办亚太地区博物馆藏品预防性保护培训;中意合作文物保护修复培训项目培养了 140 名专业技术人员;中日韩合作丝绸之路沿线文物保护修复技术人员培训项目培养了 102 名

专业技术人员;与美国梅隆基金会、盖蒂保护研究所、法国国家遗产学院等机构合作培养了一批高层次的博物馆管理人员和专业技术人员。中国文化遗产研究院四次承担国家援外培训项目"亚非文化遗产保护官员培训班"和"阿拉伯地区文物修复技术人员培训班",促进了我国在国际文化遗产保护领域的交流与合作。驻华使节、外交官走进中国文化遗产活动富有成效,对外合作与交流呈现多层次、多渠道、全方位的发展势头。

与国际组织的合作日趋活跃。积极参与国际文化遗产保护工作交流。举办文化遗产保护与可持续发展国际会议、东亚地区文物建筑保护理念与实践国际研讨会、城市文化国际研讨会、东亚地区木结构彩画保护国际研讨会等国际会议,成功承办国际博协第 22 届大会,陆续形成《绍兴共识》、《北京文件》、《北京宣言》、《北京备忘录》、《上海宣言》等国际文件。国际古迹遗址理事会国际保护中心在西安成立。我国代表通过竞选担任国际古迹遗址理事会、国际博物馆协会、国际文化财产保护与修复研究中心等领导职务。中外文化遗产保护理念的交流与融合,增强了中国在国际文化遗产保护领域的话语权,进一步丰富了国际文化遗产保护理论。

文物出入境展览和交流亮点纷呈。出入境文物展览 800 余项,展览的水平和质量不断提高,学术水平逐步提升,有力推动了中华文化走向世界。"盛世华章故宫文物展"、"中国元代艺术展"、"大三国志展"、"中国古代帝王珍宝展"、"丝绸之路展"、"华夏瑰宝展"、"西藏文化艺术与考古展"、"秦汉—罗马文明展"等对传播中华文化、促进国际人文交流发挥了重要作用。与台、港、澳的文物交流合作不断深化,促进了两岸三地的文化认同,"丝绸之路大展"、"微笑的俑——汉景帝的地下王国展"、"山水合璧——黄公望与富春山居图特展"、"一统天下:秦始皇帝的永恒国度"和"日升月恒——故宫珍藏西洋钟表文物展"等对台港澳文物展览引起良好反响。中意文化年、中俄国家年等重大外事活动中,文物展览作为"外交使者"、"国家名片"密切配合国家外交大局,成为中华文化的承载者、传播者。

(五)不断创新体制机制,努力开创政府主导、社会参与的文物保护新局面

统筹力量,构建社会各方面共襄文物事业的新格局。文物保护投入持续增长。全国公共财政文物支出由 2002 年的 26.99 亿元增加到 2011 年的 197.7 亿元;中央财政文物保护专项资金由 2002 年的 5.63 亿元增加到 2011 年的 98.9 亿元,增长近 17 倍。2012 年全国公共财政文物支出预算安排 221.5 亿元,其中中央财政预算安排 110 亿元。2002 年至 2011 年,中央财政累计投入文物保护资金 333.8 亿元,年均增长 39%;全国公共财政累计投入文物保护资金 905 亿元,年均增长 26%。建立健全党委统一领导、文物部门主要负责、各部门齐抓共管、社会各方面共同参与的工作机制。各地将文物保护纳入省委党组中心组学习重要内容,纳入党委和政府的重要议事日程,纳入经济社会发展总体规划,与经济社会各领域工作一同部署、一同推进。引导文物系统社会组织开阔视野、拓展业务,积极承担社会责任。推进文物报刊、图书和音像制品的出版发行,丰富文物工作的表现形式和传播形式。文物保护志愿者队伍建设日趋活跃,逐步成为推动文物事业发展的重要生力军。

形成合力,探索文物保护共建合作的新机制。为整合中央和地方在政策、技术和资金等方面的优势和力量,国家文物局分别与国家测绘局、国家旅游局、国家海洋局签署战略合作框架协议;与湖北、浙江、陕西、甘肃、四川等省人民政府签署文物保护共建协议,通过部门共建、省局合作,充分发挥各地区各部门保护文化遗产的积极性和创造性。地方政府有的成立了相应的协调机制,有的在文物集中区域设立公安派出所,有的层层签订文物保护责任书,一些地方还建立健全群众性文物保护组织,形成了市、县、乡、村四级文物保护网络。

促进共赢,开创大遗址保护带动区域经济社会发展的新模式。围绕大遗址保护利用,召开大遗址所在地人民政府参加的"高峰论坛",交流大遗址保护带动区域经济社会发展的做法和经验。支持西安、集安、安阳、无锡、成都等城市建设大明宫、高句丽、殷墟、鸿山、金沙等国家考古遗址公园,在深化改革,探索建立适应社会主义市场经济体制要求、遵循文物工作自身规律、国家保护为主并动员全社会参与的文物保护体制,促进发展、惠及民生等方面迈出了坚实的步伐。

　　营造氛围,持续开展文化遗产宣传和普及活动。自文化遗产日设立以来,以文物保护法为核心的宣传活动日趋活跃。启用中国文化遗产标志,推广中国文物保护公益歌曲。自 2009 年起,先后在杭州、苏州、济宁、郑州成功组织文化遗产日主场城市活动。国际古迹遗址日、国际博物馆日活动精彩纷呈。设立重大新闻发布制度,召开新闻发布会、通气会。多次邀请中央媒体深入南水北调、"三普"工作一线采访报道。"中国记忆"文化遗产日电视直播、安徽黄山文化遗产日主场活动、重庆文化遗产宣传月活动等拉近了民众与文化遗产的距离。108个县区荣获"全国文物工作先进县",582 个先进集体和先进个人得到表彰;分别向从事文物、博物馆工作 60 年以上、30 年以上的 5800 多名同志颁发荣誉证书;一批批文物专家学者、基层文物工作者和"护宝"农民走上光荣的领奖台,先进典型的示范作用得到有效发挥,文化遗产人人保护、保护成果人人共享的氛围初步形成。

　　经过十年的锐意进取、创新发展,我国初步建立起较为完备的文物保护法律制度,初步形成政府主导、社会参与、与社会主义市场经济体制相适应的文物保护管理体制和文物保护体系,初步掌握文物保护利用的基本规律,初步培养了一支专业化、职业化的人才队伍,走出了一条中国特色社会主义文物事业发展道路。文物保护意识进一步提高,保护文物日益成为全社会的自觉行动。我们基本实现了《国务院关于加强文化遗产保护的通知》确立的第一个阶段性目标,即"初步建立比较完备的文化遗产保护制度,文化遗产保护状况得到明显改善"。

三、党的十六大以来我国文物事业发展的经验和启示

十年来,我们不断完善中国特色文物事业理论体系,努力开辟中国特色文物事业发展道路。中国特色文物事业理论体系,就是在中国特色社会主义理论体系指导下,在贯彻《文物保护法》和文物工作方针过程中,在长期文物保护实践中,不断探索、不断丰富的一系列理论成果。这包括对文化遗产丰富内涵的认识,对有效保护、合理利用和传承发展规律的认识,对文物不可再生、不可分割规律的认识,对文物事业在社会主义经济建设、政治建设、文化建设、社会建设中地位和作用的认识,对文物保护管理体制和文物事业发展目标的认识,对文物事业深化改革、扩大开放的认识等各个方面。这一理论体系是不断发展、不断完善的开放体系。中国特色文物事业发展道路,就是在中国特色社会主义伟大旗帜指引下,立足我国基本国情,立足我国丰富文物资源,牢牢把握我国文物事业所处的历史发展阶段,科学设计、合理谋划事业发展规划;牢牢把握党和国家的中心工作,不断探索文物工作规律;牢牢把握党和国家的文物工作方针,处理好有效保护、合理利用、加强管理、传承发展的关系;牢牢把握人民群众的根本利益,努力建设中华民族共有精神家园;牢牢把握国际文物保护的发展趋势,不断丰富中国特色文物事业的理论体系。中国特色文物事业发展道路,是事业之本,发展之基,力量之源。

十年来,我们努力把科学发展观的要求转化为文物事业发展的正确思路、体制机制和政策措施,不断探索新形势下文物工作的特点和规律,凝聚广大文物工作者的集体智慧,鼓励和支持各地文物部门不懈探索,积累了许多成功做法和宝贵经验。这些宝贵的经验,对于进一步发展我国特色文物事业,具有深远的启迪作用和重要的指导意义。

（一）必须坚持深入贯彻落实科学发展观

文物事业发展的实践证明,文物事业必须毫不动摇地以邓小平理论、"三个代表"重要思想为指导,全面贯彻落实科学发展观,善于从党和国家大局中找准工作方位,把经济社会发展作为文物事业加速发展的前提和基础。只有坚持围绕经济建设这个中心和党中央、国务院的重大决策部署,在大局下思考、在大局下谋划、在大局下行动,才能从中国特色社会主义事业总体布局中把握文物事业的历史方位。在当代中国,坚持发展是硬道理的本质要求就是坚持科学发展。文物系统贯彻落实科学发展观,要始终做到高举中国特色社会主义伟大旗帜不动摇,坚持中国特色社会主义道路不动摇,坚持不懈地用中国特色社会主义理论体系一思想,指导文物工作实践;必须以更加坚定的决心、更加有力的举措、更加完善的制度来贯彻落实科学发展观,真正把科学发展观转化为推动文物事业又好又快发展的强大力量。贯彻落实科学发展观,要充分释放文物资源潜能,充分挖掘文物资源价值,使文物事业成为促进经济社会发展、优化城乡面貌、彰显地域魅力、改善生态环境、提高人民生活质量的重要内容和有力支撑。在保护和抢救文物中,主动发挥文化遗产工作的多方面综合效益,使文物保护进一步融入城市发展、融入社区生活、融入经济建设,展示城市、乡村的历史文化内涵,充分发挥它们的综合价值,为人民生活创造美好的文化氛围。在关系到国计民生的重大经济建设项目中,全国文物系统一盘棋,集中力量开展文物保护和考古工作,保证国家重大基本建设项目的顺利进行。在城乡基本建设中,坚决依照《文物保护法》,将文物保护纳入建设规划;基本建设工程选址,尽可能避开不可移动文物,加强基本建设中的文物违法案件督察督办,并有效保护文物的原生环境。要抓住和用好我国发展的重要战略机遇期,围绕经济建设这一中心,自觉把推动文物事业科学发展作为深入贯彻落实科学发展观的重要举措,构建优秀传统文化传承体系,为建设文化遗产强国而努力奋斗。

（二）必须坚持文物工作方针

文物工作方针是指导我国文物事业科学发展的基本准则。必须坚持"保护为主、抢救第一、合理利用、加强管理"的文物工作方针，正确处理保护与利用的关系，始终把保护作为前提和基础，在保护中利用，在传承中发展。十年来，文物系统认真遵循文物工作规律，贯彻落实文物工作方针，在坚持"保护为主、抢救第一"的前提下，正确处理有效保护与合理利用的关系，进一步深化对保护与利用关系的认识和理解。保护是前提，利用是过程，管理是手段，目的是传承，把我们祖先留下的珍贵文化遗产世世代代传承下去，把中华文明世世代代传承下去。加强保护，才能保持文物本体及其原生环境的真实性和完整性，为合理利用提供基础；合理利用，才能使文物保护成果最大限度地惠及人民群众，满足人民群众不断增长的精神文化需求，为保护创造更好的社会条件。在文物保护过程中，要注重发掘文物的多重价值，将其转化为服务于民众现实和未来生活的文化资源。合理利用好文物资源，加快发展文化产业，积极开发旅游业，提高衍生产品和配套服务质量，使文物保护利用成为促进经济社会发展的新亮点，构筑经济社会发展的新优势和新动力。要进一步增强做好文物工作的科学性、主动性，正确处理保护与利用、保护与发展的关系，在保护的前提下充分利用，在充分利用中促进保护、推动发展。坚持依法保护和科学保护，遵循文物保护规律，保护文物的真实性和完整性，保护文物的自然环境和人文环境。建立科学保护文物的长效机制，推进文物的抢救性保护与预防性保护的有机结合。加强文物的日常保养，监测文物的保护状况，加强文物保护单位执法巡查和安全监管，切实维护文物安全"生命线"，改善文物的保存环境。要落实文物、博物馆单位的主体责任，加强日常管理、巡护、监测和保养。

（三）必须坚持政府主导、社会参与

文物事业是一项公益性事业，既要充分发挥政府的主导作用，又充分调动社会各方面的积极性、主动性、创造性,努力形成多元投入、协力发展的新格局。要坚持文物事业的公益属性,发挥政府的主导作用,始终把社会效益放在首位,努力做到社会效益与经济效益有机统一。要大力发展公益性文物事业,构建博物馆公共文化服务体系,深化博物馆免费开放,加强世界文化遗产、文物保护单位向社会免费开放服务,让人民群众享有免费或优惠的基本公共文化服务。加强博物馆建设,健全博物馆体系,进一步推动免费开放工作,提升陈列、管理和服务水平,向全社会提供更多优质便捷的公共文化鉴赏服务,保障人民基本文化权益。加强对优秀传统文化思想价值的挖掘和阐发,维护民族基本文化元素,使优秀传统文化成为新时代鼓舞人民前进的精神力量。广泛开展优秀传统文化教育普及活动,发挥文化遗产教育在文化传承创新中的基础性作用,共同弘扬中华优秀传统文化。坚持社会主义先进文化的前进方向,利用文物资源优势发展相关文化产业,使之成为新的经济增长点、经济结构战略性调整的重要着力点。加大对弘扬民族优秀文化产业的支持力度,发展特色文化产业。经费保障是中国文物事业发展的基本依托。新世纪以来特别是党的十六大以来,国民经济和社会财富的迅速增长为文物事业的发展进步奠定了重要物质基础,我国文物保护经费投入进入到快速增长时期。必须发挥政府主导作用,进一步落实各级政府文物保护经费投入责任,加大中央文物保护专项经费投入力度,完善文物经费增长机制,提高财政资金保障水平。要按照"五纳入"的要求,以文物事业发展的新成果,推动地方政府加大文物保护经费投入力度,完善经费投入体制机制,努力构建文物保护经费持续稳定增长的保障制度。要全方位拓展社会资金渠道,研究制定社会资金进入文物保护领域的优惠政策措施,规范社会资金进入文物保护领域的管理,鼓励引导更多社会资金投入文物保护。要探索制定文物保护专项税收政策,形成稳定的文物保护资金增长机制。要大力宣传动员人民群众参与文物保护的社会行动,研究制定发挥人民主体地位和作用的政策措施,拓展全社会参与文物保护渠道,充分发挥社会组织的积极作用,不断为文物事业发展凝聚人心、增添力量。

（四）必须坚持以人为本

我国文物事业是全国人民的共同事业,文物事业的发展与广大人民群众的根本利益息息相关。人民群众是文化遗产的创造者、使用者、守护者和传承者,是文物事业发展的真正动力。必须坚持服务社会、惠及民生,始终要把坚持以人为本作为文物事业加速发展的基本理念,把"文物保护人人参与、保护成果人人共享"作为文物工作的出发点和落脚点。鼓励人民群众参与文物保护利用工作,确保人民群众在履行文物保护义务上各尽其能,在共享文物保护成果上各受其益。要充分发挥人民群众的主体作用,尊重人民群众对文物工作的知情权、参与权、监督权和受益权,及时公布工作程序和信息,认真听取相关意见和建议,自觉接受公众监督。我国文物事业科学发展的根本目的是做到发展为了人民、发展依靠人民、发展成果由人民共享,使文物保护成果更多地惠及人民群众。在城市建设中,通过加强文物保护,挖掘城市所蕴藏的独特历史文化背景,丰富城市的文化内涵;在新农村建设中,要着力保护古村落的格局风貌、乡土建筑、环境景观和风俗习惯,保持村落的民族和地域文化特色;在大遗址保护和规划中,把文物保护与区域经济建设、提高居民生活质量结合起来。通过文物保护,改善城乡的生态环境,保持浓厚的文化环境,创造美好的宜居环境,使人民共享文物保护成果。博物馆是公益性事业单位,是保障和发展人民群众基本文化权益的重要途径。要继续推进博物馆免费开放,加强管理,改善服务,创造条件,逐步扩大免费开放的博物馆范围,让更多公众走进博物馆。要积极推动将博物馆纳入国民教育体系,特别是纳入义务教育体系,满足义务教育需要。要按照"三贴近"要求,不断推出文物保护维修、考古发掘、陈列展览、科学研究、书籍报刊新成果,丰富人民群众文化生活。要把文物保护融入社会主义核心价值体系建设,与传播先进文化相结合,深入挖掘、展示、宣传文化遗产所凝聚的丰富内涵,使人民感受教育启迪、陶冶思想情操、充实精神世界,为巩固全党全国各族人民团结奋斗的共同思想道德基础作出贡献。要尊重中华民族的悠久历史,敬畏历代先民的创造智慧,关注当代人的民生需求,爱护后代人的发展资源,维护文物资源共享的代际公平,在文物保护中传承文明,建设中华民族共有精神家园。要充分发挥人才队伍建设的基础性、战略性作用,创造优秀人才脱颖而出的环境,培养造就一批高层次的领军人物和高素质的专门型人才、科技型人才、复合型人才、国际化人才,提高文物事业科学发展的能力。要加强职业道德建设和行业作风建设,教育引导广大文物工作者自觉践行社会主义核心价值体系,严格遵守《中国文物博物馆工作者职业道德准则》,弘扬科学精神,增强社会责任感,共同营造风清气正、和谐奋进的良好氛围。

(五)必须坚持改革创新

文物事业发展的实践证明,开拓创新是推动中国文物事业发展的不竭动力。要做好全局谋划、制度安排,以重点突破带动整体推进,不断深化理论创新、体制机制创新、科技创新。要推进理论创新,认真总结文物保护实践积累的新经验,不断完善文物法规体系建设,加大保护规划和行业标准的制定工作,研究探索适应我国国情、顺应时代要求、符合文物工作规律的中国特色文物事业发展道路,规划建设文化遗产强国的目标和举措。要推进体制机制创新,总结文物保护实践中形成的"强化政府主导、动员社会参与、民众共建共享"的经验,努力建立适应社会主义市场经济体制要求、遵循文物工作自身规律、国家保护为主并动员全社会参与的文物保护体制,凝聚改革发展的共识,提高改革决策的科学性,增强改革措施的协调性,力求在重点领域和关键环节的改革上取得突破。要推进科技创新,按照建设创新型国家的要求,加大科技创新投入,加强创新人才培养,推进科研平台建设,有效整合科研优势资源,吸收借鉴国际文物保护科技发展的最新成果,着力突破文物保护的基础研究、关键技术和前沿技术,加强对传统工艺技术的保护、研究、传承和发展,实现传统工艺与科技创新成果的有机结合,努力提高文物事业自主创新能力。要推进保护传承方式和传播手段创新,促进文物博物馆事业在参与创造物质财富和精神财富的实践中焕发活力,发挥文物博物馆资源的综合效益。要加快政府职能转变,推动文物行政部门由"办文物事业"向"管文物事业"、由微观管理向宏观管理、由部门管理向行业管理、由重管理向管理服务并重转变,强化政策调节、社会管理、公共服务的功能。要发挥国家文物局的宏观指导、政策引导、法规规范、执法督察和搭建平台的作用。要改革文物行政审批制度,简化审批程序,下放审批权限,提高审批效率。要综合运用法律、行政、经济、科技等手段提高文物管理效能,大力提升文物管理的精细化、规范化和信息化水平。要积极配合国家外交大局,扩大深化政府间交流与合作,推动与更多国家有关政府间文物保护双边协定的签署,开展更有深度和实质性内容的合作。要通过"走出去"、"引进来",拓宽人员交流和科技合作渠道,提高对外文物展览的数量和质量,不断把中华文明推向世界,提高我国在国际文物保护领域的地位和影响力。要巩固我国与相关国际组织和民间机构的关系,积极参与国际文物保护行动和相关国际公约的制定,增强我国在国际文物保护领域的话语权。

中国特色文物事业发展道路已经开辟,文化遗产强国的嘹亮号角已经吹响。广大文物工作者的职责崇高而神圣,中国文物事业的前景光明而美好。全国文物系统将以 2012 年全国文物工作会议召开为契机,围绕努力建设文化遗产强国的目标,坚持依法保护,着力建立健全文物法律法规体系,进一步强化执法督察与安全监管;坚持科学保护,着力做好文物的抢救性保护和预防性保护;坚持公益属性,着力推动博物馆的数量增长和质量提升;坚持政府主导,着力推动社会力量参与文物保护利用;坚持管理与服务并重,着力引导规范文物流通秩序;坚持改革创新,着力转变政府职能,加强宏观管理,不断提高文物工作科学化水平,全面推进文物保护利用与传承发展,为推动社会主义文化大发展大繁荣、实现全面建设小康社会奋斗目标作出新的更大贡献。

扎实推进非物质文化遗产保护工作
中国特色非物质文化遗产保护体系初步形成

我国是历史悠久的文明古国,各族人民在漫长的历史发展中不仅创造了辉煌灿烂的物质文化遗产,也创造了丰富多彩的非物质文化遗产。这些珍贵的非物质文化遗产是中华民族悠久历史的鉴证,是民族智慧的结晶、民族精神的象征,是民族生命力和创造力的重要体现。保护和传承非物质文化遗产,是践行科学发展观,繁荣社会主义先进文化,构建社会主义和谐社会的重要举措;是传承中华文脉,弘扬民族精神,建设中华民族共有精神家园的重要内容;是提高国家文化软实力,增强中华文化国际影响力的迫切需要;是维护人类文化多样性,促进人类共同发展的必然要求。

非物质文化遗产,是指各族人民世代相传并视为其文化遗产组成部分的各种传统文化表现形式,以及与传统文化表现形式相关的实物和场所,包括各民族的民间文学、传统音乐、传统舞蹈、传统戏剧、曲艺、传统体育、游艺与杂技、传统美术、传统技艺、传统医药和民俗等。保护我国各族人民创造的非物质文化遗产,是历史赋予我们的重要责任。但是在经济全球化的进程中,随着工业化、城市化进程的加快,源于农耕文明、主要靠口传心授方式传承的非物质文化遗产的生存土壤及其生态环境都受到了严重冲击,非物质文化遗产的生存、保护和发展遇到很多新的情况和问题,面临着严峻形势。加强我国非物质文化遗产保护已刻不容缓。

党的十六大以来，尤其是十七大以来，在党中央、国务院的高度重视下，在各级党委和政府的支持下，在相关部门的积极配合下，经过各级文化部门和广大非物质文化遗产保护工作者的共同努力，非物质文化遗产保护工作取得了显著成绩。全面普查工作已取得阶段性成果，一大批珍贵、濒危的非物质文化遗产得到记录、抢救和保护，国家、省、市、县四级名录体系基本建立，非物质文化遗产代表性传承人得到重点保护，非物质文化遗产保护机制持续完善，非物质文化遗产保护意识逐步深入人心，中国特色的非物质文化遗产保护体系已经初步形成。非物质文化遗产保护工作为推动文化大发展大繁荣，促进社会主义和谐社会建设，发挥了重要作用。

一、十六大以来非物质文化遗产保护工作的发展历程

十六大以来的十年，是我国非物质文化遗产保护取得跨越式发展的十年。传统文化保护从民族民间文化保护逐渐上升到非物质文化遗产保护，全社会已逐步形成高度的文化自觉。这一时期的非物质文化遗产保护工作，基本可以分为三个阶段：

（一）保护工作起步（2002 年至 2004 年）

新中国成立以来，我国采取各种措施，对传统文化遗产进行抢救、发掘、整理和研究，不仅保存了大量珍贵的文化资源，也造就了一支有相当学术积累的科研队伍。在此基础上，2003 年初，文化部、财政部联合国家民委、中国文联共同实施中国民族民间文化保护工程。这项保护工程采取试点先行、以点带面的工作方式，在全国范围内逐步推开。为了确保保护工程的顺利实施，成立了保护工程领导小组和专家委员会，设立了保护工程国家中心，各地也相继成立了保护工程组织领导机构和工作机构。通过组织举办各种层次的培训班，培养了一批民族民间文化保护的业务骨干。在保护工程实施过程中，一些省、区、市还陆

续开展了民族民间文化资源的普查或专题调查工作。保护工程的实施,初步探索了我国非物质文化遗产保护工作的实施方法,逐步积累了我国非物质文化遗产保护工作的成功经验,在组织人员、机制建立、社会宣传等方面为非物质文化遗产保护工作的深入开展奠定了坚实基础。2004年8月,我国正式加入联合国教科文组织《保护非物质文化遗产公约》,标志着我国正式进入联合国教科文组织非物质文化遗产保护工作体系。非物质文化遗产的概念日趋引起社会关注,影响力逐渐扩大。

(二)保护工作全面展开(2005年至2010年)

党的十七大从中国特色社会主义事业"四位一体"总体布局的高度,提出兴起社会主义文化建设新高潮、推动社会主义文化大发展大繁荣的战略任务,突出强调弘扬中华文化、建设中华民族共有精神家园的重要性,并强调要"重视文物和非物质文化遗产保护"。2005年3月,国务院办公厅下发《关于加强我国非物质文化遗产保护工作的意见》,同时下发《国家级非物质文化遗产代表作申报评定暂行办法》和《非物质文化遗产保护工作部际联席会议制度》两个附件,第一次以中央政府文件的形式明确了现阶段各级政府对非物质文化遗产实行行政保护的目标、方针、基本制度和工作机制。2005年12月,国务院下发《关于加强文化遗产保护的通知》,决定从2006年起,每年6月的第二个星期六为我国的"文化遗产日",并对非物质文化遗产保护工作提出了明确要求。文化部先后制定出台了《国家级非物质文化遗产保护与管理暂行办法》、《国家级非物质文化遗产项目代表性传承人认定与管理暂行办法》等行政法规。在这一时期,我国非物质文化遗产保护事业快速发展:第一次全国非物质文化遗产普查工作取得阶段性成果,非物质文化遗产四级名录体系逐步建立,非物质文化遗产传承机制不断健全,文化生态保护区建设进展顺利,生产性保护方式逐渐完善,非物质文化遗产专题博物馆、民俗博物馆和传习所建设稳步推进,各级非物质文化遗产保护工作资金投入不断加大,机构队伍建设得到加强。

（三）保护工作进入依法保护阶段（2011 年至今）

2011 年 6 月 1 日,《中华人民共和国非物质文化遗产法》(以下简称《非物质文化遗产法》)正式施行。这部法律的出台为非物质文化遗产保护政策的长期实施和有效运行提供了坚实的法律保障。从此,我国的非物质文化遗产保护工作进入了依法保护的新阶段。2011 年 10 月,党的十七届六中全会胜利召开,提出了建设社会主义文化强国的战略思想和宏伟目标,对非物质文化遗产保护工作提出了新的要求。整个文化事业和非物质文化遗产保护面临着进一步发展的良好机遇。各级文化部门和广大文化遗产保护工作者抓住契机、振奋精神,以《非物质文化遗产法》和党的十七届六中全会精神为指导,不断深化对非物质文化遗产保护的认识,遵循非物质文化遗产保护的客观规律,强化依法行政、依法保护的观念,在实际工作中正确履行法律所赋予的权利和义务,全面落实各项保护工作任务,努力开创非物质文化遗产保护工作的新局面。

二、十六大以来非物质文化遗产保护工作的主要成就

（一）《非物质文化遗产法》出台,为非物质文化遗产保护工作提供了坚实的法律保障

2011 年 2 月 25 日,十一届全国人民代表大会常务委员会第十九次会议审议通过了《非物质文化遗产法》;6 月 1 日,《非物质文化遗产法》正式施行。《非物质文化遗产法》是中国特色社会主义政治、经济、文化、社会四位一体战略布局中颁布的一部重要法律,不仅体现了党和国家对文化建设的高度重视,丰富了我国法律体系的内容,而且是我国履行国际公约义务的重要体现,为促进世界非物质文化遗产保护、维护人类文化多样性作出了积极贡献。

《非物质文化遗产法》颁布出台后,文化部和各省(区、市)组织了多种形式的学习、宣传和贯彻《非物质文化遗产法》活动。文化部组织召开了贯彻实施《非物质文化遗产法》专家座谈会,印发了《文化部办公厅关于宣传贯彻〈中华人民共和国非物质文化遗产法〉的通知》,配合全国人大编印了《非物质文化遗产法律指南》,与国家民委共同组织翻译出版了蒙古文、藏文、维吾尔文、哈萨克文、朝鲜文、彝文、壮文等7种文字的《非物质文化遗产法》。各省(区、市)结合"文化遗产日"等,举办了多种形式的宣传和学习培训活动,向社会宣传《非物质文化遗产法》。

《非物质文化遗产法》出台后,文化部及时对非物质文化遗产保护事业"十二五"规划进行了完善,对近期工作计划进行了适当调整,使其更加符合法律的要求,进一步廓清了非物质文化遗产保护工作科学规范、深入发展的思路,提高了保护工作的针对性和实效性。同时,开始制定出台《境外组织和个人在中华人民共和国境内开展非物质文化遗产调查管理的暂行办法》等配套性法规,将法律设立的调查制度、代表性项目名录制度、传承与传播制度等进行细化,转化为各项长效工作机制,促进非物质文化遗产保护工作迈上新台阶。各省(区、市)也积极完善地方配套法规建设。云南、贵州、广西、福建、江苏、浙江、宁夏、新疆、广东等省(区)先后出台了地方性法规。河北、山西、内蒙古、湖北等省(区)非物质文化遗产保护条例也已列入省(区)人大、省(区)法制办的立法计划。

(二)非物质文化遗产保护的三项制度进一步完善

近年来,文化部通过开展普查,建立四级名录体系和代表性传承人评审认定体系,加强代表性传承人保护等,逐步建立了非物质文化遗产保护的三项制度。

普查是非物质文化遗产保护的一项基础性工作。全国非物质文化遗产普查工作已取得阶段性成果,共收集珍贵实物和资料29万件,普查文字记录达 20 亿字,拍摄图片 477 万张,普查资源总量近 87 万项。目前正在积极推进非物质文化遗产普查成果的整理利用工作,对第一次全国非物质文化遗产普查资料进行系统化整理研究,推动各级非物质文化遗产数据库建设工作,并在全国范围内启动非物质文化遗产普查报告编撰出版工作。

非物质文化遗产名录建设是非物质文化遗产保护制度的重要内容。至 2011 年,国务院已批准公布了三批国家级非物质文化遗产名录项目共 1219 项。各省(区、市)人民政府也公布了省级非物质文化遗产名录项目共 8566 项。大部分市、县也建立了本级非物质文化遗产名录。国家、省、市、县四级非物质文化遗产代表性项目名录体系基本形成。2011 年 9 月,文化部印发了《关于加强国家级非物质文化遗产代表性项目保护管理工作的通知》,明确提出了建立国家级代表性项目保护工作的定期报告制度、督察制度、奖惩制度和“退出机制”。国家级名录项目不是“终身制”,“有进有出”的动态管理将成为常态化的工作。

促进活态传承,是非物质文化遗产保护工作的关键。至 2011 年,文化部已命名公布了三批,共 1488 名国家级非物质文化遗产项目代表性传承人。从 2008 年起,在中央转移地方非物质文化遗产保护经费中,文化部按每人每年 8000 元的标准对国家级代表性传承人开展传习活动予以资助,2011 年起补助标准提高到 10000 元。各地也陆续开展了省、市、县级非物质文化遗产项目代表性传承人的认定与命名工作,全国共命名省级非物质文化遗产项目代表性传承人 9564 名。

(三)多种保护措施并举,保护成效明显

非物质文化遗产的丰富性,决定了保护方式和保护措施的多样性。在保护工作中,逐渐探索出了非物质文化遗产保护的多种方式:非物质文化遗产以项目为主要表现形式,因此保护工作前期以建立代表性项目名录和项目保护为主要工作抓手;非物质文化遗产主要依靠传承人

口传心授进行传承,因此把传承人的认定和保护放在关键地位;非物质文化遗产的不可再生性和脆弱性,决定了把抢救性保护放在第一位;非物质文化遗产与人民大众生产生活息息相关,因此要尽可能运用生产性保护等积极保护的方式;非物质文化遗产本身的整体性特征,以及与依存的自然生态、人文生态紧密相关,所以应采取整体性保护的方式;非物质文化遗产不同类别项目有各自特点和传承规律,所以要区别对待,研究实施分类保护措施。

运用现代信息技术手段对濒危的非物质文化遗产项目及年老体弱的传承人进行全面拍摄、记录,形成档案和建立数据库,是非物质文化遗产抢救性保护的重要方式。目前,非物质文化遗产数字化保护工程"一期工程"已经完成;国家级代表性传承人的抢救性记录工程也已列入《文化部"十二五"时期文化改革发展规划》。

根据非物质文化遗产自身传承、衍变的规律,文化部提出了生产性保护的理念,传统技艺、传统美术和传统医药药物炮制类等非物质文化遗产,在保持非物质文化遗产核心技艺的真实性和传统工艺流程的整体性等有效保护的前提下,积极开展生产实践,并借助流通、销售等手段,使之更紧密地融入当代生活,激发非物质文化遗产自身生机与活力,促进非物质文化遗产的保护和传承。2011 年,文化部开展了国家级非物质文化遗产生产性保护示范基地建设工作,命名公布了第一批共 41 个国家级非物质文化遗产生产性保护示范基地,树立了开展非物质文化遗产生产性保护的典型。各地也在积极探索非物质文化遗产生产性保护方式和具体措施。2012 年元宵节,文化部等 15 个部委联合在全国农业展览馆举办了"中国非物质文化遗产生产性保护成果大展",集中展示了近几年我国非物质文化遗产生产性保护的丰硕成果,进一步宣传了非物质文化遗产生产性保护的理念和经验。中共中央政治局常委李长春同志在参观展览时强调,非物质文化遗产生产性保护是最积极、最有效、最有利于非物质文化遗产可持续发展的保护传承方式。非物质文化遗产生产性保护工程不仅是文化工程,而且是富民工程、德政工程,体现了我们党执政为民的理念,受到人民群众欢迎。

建设文化生态保护区,将非物质文化遗产从单项的项目保护提升到与其依存的环境进行整体性保护,是遵循非物质文化遗产传承和发展规律的保护方式,是当前社会主义新农村建设和快速城市化进程中保护非物质文化遗产的重要举措。自2007年文化部启动文化生态保护区建设以来,已相继设立了闽南文化、徽州文化、热贡文化、羌族文化、客家文化(梅州)、武陵山区(湘西)土家族苗族文化、海洋渔文化(象山)、晋中文化、潍水文化、迪庆民族文化、大理文化、陕北文化等12个国家级文化生态保护实验区。浙江、山东、云南、广西等省(区)也开展了省级文化生态保护区建设的探索工作。2011年8月,文化部在青海省黄南州召开了国家级文化生态保护区建设现场交流会。经过研讨与交流,文化生态保护区建设的思路更加清晰,文化生态保护区建设工作正在稳步推进。

(四)宣传教育活动丰富多彩,非物质文化遗产保护意识日益深入人心

人民群众是非物质文化遗产的创造者、拥有者和传承者。人民群众文化遗产保护意识的提高,是对非物质文化遗产最好的保护。近年来,文化部和各级文化部门利用"文化遗产日"和春节、端午节、中秋节等中华民族传统节日,大力开展非物质文化遗产宣传展示活动,集中、全面、深入地宣传报道非物质文化遗产保护工作,促进了非物质文化遗产的传播,扩大了社会影响,营造了保护非物质文化遗产的良好氛围,提高了全社会的保护意识。

2006年2月在国家博物馆举办了中国非物质文化遗产保护成果展,同年6月举办"中国非物质文化遗产保护论坛"和"文化遗产日专场演出";2007年6月在中华世纪坛举办了"中国非物质文化遗产专题展"(分为年画、剪纸、皮影、木偶、染织五个专题);2008年6月举办了"2008文化遗产日——奥运北京"系列活动;2009年元宵期间在全国

农业展览馆举办了"中国非物质文化遗产传统技艺大展"系列活动；2010年6月举办"巧夺天工——中国非物质文化遗产百名工艺美术大师技艺大展"和"把遗产交给未来——昆曲、古琴名家名曲进百校活动"；2011年6月在中华世纪坛举办"依法保护，重在传承——《中华人民共和国非物质文化遗产法》宣传展"、"薪火相传——中国非物质文化遗产传承人师徒同台展演"和"我们的精神家园·中国非物质文化遗产摄影大展"；2012年文化遗产日期间举办了主题活动"中国非物质文化遗产保护讲座周"和"中国非物质文化遗产典籍记忆系列展"。另外，自2010年以来，每年端午节期间，文化部与浙江省人民政府、湖北省人民政府分别在浙江嘉兴和湖北秭归主办嘉兴端午文化活动和屈原故里端午文化活动，弘扬端午文化习俗，促进节日文化传承。同时，各地文化部门每年围绕"文化遗产日"和传统节日主题，举办了大量丰富多彩的非物质文化遗产宣传展示活动。总体来说，活动覆盖面广，重头戏多，人民群众广泛参与，充分体现出非物质文化遗产保护工作日益深入人心，保护非物质文化遗产的文化自觉日益增强。

各地文化部门通过积极与教育部门协商，将民歌、民乐纳入中小学音乐课，将剪纸、年画纳入美术课，将传统技艺纳入手工课，将传统舞蹈、武术纳入体育课，积极推进非物质文化遗产进课堂、进教材、进校园，使非物质文化遗产成为对青少年进行传统文化教育和爱国主义教育的重要载体。

（五）机构队伍建设和经费投入为非物质文化遗产保护提供了有力保障

经中央编制办公室批准，2007年，在中国艺术研究院设立了中国非物质文化遗产保护中心；2008年，在文化部设立了非物质文化遗产司。目前，全国31个省（区、市）均已建立了省级非物质文化遗产保护中心，其中，北京、山西、内蒙、安徽、四川、云南等11个省（区、市）成立了独立建制的省级非物质文化遗产保护中心；北京、江苏、浙江、河南、广东、广西、贵州、陕西、青海、新疆等 18 个省（区、市）文化厅（局）成立了非物质文化遗产处。目前，全国已逐渐形成了一支专、兼职的非物质文化遗产保护工作队伍。文化部正在有计划地对现有保护工作人员进行培训，做到经常化、制度化，不断提高这支队伍的业务能力和工作水平。同时，与高等院校、科研院所密切协作，鼓励设立非物质文化遗产相关专业，培养一批硕士、博士研究生，为非物质文化遗产保护提供专业人才保障。

保护经费投入逐年加大。截至 2011 年，中央财政已累计投入非物质文化遗产保护经费 14.99 亿元。各省（区、市）也将非物质文化遗产保护经费纳入地方财政预算，不断加大投入力度，截至目前，共投入非物质文化遗产保护经费约 22 亿元。

（六）对外交流合作渠道继续拓展，国际影响力日益提高

我国作为联合国教科文组织《保护非物质文化遗产公约》的缔约国，积极参与国际规则的制定工作，认真履行加入《公约》的义务，注重学习、借鉴他国文化遗产保护的成功经验，积极参与国际交流与合作。近年来，我国在法国巴黎成功举办了"中国非物质文化遗产艺术节"；文化部与联合国教科文组织、四川省人民政府在四川成都共同主办了三届"中国成都国际非物质文化遗产节"；与蒙古国联合申报蒙古族长调民歌为"人类非物质文化遗产代表作"，并签订合作协议，加强联合保护；参加以"非遗延续和弘扬"为主题的"亚洲文化部长论坛"等。2010 年，联合国教科文组织和我国政府在中国艺术研究院设立"亚太地区非物质文化遗产国际培训中心"。我国积极参与联合国教科文组织"人类非物质文化遗产代表作名录"和"急需保护的非物质文化遗产名录"的申报工作。目前，我国入选联合国教科文组织"人类非物质文化遗产代表作名录"29 项，"急需保护的非物质文化遗产名录"7 项，总数达 36 项，成为世界上入选项目最多的国家。这充分表明了国际社会对我国非物质文化遗产保护工作的充分肯定和对中华民族优秀传统文化的认可。

三、十六大以来非物质文化遗产保护工作的主要经验

非物质文化遗产是一个较新的概念，没有成熟的保护模式可供遵循，在我国非物质文化遗产保护实践中，我们逐步探索建立了一套适合我国国情和非物质文化遗产特点的保护机制，同时也积累了一些宝贵的经验：

（一）依法实施保护，持续、规范开展非物质文化遗产保护工作

每一项重大的社会系统工程都要依靠一整套的规则进行规范、计划和组织。从我国非物质文化遗产近些年来的保护实践不难看出，保护工作不是零散的、随意开展的，而是有组织、有系统地进行的，这要归功于规则和制度的确定。近些年来，我国政府出台了非物质文化遗产代表作申报评定暂行办法、部际联席会议制度、国家级非遗保护与管理暂行办法、专项资金管理暂行办法、传承人认定与管理暂行办法等一系列行政法规和文件，建立并明确了我国现阶段非物质文化遗产保护的各项工作措施和规范。与这些制度相呼应，各地也纷纷制定了本地区的保护法规，规范当地保护工作的开展。2011 年 6 月 1 日《非物质文化遗产法》正式实施，在此框架下，相应的实施细则和配套法规将在未来继续完善。相关法律法规的制定，确保了我国非物质文化遗产保护工作得以顺利实施和持续、健康、规范发展。

（二）坚持政府主导、社会参与，形成全民参与保护工作的良好格局

加强传统文化保护，是政府行使公共文化服务职能，维护人民群众文化权益的重要体现。目前，非物质文化遗产保护工作逐渐被纳入地方各级政府经济社会发展规划、文化发展纲要、财政预算、重要议事日

程和对领导干部政绩考核指标。非物质文化遗产保护工作部际、厅际联席会议、专家委员会和各级非物质文化遗产保护中心的建立,中央和各级地方财政设立的非物质文化遗产保护工作专项资金,为保护工作提供了有力的组织保障和经费支持。同时,非物质文化遗产保护工作还必须依靠社会各界和广大民众的积极参与,才能真正取得实效。十六大以来,一大批企事业单位、民间团体和有识之士积极投入非物质文化遗产保护事业中来。中国科学院、中国社科院、中国艺术研究院等研究机构和许多高等院校积极开展有关非物质文化遗产的研究与抢救保护工作;中国文联各有关协会、中国工艺美术协会等社会团体也积极开展了有关保护工作;特别是广大的非物质文化遗产传承人,一直坚持、坚守着自己的阵地,使许多濒危的非物质文化遗产得以保存和传承下来。全社会的广泛参与,使非物质文化遗产在人民群众的生产和生活中得到传承和发展。

(三)重视专家指导,强化队伍建设,促进非物质文化遗产保护理论与实践相结合

非物质文化遗产的抢救与保护,需要相关各领域专家学者的理论指导和广大非物质文化遗产保护工作者在各自岗位上兢兢业业地工作。十六大以来,各级文化部门在保护工作实践中,建立了非物质文化遗产保护工作专家咨询、督导制度,支持开展非物质文化遗产理论和政策研究,一大批既精通专业理论又有实践经验的专家学者,从理论上对非物质文化遗产保护进行探索、研究与论析,形成了一套具有指导性、可操作性的较完整的理论学说,为非物质文化遗产的抢救与保护提供了理论依据和政策咨询,较好地指导了保护工作的科学开展。《非物质文化遗产概论》等一批非物质文化遗产的学术专著相继出版,对非物质文化遗产的定义、价值、意义、分类、保护的现状与发展,以及历史经验和国外经验等进行深入的探讨和研究,提高了非物质文化遗产保护理论水平。文化部和各地举办了中国非物质文化遗产保护论坛、苏

州论坛等大型国内国际学术研讨会和论坛,就非物质文化遗产管理机制、保护立法、非物质文化资源与生态环境保护、非物质文化遗产传承人保护、文化生态保护区建设、非物质文化遗产生产性保护、灾难与非物质文化遗产保护、各国非物质文化遗产保护经验等方面进行深入交流和探讨,对非物质文化遗产保护工作的开展起到了很好的指导作用。同时,各级文化部门还积极开展非物质文化遗产保护工作队伍的培训工作,采取请进来、走出去方式,举办各类培训班,提高保护人员和管理人员的业务素质和工作能力,并主动与有关院校合作,在有条件的院校和科研机构设立相关专业,培养专业人才,为科学保护非物质文化遗产提供了充足的人才队伍保障,推动了非物质文化遗产保护工作的发展。

(四)把握特点,创新方法,建立非物质文化遗产保护工作机制

与物质文化遗产相比,非物质文化遗产最重要的特点是"活态传承"。因此,国务院办公厅《关于加强我国非物质文化遗产保护工作的意见》中确定了"保护为主、抢救第一、合理利用、传承发展"的工作方针。非物质文化遗产保护工作必须紧紧把握非物质文化遗产"活态传承"的特点和这一工作方针,积极探索适合非物质文化遗产特点的保护工作机制,其中,特别注重加强非物质文化遗产传承人队伍建设。目前,通过一系列保护工作的开展和实践探索,从名录体系建设、传承人保护,到专题博物馆建设、生态保护实验区建设、文化遗产日宣传、非物质文化遗产进国民教育系列、专项资金设立、国际交流合作等,一套符合非物质文化遗产特点的、具有中国特色的非物质文化遗产保护工作机制已初步形成。

(五)适应时代发展,探求保护途径,推行非物质文化遗产保护科学模式

随着全球化趋势的增强和工业化、城市化进程的加快,非物质文化遗产所赖以生存的文化生态发生了巨大变化,大量非物质文化遗产以

惊人的速度产生、变化甚至消亡。面对新形势,文化部根据各地非物质文化遗产的实际情况,积极探索各种行之有效的保护途径和模式。

一是加强抢救性保护。坚持"保护为主、抢救第一、合理利用、传承发展"的非物质文化遗产保护工作方针,采取积极措施,及时抢救和保护在现代化和城市化进程中面临消亡的珍贵非物质文化遗产项目、传承人及其实物资料,使具有重要历史、文化和科学价值的非物质文化遗产得到全面保护。

二是开展整体性保护。我国拥有世界上最丰富多彩的文化遗产,其中非物质文化遗产是人类通过口传心授、世代相传的活态文化遗产,其本质特性是活态性,主要载体是"人",传承所依赖的也是"人"。非物质文化遗产包含着丰富多样的内容和形式,又同特定的生态环境相依存,与人、自然环境、社会环境共同构成密切关联的统一整体。因此,探索建立了设立文化生态保护区的保护方式,对文化资源丰富、保存较为完善、具有鲜明文化特色,与人们的生活生产紧密相关,并与当地自然环境、社会环境和谐共处的特定区域,进行非物质文化遗产的整体性保护。

三是推进生产性保护。传统技艺、传统美术和传统医药药物炮制类等非物质文化遗产根植于民间,具有资源消耗低、污染少,文化和技术含量高,吸收劳动力多等特点,集中反映了中华民族传统的生产、生活方式,体现了中华民族的杰出智慧,展示了中华民族的创造力和生命力。但和其他产业相比,这些类别的企业生产环境和条件简陋,发展规模小,基础薄弱,生存和发展形势严峻。在当前经济转轨、社会转型的形势下,积极帮助传统技艺、传统美术和传统医药药物炮制类等非物质文化遗产项目与市场更好结合,对于培育特色产业,拉动相关产业和旅游业发展,吸纳劳动力就业,促进经济平稳较快发展,具有特殊的重要意义。因此,根据这些类别非物质文化遗产的存在形态和传承特点,在合理开发和利用中将其资源转化为生产力和产品,产生经济效益,使非物质文化遗产在生产实践中得到积极保护,在一定程度上拉动了内需,扩大了就业,促进了非物质文化遗产与经济、社会的协调发展。

　　回顾这些年的发展历程,我国非物质文化遗产保护工作取得了重要成就,积累了宝贵的经验,但也面临着新的形势和任务。在新的历史阶段,我们将自觉肩负起历史和时代赋予我们的神圣职责,坚持依法保护、科学保护,锐意进取,开拓创新,不断将非物质文化遗产保护工作不断推向深入,为弘扬中华文化、传承中华文明、建设中华民族共有精神家园、推动社会主义文化大发展大繁荣作出更大的贡献。

努力营造良好政策环境
推动文化产业蓬勃发展

党的十六大以来,特别是十七大以来,伴随着思想解放和经济社会的全面发展,作为市场经济条件下繁荣和发展社会主义文化的重要途径,文化产业异军突起,迅猛发展,初步显现出成为国民经济支柱性产业的潜力,在国民经济中所占比重逐步增加,在满足人民群众文化消费需求、促进文化发展和繁荣、加快经济发展方式转变方面发挥了重要作用。文化产业已经成为文化建设的重要内容和国民经济新的增长点,成为国家文化软实力的骨干力量和国家综合实力的重要组成部分。

一、发展道路

我国文化产业是伴随着改革开放的步伐而迅速崛起,伴随着市场经济的发展而茁壮成长的文化新领域。为适应社会主义市场经济深入发展的新形势和加快发展社会主义先进文化的新要求,1998 年,文化部在国务院进行机构改革、行政人员编制大幅缩减的情况下,获批新设立了文化产业司。2000 年,党的十五届五中全会强调要完善文化产业政策,加强文化市场建设和管理,推动有关文化产业发展,这是我们党在中央文件中首次提出"文化产业"概念。这也标志着改革开放以来对文化产业起步、探索取得了重要的阶段性成果,中国文化产业已由市场和民间自发发展阶段进入政府自觉推动的新时期。

2002 年,党的十六大召开后,文化产业得到党中央、国务院的高度重视,文化产业发展步伐明显加快。党的十六大进一步明确把文化区分为文化事业和文化产业,强调一手抓公益性文化事业、一手抓经营性文化产业,标志着我们党在文化建设的认识上实现了一个重大突破,对文化产业发展具有里程碑的意义。2003 年,中宣部、文化部、国家广电总局、新闻出版总署下发了文化体制改革试点工作的意见,这些工作的开展实质性地推动了文化产业的发展进程。为厘清有关文化产业的概念,2003 年,文化部制定并下发的《关于支持和促进文化产业发展的若干意见》中,进一步明确指出:"文化产业是指从事文化产品生产和提供文化服务的经营性行业"、"文化产业是与文化事业相对应的概念,两者都是社会主义文化建设的重要组成部分"。随着经济建设与文化建设的日益结合,2003 年,党的十六届三中全会通过的《中共中央关于完善社会主义市场经济体制若干问题的决定》中,从深化文化体制改革的角度,对如何发展我国的文化产业,在转变政府职能、健全文化市场体系和文化生产经营体制、文化产业政策的配套与完善,鼓励多渠道资金投入等方面进行了详细的规定。2005 年,中共中央、国务院下发《关于深化文化体制改革的若干意见》,把加快文化领域结构调整、培育现代文化市场体系,形成以公有制为主体,多种所有制共同发展的文化产业格局作为深化文化体制改革的重点任务进行了系统部署。2006年,中办、国办下发《国家"十一五"时期文化发展规划纲要》,明确了"十一五"时期文化产业发展的重点任务、重大工程和重要举措。2007年,党的十七大从中国特色社会主义建设的总体布局出发,把大力发展文化产业作为推动文化大发展大繁荣、兴起社会主义文化建设新高潮的战略选择之一,并将"文化产业占国民经济比重明显提高,国际竞争力显著增强,适应人民需要的文化产品更加丰富"列入全面建设小康社会的奋斗目标,进一步提升了文化产业的战略地位。

2009 年,在国际金融危机爆发后,国务院颁布《文化产业振兴规划》,系统提出了新形势下文化产业发展的指导思想、基本原则、目标任务、重点项目和扶持政策,这是我国第一部文化产业发展专项规划,标志着文化产业已经上升为国家的战略性产业。2010 年 3 月,中办、国办转发《中央宣传部关于党的十六大以来文化体制改革及文化事业文化产业发展情况和下一步工作意见》,强调加快推进文化产业发展,把文化产业培育成为推动我国经济发展方式转变的战略性新兴产业。2010 年 7 月,中央政治局专门就深化我国文化体制改革专题进行了第二十二次集体学习,胡锦涛总书记明确提出了"三加快一加强"的文化改革发展总体布局,强调要加快发展文化产业,增强文化产业整体实力和竞争力。2010 年 10 月,党的十七届五中全会强调了要坚持先进文化前进方向,提出了要提高全民族文明素质、推进文化创新、繁荣发展文化事业和文化产业,要推动文化产业成为国民经济支柱性产业。

在世界大发展大变革大调整的新时期,2011 年 10 月,党的十七届六中全会审议通过了《中共中央关于深化文化体制改革　推动社会主义文化大发展大繁荣若干重大问题的决定》,全面部署了深化文化体制改革、推动社会主义文化大发展大繁荣的各项工作,把文化产业提升到前所未有的高度,要求推动文化产业跨越式发展,使之成为新的经济增长点、经济结构战略性调整的重要支点、转变经济发展方式的重要着力点,并从构建现代文化产业体系;形成以公有制为主体,多种所有制共同发展的文化产业格局;推动文化科技的创新;扩大文化消费等四个方面作出了具体部署。这也标志着我国文化产业发展进入了在新的历史起点上取得突破性进展的新时期、新阶段。

随着党中央、国务院对文化产业重视程度的不断提高,十六大以来,文化部门认真贯彻党中央、国务院关于文化建设的总体部署,努力探索中国特色社会主义文化建设的内在规律,正确认识文化的双重属性、双重功能,逐步确立了文化事业和文化产业双轮驱动、两翼齐飞的思路,逐步找到了推动文化产业发展的有效途径,形成了一套行之有效的工作机制。文化产业发展必须坚持发挥市场在资源配置中的积极性作用,按照"创新体制、转换机制、面向市场、增强活力"的要求,坚持体制机制改革和创新,提高文化产业的整体实力和国际竞争力,努力满足人民群众日益多元化、多层次、多方面的文化消费需求。政府的主要职能则定位于提供公共服务、政策体系建设、加强市场监管、进行规划引导等方面。无论是文化事业还是文化产业,都必须坚持社会主义先进文化的方向,坚持社会效益优先,努力实现社会效益与经济效益相统一。

在这一思路的引导下,几年来,在发挥市场对文化资源配置的积极作用的基础上,文化部门充分发挥政策引导和公共服务职能,努力打造政策支撑、公共服务、投资融资、贸易合作、人才培养五大服务平台,积极为产业发展提供良好的政策和市场环境,有力地推动了我国文化产业由起步、探索、进入到快速发展时期。国有经营性文化单位转企改制取得重要进展,涌现出一批具有较强实力和竞争力的文化企业和企业集团,文化产业规模逐步壮大,以公有制为主体、多种所有制共同发展的文化产业格局初步形成。文化"走出去"步伐加快,文化进出口贸易逆差逐步缩小,我国文化产业的国际竞争力不断增强。总的看,我国文化产业呈现出健康向上、蓬勃发展的良好态势,成为推动社会主义文化大发展大繁荣的重要引擎和经济发展新的增长点。

二、主要成就

(一)总量规模稳步提升,对经济社会发展的促进作用明显增强

2004年以来,全国文化产业年均增长速度在15%以上,比同期GDP增速高6个百分点,保持了高速增长的势头。2010年,我国文化产业增加值达到11052亿元,占同期GDP的2.75%,比上年提高0.18个百分点,比2004年提高0.81个百分点。分单位类型看,2010年文化产品制造单位实现增加值4391亿元,比上年增长23.5%;文化产品销售单位实现增加值638亿元,增长22.2%;文化服务提供单位实现

增加值 5397 亿元,增长 27.9%。

2004—2008 年间我国文化产业法人单位增加值现价年均增长 23.3%,文化产业对国民经济贡献的增加十分明显。根据国家统计局公布资料显示,与 2004 年相比,2008 年法人单位数增加 14.29 万个,增长近 45%;资产总计增加 9170 亿元,增长 50%;从业人员增加 186 万人,增长 18.6%,占全国从业人员的比重提高 0.21 个百分点;法人单位主营业务收入为 26802 亿元,比 2004 年增加 10577 亿元,增长 65%,2008—2010 年,面对金融危机的冲击,文化产业逆势上扬,其消耗少、污染低、附加值高等优势进一步得到凸显,成为经济寒冬中的一股暖流,文化产业法人单位增加值年均增长达到 24.2%。

各地文化产业发展势头引人瞩目,不少地方文化产业的增长速度高于国民经济的整体增长速度,成为提供就业机会的重要行业、产业结构优化的朝阳行业和经济增长的支柱产业。广东、北京、江苏、山东、浙江等东部发达地区文化产业增加值已经超过 1000 亿元人民币,成为当地经济发展新亮点。中西部地区的特色文化产业也呈现强劲的发展势头。北京、广东、上海、湖南、云南等省市文化产业增加值占 GDP 的比重已超过 5%,率先成为当地经济的支柱性产业,北京市文化产业更是成为仅次于金融业的第二大支柱产业。随着政策扶持力度不断加大,各地兴起文化企业创办热潮,充分依托本地文化资源优势,不断创新文化产业的发展思路,为促进本地区经济发展方式转变和区域经济转型发挥了积极的作用。以北京、上海、天津为代表的城市合理利用工业遗产、老旧厂房和近代建筑,建成了一批独具魅力的文化产业集聚区;河南、陕西、山西、安徽等地将传统与现代相结合,通过文化产业让古老而厚重的传统文化焕发了青春;江苏、浙江、广东、湖南等地数字文化产业快速发展,文化产业与高科技结合亮点频现;四川、云南、广西、青海等西部省(区)积极开掘、合理利用当地丰富的少数民族文化资源,通过发展文化产业帮助少数民族同胞增收致富。

（二）发展规划和扶持政策陆续出台，产业发展环境得到进一步优化

党的十六大以来，尤其是近年来，国务院、文化部以及相关部门先后制定出台了一系列引导和促进文化产业发展的规划和政策文件。与此同时，各省市也积极贯彻落实中央精神，在财政、税收、金融、土地、人才等方面研究制定了推动文化产业发展的有关政策措施。这些规划政策，为产业发展提供了科学引导，营造了良好的环境，极大地解放了文化生产力。

党的十六大召开后，文化部先后发布了《关于支持和促进文化产业发展的若干意见》《关于鼓励、支持和引导非公有制经济发展文化产业的意见》，为推动文化产业的起步探索发挥了积极作用。2006年，中共中央办公厅、国务院办公厅印发了《国家"十一五"时期文化发展规划纲要》，其中将文化产业列为专章进行了规划。2009年7月，在应对全球性金融危机的背景下，国务院发布了《文化产业振兴规划》，对文化产业的发展作出了全面部署，极大地提振了文化产业界应对金融危机、实现平稳发展的信心和决心。随后，文化部发布的《关于加快文化产业发展的指导意见》确定了演艺业、动漫业、文化娱乐业、游戏业、文化会展业、文化旅游业、艺术品与工艺美术、艺术创意与设计、网络文化、文化产品数字制作与相关服务等十个重点领域，并明确了各个领域的发展方向。为加强分类指导，文化部先后制定出台了《关于扶持我国动漫产业发展的若干意见》《关于促进民营文艺表演团体发展的若干意见》《关于促进文化与旅游结合发展的指导意见》《关于网络游戏发展和管理的若干意见》等政策文件，以推动动漫、演艺、文化旅游、网络文化等文化产业具体门类加快发展。为全面贯彻党的十七届五中、六中全会精神，推动文化产业成为国民经济支柱性产业，2012年2月，文化部印发了《文化部"十二五"时期文化产业倍增计划》，明确要求实现"十二五"期间文化部门管理的文化产业增加值倍增的发展目标，并制定了相应的重点任务和保障措施，为文化系统"十二五"时期

文化产业的发展提供了有力指导。

各领域的具体政策也陆续出台。在财政支持方面,中央财政在2008年设立了"文化产业发展专项资金",截至2011年年底,通过贷款贴息、项目补助、补充国家资本金、绩效奖励、保险费补助等方式,累计安排专项资金60亿元,支持全国各地的文化产业项目1000多个,对推动全国文化产业发展起到了重要的示范和带动作用。在税收支持方面,财政部、税务总局先后制定了《关于文化体制改革中经营性文化事业单位转企改制为企业的若干税收优惠政策问题的通知》、《关于支持文化企业发展若干税收政策问题的通知》、《关于扶持动漫产业发展有关税收政策问题的通知》等支持文化产业发展的税收优惠政策。经文化部与国家发改委双方协调,将西部文化产业有关门类纳入到国家《西部地区鼓励类产业目录》,凡在目录范围内的文化企业在2020年以前可享受包括减按15%的税率征收企业所得税、投资总额内进口的自用设备免征关税等多项相关优惠政策。在金融支持方面,中宣部、财政部、中国人民银行、文化部等部门联合下发了《关于金融支持文化产业振兴和发展繁荣的指导意见》,从信贷、证券、保险等多方面支持文化产业发展。在投资支持方面,2012年6月,文化部下发了《关于鼓励和引导民间资本进入文化领域的实施意见》,为民间资本进入文化产业等领域营造了更加良好的发展环境,对推动形成以公有制为主体,多种所有制共同发展的文化产业格局,增强产业发展活力发挥了重要作用。在出口支持方面,商务部、文化部等部门联合出台了《关于金融支持文化出口的指导意见》、《关于进一步推进国家文化出口重点企业和项目目录相关工作的指导意见》等文件,积极为文化出口提供有力支持。

(三)重点行业蓬勃发展,文化产品和服务日益丰富,成为满足人民群众精神文化需求的重要途径

党的十六大以来文化产业的快速发展,调动了全社会参与文化建设的积极性,打破了计划经济体制下国办文化的单一局面,形成了多门类、多层次、多样化的文化生产和服务体系。文化产业各个领域争显活力,竞相发展,演艺、娱乐、动漫、游戏、文化旅游、艺术品、工艺美术、文化会展、创意设计、网络文化、数字文化服务等11大文化产业体系框架初步形成,各类文化产品和服务的数量更加丰富,质量不断提升,人民群众多样化、多层次、多方面的精神文化需求进一步得到满足。

一方面,演艺、娱乐、艺术品等传统文化产业继续保持快速增长势头,在转型中焕发出新的生机与活力。2010年,全国共有各类艺术表演团体6864家,演出1371.49千场次,文化娱乐场所85854家。2011年,全国演出市场规模达233亿元,演出市场总量显著增长,并日益显现出与旅游、网络、动漫等领域跨界融合的趋势;全国娱乐市场规模达566亿元,大众化消费特征逐步显现,人民群众参与程度日渐普遍。艺术品市场发展迅猛,2011年我国艺术品市场交易总额为1959亿元,成为世界最大的艺术品交易市场之一。文化精品不断涌现,一些演艺产业的品牌剧目长演不衰,《印象·刘三姐》、《多彩贵州风》、《云南印象》、《魅力湘西》、《丽水金沙》、《禅宗少林·音乐大典》、《梦回大唐》、《梦回长安》、《宋城千古情》、《妈妈咪呀!》等,都取得了良好的经济效益和社会效益。舞蹈《杨贵妃》、京剧版《王子复仇记》、杂技《中国风》等更是走出国门,成为弘扬中华文化,推动对外文化交流的重要载体。

另一方面,网络、游戏、动漫等新兴文化产业迅速崛起,日益成为文化产业发展的重要增长点。2011年网络文化市场总规模达到1397亿元。全国现有网吧14.6万家,市场规模619亿元,网络音乐相关企业452家,市场总体规模309亿元,网络游戏市场规模(包括互联网游戏和移动网游戏市场)为468.5亿元。

动漫是深受广大群众特别是青少年喜爱的文化艺术形式,为推动动漫产业的加快发展,2006年,国务院批准建立了由文化部牵头、十部门共同组成的扶持动漫产业发展部际联席会议,几年来,联席会议通过制定出台政策措施,搭建平台,举办活动,直接有力地推动动漫产业实现了从无到有、从小到大、由少到多、由弱向强的历史转变。中央财政专项资金累计支持 6.9 亿;出台了《动漫企业认定管理办法》和配套税收优惠政策,有效减轻了企业税负;组织评选中国文化艺术政府奖,实施国家动漫精品工程,扶持和推广了一批优秀原创动漫作品,支持了中国动漫走出去,加强了理论、人才、公共技术平台的建设和知识产权保护工作。其中,中国文化艺术政府奖首届动漫奖共评选 12 个大类的 30 个项目、102 个入围项目,通过评选、宣传、提供资金支持,扶持和推广了一批优秀原创动漫作品、创作者、形象、品牌和技术成果。统计显示,我国动漫产值从"十五"期末的 2005 年不足 100 亿元人民币,到 2010 年达 470.84 亿元,2007—2010 年,我国动漫产业产值平均增速达到 48.25%,是同期日本动漫产业的近 10 倍,美国动漫产业的 8 倍。截至 2010 年,漫画出版物从 8200 万册增长到 3.47 亿册,电视动画从 8.23 万分钟增长到 26 万分钟,跃居世界前列。动画电影从 12 部增长到 27 部,新媒体动漫从不到 2 万件增长到十几万件,中式漫画期刊占国内 85% 的市场份额,国产原创动漫产品已经占据国内市场主导。伴随着数量增长,质量也不断提高,涌现了"四大名著"系列漫画、《兔侠传奇》、《三国演义》、"喜羊羊与灰太狼"等优秀品牌,受到了群众的喜爱和市场的认可。

（四）骨干企业不断壮大,文化产业规模化、集约化、专业化水平不断提高

为培育市场主体,增强微观活力,加快推进区域性特色文化产业集群发展,从 2004 年开始,文化部先后命名了四批 200 家国家文化产业示范基地、三批 6 家国家级文化产业示范园区和首批 4 家国家级文化产业试验园区。通过制定相应的管理办法,强化管理,引导地方政府完善政策服务,国家级园区、基地获得了快速发展,已经成为我国文化产业发展的重要载体,培育扶持、发展壮大了一批产业集聚效应明显和特色鲜明的文化产业园区,充分发挥了集聚效应和孵化功能,为全国文化产业的发展发挥了引领和示范作用,进一步提高了我国文化产业的整体发展水平。2011 年,通过开展国家文化产业示范基地影响力评价工作,文化部评选出十大最具影响力国家文化产业示范基地,进一步彰显扶优扶强的发展思路,引导国家文化产业示范基地增强荣誉感和紧迫感,推动品牌建设,激发创新活力和发展动力。

据测算,2010 年国家级园区、基地总收入为 2500 亿元,总利润为 365.2 亿元。国家级园区、基地收入年平均增长率在 40% 以上,示范园区、集聚类基地已经拥有上市公司 100 家左右,在资本市场崭露头角。与此同时,国家级文化产业示范园区和基地的孵化功能和科技创新能力显著提升,为不断孵化出行业发展的生力军,为产业发展提供持续动力发挥了积极作用。统计显示,2010 年示范(试验)园区、集聚类基地分别投入 13.71 亿元、6.37 亿元用于初创文化企业的孵化,分别孵化文化企业 1218 家、1750 家。"十一五"期间,园区和集聚类基地投入的孵化资金从 2005 年的 7.38 亿增加到 2010 年的 22.38 亿,增长 3 倍;完成孵化的文化企业数从 2005 年的 697 家增加到 2010 年的 8960 家,增长近 13 倍。示范(试验)园区、集聚类、单体类基地研发总投入 143.55 亿元,其中动漫业和文化娱乐业基地研发投入均超过 10 亿元。示范(试验)园区、集聚类、单体类基地合计获得自主知识产权数 16626 项。"十一五"期间,园区基地研发总投入增长了 2.52 倍,获得自主知识产权数增长了 2.33 倍。示范园区、基地的发展对推动文化科技创新能力也发挥了重要作用,推动形成了一批新兴产业领域的优秀企业,例如动漫业中的浙江中南卡通股份有限公司和湖南宏梦卡通传播有限公司,游戏业中的上海盛大网络发展有限公司和深圳市腾讯计算机系统有限公司等。

随着文化体制改革的不断深入和文化产业配套政策的陆续出台,文化产业示范园区和基地的引领、示范作用日益显现,一批有较强实力、竞争力、影响力的自主创新型文化企业和企业集团逐步发展壮大。以深圳华强文化科技集团股份有限公司、北京保利文化艺术有限公司、深圳华侨城集团公司、拓维信息系统股份有限公司、深圳市腾讯计算机系统有限公司等为代表的文化产业各领域龙头,已经成为我国文化企业的领航者。以中国对外文化集团公司、天创国际演艺制作交流有限公司、俏佳人传媒股份有限公司等为代表的外向型文化企业,已经成为参与国际文化竞争的排头兵。保利文化集团股份有限公司 2011 年全年艺术品拍卖成交额达 121 亿元人民币,同比增长 32.2% ,蝉联全球中国艺术品拍卖成交额首位;中国东方、杭州金海岸演艺公司市场活力和市场竞争力明显提高;华强文化科技集团走出了一条"以文化为核心,以科技为依托"的发展道路,目前在国内建设主题公园 8 个,并成功将自主研发的文化科技主题公园输出到伊朗、南非等国家。

　　文化产业集群化发展趋势日益明显。长三角、珠三角、环渤海等地区,正在趋于形成地理集聚效应较为明显的文化产业带。北京市市级文化创意产业集聚区数量已达 30 家,覆盖了北京市全部区县、八大重点行业。上海市有文化产业园区 75 家,集聚了 2500 多家文化企业和 2 万多名高层创意人才。江苏省建成或在建的文化产业园区有 60 多家。由文化部命名的首批国家级文化产业示范园区西安曲江新区引进文化企业数达 1648 家,文化企业注册资本突破 320 亿元,从业人数 3 万余人,形成了覆盖会展、影视、演艺、出版等 15 个门类的全文化产业链,2011 年,实现文化产业产值 120 亿元,文化产业增加值 25 亿元,成为全国最具发展活力的文化产业聚集区之一。文化部和天津市共建重大文化产业战略项目——国家动漫产业综合示范园取得重大进展,于 2011 年 5 月 27 日正式开园,180 余家企业在园区注册入驻,形成了区域开发、产业配套、项目引进同步推动的良好局面。

（五）文化产业投资和文化资源开发持续升温,文化产业多元化投资格局开始形成

　　文化产业高附加值的特性吸引了投资者的目光,随着市场环境的逐步优化,大量资本和人力资源涌进文化领域,文化产业成为社会资本

追逐的新热点。初步形成了以公有制为主体、多种所有制共同发展的文化产业格局。如以电子信息产业为主导产业的深圳华强集团,大规模投资文化产业,成为国内文化主题公园的新锐。化工企业广西维尼纶集团参与投资制作的全球第一部山水实景演出《印象·刘三姐》,已经成为中国文化旅游的一朵奇葩。

2003 年,国务院颁发了《文化体制改革试点中支持文化产业发展的规定》和《文化体制改革试点中经营性文化事业单位转制为企业的规定》两个重要文件,在文化投融资的准入政策方面有了历史性的突破。在改革试点经验的基础上,2005 年,国务院发布《关于非公有资本进入文化产业的若干决定》,从鼓励、限制和禁止三个方面对于我国文化产业领域的投融资做了系统规定。文化部、财政部、原人事部、税务总局联合印发了《关于鼓励发展民营文艺表演团体的意见》。2010 年,文化部等 9 部门出台了《关于金融支持文化产业振兴和发展繁荣的指导意见》,文件将国有资本和民间资本不做区别对待,并特别强调"鼓励多元资金支持文化产业发展",为民间资本投资文化产业进一步营造良好的政策氛围。2012 年 6 月,文化部又出台了《关于鼓励和引导民间资本进入文化领域的实施意见》,进一步提振了投资者的信心。目前,在演出、娱乐、艺术品、网络文化、动漫游戏等领域,基本实现了对国内非公有资本全方位、全过程开放。

为落实这些文件精神,我们通过建立健全部行合作机制、培育推动文化企业上市融资,启动保险支持文化产业发展试点工作等手段,逐步推进文化产业投融资服务体系建设。自 2009 年以来,文化部先后与中国进出口银行、中国银行、国家开发银行、北京银行、中国工商银行、中国农业银行、中国建设银行建立合作机制,引导银行资金积极扶持文化产业,截至 2011 年年底,部行合作机制下,累计实现 187 亿元的贷款投放。文化产业资本市场直接融资进展也非常明显。2011 年,文化部下发了《文化部关于推进文化企业境内上市有关工作的通知》,逐步建立文化企业上市辅导培育机制,截至 2011 年年底,在沪深两地上市文化企业累计超过 50 余家。截至 2012 年 2 月,文化企业累计发行各类债券达到 379.94 亿元。与此同时,以保险支持文化产业试点工作为代表的文化产业投融资风险分担机制逐步建立,各类社会资本积极进入文化产业的态势基本形成。

在这些政策和服务的有力支持下,一方面随着文化体制改革的不断深入,国有文化市场主体逐步壮大,成为发展文化产业的主导力量。中国对外文化集团公司、中国东方演艺集团有限公司、上海文广演艺(集团)有限公司、江苏演艺集团有限公司、保利文化集团公司等一大批国有或国有控股文化企业的整体实力不断增强。另一方面,民营资本进入文化产业领域的步伐不断加快,已经成为我国文化产业一支不可缺少的重要力量。上海盛大网络发展有限公司、深圳华强文化科技集团、华谊兄弟传媒公司、辽宁民间艺术团有限公司等一批民营文化企业成为发展文化产业的生力军。国家统计局公布资料显示,2008 年,文化产业公有资本与非公有资本之比为 47.5∶52.5,与 2004 年的 51∶49 相比,非公有资本所占比重增加明显。与 2004 年相比,私营单位(包括私营独资、私营合伙、私营有限责任和股份有限公司)数量增加 13 万家,增长 78%;从业人员增加 140 万人,增长 54%;资产增加 4569 亿元,增长 140%;主营业务收入增加 5442 亿元,增长 144%。

(六)公共服务水平进一步提升,产业发展的基础条件明显改善

随着文化体制改革的不断深入,一方面,文化市场主体的数量逐步增多、实力大大增强;另一方面,建立服务型政府的理念深入人心,政府职能也发生了显著的转变,主要承担起弥补市场缺陷、提供公共产品和服务的角色。党的十六大以来,文化部等部门从投融资、贸易合作、人才培养、技术支撑、信息服务等环节着力,大力推进文化产业公共服务平台各项建设,为产业发展提供了有力支撑。

2006 年 12 月,文化部启动了全国文化产业项目服务工程。服务工程的主要内容是在中国文化产业网站上设立国家文化产业项目资源库,扩大我国文化产品和服务及投融资项目的交易量,为各类资本投资文化产业提供全面、便捷、有效的服务。2009 年,文化部向社会发布了《文化部文化产业投资指导目录》,对合理引导社会资本流向文化产业发挥了积极作用。

为加快文化产业和金融结合发展,切实解决文化企业和资本市场之间信息与资源不对称问题,2010 年,文化部启动建设了"文化部文化产业投融资公共服务平台"建设工作。目前,平台已开通文化企业金融服务在线办理系统,并建成信息资讯、政策法规、融资平台、行业知识、数据信息等栏目内容。

在中央财政的支持下,十七大以来,文化部累计投入 22050 万元,在全国 10 省(市)布局建设了 13 个动漫产业公共技术服务平台,为企业发展提供创新技术、前沿创意、行业交流、应用示范等一系列公共技术支撑服务,为实现动漫产业跨越发展提供技术引领与保障。

为打造文化产业贸易合作的平台,文化部联合有关部门和地方政府共同主办了中国(深圳)国际文化产业博览会、中国北京国际文化创意产业博览会、中国西部文化产业博览会、中国东北文化产业博览会、中国国际动漫游戏博览会和中国洛阳牡丹文化节等博览会和节庆活动,在文化产业项目、文化产品和服务与社会资本之间搭建起沟通合作的桥梁。几年来,随着办展机制的不断完善,文博会的交易平台功能日益彰显,以中国(深圳)国际文化产业博览会为例,统计数据显示,参与企业数量从 2004 年首届的 700 余家,增加到 2012 年的 1928 家,成交额从 2004 年的 356.9 亿元,提高到 2012 年的 1435.51 亿元。

针对文化产业人才缺乏的"瓶颈"问题,文化部采取多种措施,加大人才培养力度。2004 年以来,连续八年在西部地区轮流举办文化产业经营管理人才培训班,来自西部 12 个省、自治区、直辖市从事文化产业经营管理工作的千余名学员参加了培训。2007 年,联合中国社会科学院研究生院开办了文化产业管理方向的 MPA 班。2009 年、2011 年分别举办了全国文化厅局长文化产业研修班和全国文化产业处长培训班。为培养动漫专业人才,从 2008 年起,文化部先后委托中国传媒大学、北京电影学院等单位举办了 11 期国家动漫产业发展高级研修班,培养了千余名动漫高端人才。2011 年,文化部、教育部联合启动实施动漫高端人才联合培养实验班计划。继 2010 年举办全国文化系统文化产业金融工作培训班之后,文化部连续 3 年资助北京、上海、陕西等地方文化厅(局)举办了 16 期投融资业务培训班。通过举办培训班、实施各类人才培养计划,一批文化产业经营管理、投融资业务和专业技术人才迅速成长起来,我国文化产业专门人才缺乏、从业人员素质不高的状况得到了明显的改善。

三、经验启示

党的十六大以来文化产业发展的辉煌成就充分证明,党中央、国务院关于深化文化体制改革、加快文化产业发展的决策部署是完全正确的。总的来看,在党中央、国务院的高度重视和坚强领导下,文化战线通过这些年的不断努力,逐步找到了推动文化产业发展的有效途径,形成了一套行之有效的工作机制。产业发展的实践,使我们不断加深了对中国特色社会主义文化建设规律的认识,为我们在新的历史起点上进一步推动文化产业加快发展积累了宝贵经验。

(一)坚持社会主义先进文化的方向,正确处理社会效益和经济效益的关系

文化产业有其自身的性质和特点,承载的是思想观念、审美情趣、价值选择,内容永远是根本,是核心竞争力,是决定其生存与发展的关键所在。文化产业是产业,但首先是文化,要始终坚持正确导向,把内容建设摆在十分突出的位置,着力提升文化产品的内涵和质量,才能以内容优势赢得产业发展优势。因此,无论是文化事业还是文化产业,都必须坚持社会主义先进文化的方向,坚持社会效益优先,努力实现社会

效益与经济效益相统一。一方面,发展文化产业的根本目的是满足广大人民群众多样化、多层次、多方面的要求,也是要发挥文化引导社会、教育人民、推动发展的功能,落脚点还在于促进人的发展上,所以,发展文化产业必须用先进文化引领,注重社会效益,这是必须遵循的首要原则。另一方面,文化产业通过市场机制向人民群众提供服务,群众是否愿意消费,是检验文化生产的一个重要标准,发展文化产业过程中也必须要考虑市场需求,准确把握群众需要,在占领市场过程中更好地服务群众,在服务群众过程中更多地赢得市场。

要实现经济效益,又要确保其社会效益,坚持社会主义先进文化的方向,需要文化企业发挥主动性,更需要政府文化主管部门加以正确引导,尤其是要注重对文化产品创作生产的内容引导。为了加强政府文化主管部门对文化产品的创作生产的引导力、调控力,十六大以来,我们一方面充分发挥中国特色社会主义的政治优势,来引导文化创造的方向,另一方面,积极研究综合运用专项资金、税收调节、投融资推荐、表彰奖励、人员培训、文艺批评、市场监管、行政执法等多种手段,为在文化产业发展进程中坚持社会主义先进文化的前进方向提供有效保证。

要实现经济效益,又要确保其社会效益,坚持社会主义先进文化的方向,就必须处理好弘扬主旋律和提倡多样性的关系。在文化产业发展过程中我们同样倡导要坚持"为人民服务、为社会主义服务"的方向,要深入贯彻"百花齐放、百家争鸣"的方针,激发文化创造力,推动创作生产更多深受群众喜爱,思想性、艺术性、观赏性相统一的精品力作,增强吸引力、感染力,要兼顾大众和小众的关系。高雅文化艺术产品强调贴近实际、贴近生活、贴近群众,不断扩大市场,努力做到雅俗共赏。通俗文化艺术产品要强调思想内涵,才能启迪心灵、以文化人。鼓励文化产品和服务创新的生产和传播方式,但不降低应有的艺术标准和文化品位,不盲目迎合市场需求。

（二）遵循产业发展的规律，正确处理政府和市场的关系

在社会主义市场经济条件下，文化既有教育人民、引领社会的意识形态属性，也有通过市场交换、获取经济利益、实现再生产的商品属性，文化产业既是社会主义文化建设的重要组成部分，也是经济建设的重要组成部分，因此，发展文化产业既要遵循文化发展的客观规律，也要适应社会主义市场经济的客观要求，努力找到文化发展规律与社会主义市场经济规律的结合点，坚持走文化事业和文化产业双轮驱动、两翼齐飞的发展思路。

由于文化事业和文化产业属性的不同，在抓文化事业和文化产业的时候政府的职能定位和基本原则也不同，就需要正确区分公益性文化事业和经营性文化产业的不同性质和任务。发展文化产业必须在政府引导的前提下，充分发挥市场配置资源的积极性作用，根据市场供求关系，完善价格和竞争机制，按照"创新体制、转换机制、面向市场、增强活力"的要求，坚持体制机制改革和创新，致力于培育合格的市场主体、营造规范的文化市场环境，指导文化产品和服务的生产、交换、流通和消费，努力满足人民群众日益多元化、多层次、多方面的文化消费需求。政府的主要职能则定位于提供公共服务、政策体系建设、加强市场监管、进行规划引导等方面。

按照这个职能定位，根据政企分开、管办分离的原则，文化部等部门逐步把工作重心转移到加强政策引导和公共服务方面，积极打造政策支撑、公共服务、投资融资、贸易合作、人才培养五大服务平台，坚持有所为有所不为，不直接操办企业，不以市场主体身份直接从事经济活动，避免在市场方面介入过多的"越位"和在提供公共产品方面的"缺位"，为产业发展提供良好的政策环境和市场环境。比如，对由文化部命名的国家文化产业示范基地的文化企业，政府鼓励其按照市场经济要求，自主经营，自我发展，不给企业增加任何额外的负担，同时还在人才培训、项目推介、技术支撑、企业孵化等方面，提供有效的服务。在当企业发展出现盲目发展、恶性竞争等不良苗头时，及时制定相应的规

划、措施予以引导。当企业发展出现行业普遍性的困难时,政府部门则积极推动,制定相应的政策予以支持解决。

按照产业发展的规律,推动产业发展全面协调可持续发展,就要正确处理产业发展的资源禀赋差异和发展思路的适应问题,正确处理产业发展的阶段性变化和政策制定的适应问题。我国疆域广阔,文化多样,地区之间资源禀赋差异巨大,这就决定了我们必须要实施差异化的区域文化产业发展战略。一直以来,文化部等部门反复强调发展文化产业要充分考虑不同地区之间的文化差异和经济不平衡性,从地方实际出发,统筹兼顾不同地区的文化产业发展。在文化产业得到日益重视的同时,部分地区在文化产业发展上出现了发展思路单一、产业结构雷同的问题,文化部在出台的《文化部"十二五"时期文化产业倍增计划》中,再次强调要东、中、西部地区各有侧重,发达地区和欠发达地区也应有所不同,充分发挥各自优势,避免重复建设和恶性竞争。

在文化产业发展的不同阶段,政府制定政策的思路和原则也必定有所不同。在文化产业的起步阶段,社会对产业的认识还很不统一,我们及时出台了支持文化产业发展宏观性的指导意见,参与主办各类文化产业博览会,对地方政府和社会予以引导,积极营造统一认识,促进合作的发展氛围。随着我国文化产业进入到加速发展的新阶段,中央政府一个文件解决全国所有地区、所有行业问题基本失去了可能。面临这一新形势,我们及时提出要紧密跟踪产业发展的最新需求,把分行业、分地区、分领域的分类指导作为我们制定政策的首要原则,并依此出台了一系列政策措施,为促进形成各行业百花齐放、共同繁荣,各地区相互拉动、共同发展的良好局面发挥了积极作用。

(三)加强规划引导,推动形成以公有制为主体,多种所有制共同发展的文化产业格局

在推动文化产业发展的过程中,文化部门始终坚持深入贯彻落实科学发展观,紧紧围绕科学发展这个主题和加快转变发展方式这条主线,以改革创新和科技进步为动力,坚持支持和壮大国有或国有控股文化企业,鼓励和引导各种非公有制文化企业健康发展,推动形成以公有制为主体,多种所有制共同发展的文化产业格局。通过培育文化市场主体,提高文化产业活力和竞争力,促进各类文化企业协调发展。

一方面,积极推进国有经营性文化单位转企改制,加快公司制股份制改造,完善法人治理结构,推动形成符合现代企业制度要求、体现文化企业特点的资产组织形式和经营管理模式,培育一批核心竞争力强的国有或国有控股大型文化企业或企业集团,使他们在发展文化产业和繁荣市场方面发挥主导作用。另一方面,逐步降低非公有资本进入文化产业的门槛限制,积极营造良好的市场环境,引导和鼓励民营资本进入文化产业,发挥民营文化企业在文化产业发展中的积极作用。同时,在财政资金扶持,协调银行贷款、推荐上市融资、给予税收优惠、开展国家文化产业示范基地命名以及各种项目评审等方面,将国有文化企业与民营文化企业一视同仁,积极营造公平参与市场竞争、同等受到法律保护和体制与法制环境。通过培育市场主体和引导资本流向,初步形成了以公有制为主体,多种所有制共同发展的良性格局,为进一步优化产业结构,推动文化产业持续健康发展奠定了良好基础。

(四)不断改革创新,走中国特色的文化产业发展道路

文化产业在我国是一个新兴产业,因为国情差异,国际上没有现成的经验照抄照搬,国内又无成熟的做法可以借鉴。只有从自身实际出发,适当借鉴国外发达国家的发展经验,大胆摸索,改革创新,才能走出一条具有中国特色的文化产业发展道路。

一是坚持理念创新。一直以来,理论研究工作始终是我们工作的重要组成部分。十六大以来,党中央、国务院在文化建设方面先后提出了一系列具有指导性、针对性、实践性的判断和论述,在科学发展观的指引下,在文化发展方向、目的、思路、战略等方面形成了新的理念,提升了文化建设以及文化产业的作用和地位。继 1993 年文化部提出"发

展文化产业"的命题之后,在理论研究方面,我们最突出的成就是提出文化事业和文化产业"两轮驱动"、"双翼齐飞"的文化发展思路,廓清了长期困扰人们的关于文化建设中能不能、要不要发挥市场作用的问题,纠正了一度流行的"文化产业化、市场化"的错误观点。这些理论创新来源于产业实践,反过来又为文化产业的进一步发展指明了方向,营造了氛围。

二是坚持科技创新。文化产业易与新技术、新载体结合创造产业新业态。以数字技术、信息技术为代表的高新技术迅猛发展并在文化领域得到广泛应用,有利于拓展新市场、催生新业态。近年来,文化部等部门通过制定政策规划、建设公共技术服务平台,积极推动关键技术的研发、推广和产业应用,充分利用高新技术改造演艺、会展等传统文化产业,大力发展文化创意、网络文化、动漫游戏等新兴文化产业,对提高文化产品的创造力、传播力、感染力,为文化产业发展提供强有力的持续动力支撑发挥了积极作用。随着数字和网络等现代高新技术的迅猛发展,科技支撑在文化产业发展中的作用将日益凸显,科技创新将继续是文化产业工作的重要组成部分。

三是坚持体制创新。只有不断推进体制创新,才能最大程度解放和发展文化生产力。在推动形成以公有制为主体,多种所有制共同发展的文化产业格局的过程中,政府始终注重发挥各类企业的自主性,通过营造环境氛围,提供政策支持,引导、规范企业自主经营、自我发展,创新文化产品生产和经营机制。与此同时,也不断创新政府管理体制,完善政策保障机制。逐步实现了从办文化到管文化的转变,从管微观到管宏观的转变,从管具体文化生产单位到管全行业的转变。近年来,随着文化产业发展与经济社会其他领域的日益结合,我们及时把视野从文化系统内部拓展到文化系统的外部,把同经济部委、金融机构密切沟通,协调出台财政、金融、税收、土地、人才等各项政策,作为文化产业政策体系建设的重要内容。

回顾过去是为了更好地前行,总结经验是为了更好地创新。面临党的十七届六中全会提出要推动文化产业跨越式发展,使之成为国民经济支柱性产业的良好机遇,在党的十八大即将召开之际,文化部门将继续深入学习实践科学发展观,进一步解放思想、实事求是、改革创新,在党中央、国务院的领导下,在各级党委、政府和有关部门的重视与支持下,努力把文化系统文化产业工作推向一个新的发展阶段,为推动文化产业成为国民经济支柱性产业作出更大的贡献。

加强规范与促进发展并举
统一开放竞争有序的文化市场体系初步形成

　　党的十六大以来,各级文化市场管理部门深入贯彻落实科学发展观,围绕中心,服务大局,坚持加强规范与促进发展并举,建设健康有序的文化市场环境。

一、十六大以来文化市场建设成就

　　2001 年年底,以中国加入世贸组织为标志,我国文化市场被纳入全方位、宽领域、深层次对外开放的大格局中,进一步融入国际文化大舞台,文化市场发展面临着更大的机遇和挑战,也进入了新的发展阶段。文化市场的变化主要表现在以下方面:
　　文化市场已经发展成为满足人民群众精神文化需求的主渠道,成为社会主义精神文明建设和先进文化传播的新阵地。通过解决文化市场中的体制瓶颈、结构瓶颈、资本瓶颈和人才瓶颈等制约因素,突破行业壁垒、部门壁垒和地区壁垒,培育特色突出、优势互补的区域文化市场,维护公平竞争的市场环境,统一开放、竞争有序的文化市场体系已初步建立。十六大以来,全国文化市场主体快速培育,市场结构不断优化完善。据文化部统计,截至 2011 年年底,全国共有文化市场经营单位 25.6 万家,从业人员 157.3 万人,演出、娱乐、艺术品、网吧、网络音乐、网络游戏六大市场总规模达到 4155 亿元。

自主经营、自我发展、自我约束、自负盈亏的多种所有制文化企业已成为文化市场供给的主体。体制的变化充分调动了人民参与文化建设的积极性,调动了广大投资者的投资热情,文化企业数量不断增加,规模不断扩大,市场主体缺位的问题有了明显缓解。按照现代企业制度要求建立起来的产权清晰、权责明确、政企分开、管理科学的文化企业开始萌生。蓬勃兴起、灵活高效的民营、个体等非公有制企业成为繁荣文化市场的生力军。国有、民营、外商投资等多种所有制形式并存的文化市场经营主体,构成了文化市场体系活跃的微观基础。

品种丰富、内容健康、结构合理的文化产品通过商品交换形式满足了人民精神文化需求。文化市场的发展,生产要素的重新配置,消费需求的强劲拉动,极大地改变了文化产品品种单一、内容单调、结构不合理的局面。一方面,传统市场在转型中发展,娱乐、演出、艺术品等传统文化市场在转型中求发展,市场主体、经营模式多样化,跨界融合求创新,使传统行业焕发出新的生机与活力。另一方面,新兴市场在崛起中壮大,以网吧、网络游戏、网络音乐等为代表的新兴市场异军突起,势头迅猛,构成了种类丰富、形式多样、内容健康的产品供应体系。

(一)演出市场

党的十六大以来,随着文艺表演团体体制改革不断深化、演出场所经营单位等基础设施建设扩大了市场需求,演出经纪机构等市场主体建设取得良好效果,我国演出市场总量显著增长。截至 2011 年,全国共有演出经纪机构 2725 家,文艺表演团体 7069 家,演出场所经营单位1959 家,演出场次达到 155 万场,观众人次 7 亿 4 千万人次。其中,国有文艺院团体制改革为演出市场繁荣提供了助力,全国已有 1176 家国有文艺院团完成改革任务,各地先后组建了 50 余家演艺集团公司;演出场所建设扩大了市场需求,2010 至 2013 年,我国已建成和将建成的大剧院将在 40 家左右,总投资规模预计在 320 亿元以上,这些场馆的投资规模、占地面积等均超以往。全国各地大中城市演出市场持续火爆。2011 年,北京、上海等一线城市增长幅度约为 20%,北京市全年演出 2.1 万场,观众人次达到 1000 万人以上,演出总收入超过 14.05 亿元。经济较发达地区的二、三线城市增长幅度更加明显,达到 30% 左右。四川省前 10 个月演出市场的收入就达到了 3.9 亿元,安徽省举办的各类演出场次与 2010 年相比增长了 146%。

演出市场不断涌现新形态。一是演艺集聚区建设出现热潮。据不完全统计,目前全国在规划和建设的演艺集聚区近 10 个,如北京的天桥演艺区,上海的现代戏剧谷,天津的盘龙谷,江苏南京的杨公井演艺文化街区等,集聚效应迅速显现,演出市场规模快速扩大。二是演出市场与旅游、网络、动漫等领域跨界融合趋势日益明显,2011 年 9 月,上海、浙江、北京、江苏等 4 个地区成为网络演出管理的试点地区,中国东方演艺集团、北京新浪互联信息服务有限公司等 13 家企业成为我国首批网络演出试点单位,促进网络与演出融合。三是演出市场国际化趋势更加显现。2011 年我国引进国外演出项目 1056 项,比 2010 年增加 17%,中国成为一些国际品牌演出项目首演站点。亚洲联创公司引进百老汇知名音乐剧《妈妈咪呀》,复制欧美音乐剧产业模式,买断其中文版权,在国内成功巡演,为打造中国原创音乐剧,推动演出市场运作模式与国际接轨积累了宝贵的经验。

演出市场管理继续以《营业性演出管理条例》及其实施细则为依据,坚持依法行政,坚持简政放权,针对演出市场出现的新趋势、新问题,及时调整、完善管理。2010 年,文化部印发《关于建立预防和查处假唱假演奏长效机制维护演出市场健康发展的通知》,从建立假唱、假演奏预防机制、加强演出市场现场监管、加大假唱、假演奏行为查处力度、加强行业自律等角度作出了相关规定。2010 年在全国开展"还演出市场一片蓝天——演艺群星反假唱联合行动",有效遏制了假唱假演奏行为。2011 年,针对节庆类演出监管、高票价、演出形态多元化等问题,文化部出台了《关于加强演出市场有关问题管理的通知》,制定了相应的管理措施,与营业性演出管理条例相衔接,使演出市场政策体系更加完善。开展边境演出审批下放试点工作。规范演出审批流程，加强属地监管，使演出审批程序更加透明，各地演出审批更加规范，效率明显提升，为演出市场发展创造了良好的政策环境。

（二）娱乐市场

2008—2010 年，文化部等部门实施了"娱乐场所阳光工程"，规范了市场主体，优化了市场结构，提升了行业形象。同时，北京、安徽、甘肃、黑龙江、四川等 10 个省市开展了娱乐场所综合整治行动，依法强化娱乐场所的准入和退出机制，联合有关部门有效打击无证照经营、黄赌毒等违法违规经营行为，淘汰了大批违法场所。我国现有娱乐场所数量为 90，276 家，其中歌舞娱乐场所 53，875 家，游戏游艺娱乐场所 36，401家，我国现有与娱乐场所最高峰时期相比，数量下降 30%—50%，但是营业收入却呈上扬态势，娱乐场所营业总收入达到 566 亿元。娱乐行业面临行业转型升级的良好机遇。从娱乐场所发展来看，规模化、连锁化、品牌化、特色化趋势明显，娱乐场所与旅游、综合商业设施、体育等领域融合，扭转了娱乐场所杂乱弱小、秩序混乱的局面，如丽江、凤凰古城对演艺类酒吧一条街进行整体规划，成都市以娱乐场所聚集区为主打造"文化超市"等，合理科学的场所布局，对地方文化、经济和社会效益形成拉动效应；从娱乐产品来看，更加丰富多元，生产能力大幅提升。以电子游戏机为例，游戏游艺产品全年销售收入达580.5 亿，包括大型游戏机、家用游戏机和掌上游戏机，约占中国整个游戏产业的 60.6%；从娱乐消费模式来看，大众消费日益突出，娱乐行业形象有所改善。

针对娱乐市场与新科技的结合、娱乐场所经营模式的创新，文化部门的管理理念、思路也进行了调整和转变，各级文化行政部门从五个方面加强和完善娱乐场所的管理：一是根据歌舞娱乐场所和游艺娱乐场所的不同特点，完善规范经营、加强引导、可操作性更强的管理细则；二是依托科技力量，建立娱乐市场的技术监管体系，通过实施行业标准和服务规范促进市场主体的自律行为;三是保护和支持民族原创,配合国家知识产权战略,加大对盗版侵权行为的打击力度;四是推广展示娱乐阳光发展的经验,扶持重点企业实现资源共享和市场整合,努力迈向品牌化、连锁化、特色化经营的道路;五是积极推进全国娱乐行业协会的成立,最大限度地调动社会各界的力量对娱乐市场进行监督和协同管理,营造娱乐市场健康发展的良好氛围。

(三)艺术品市场

近年来,我国艺术品市场呈现出迅猛发展的态势,各类艺术品投资理财、艺术公募或者私募基金、艺术信托等新型金融产品的集中出现,带动了社会资本甚至普通民众参与艺术品投资的热潮。2011 年我国艺术品市场交易总额约为 1959 亿元,位居世界第一。从整体来看,中国艺术品市场依然保持向上的态势。但市场迅猛发展的表象下,艺术品市场存在的发展不均衡、交易诚信缺失、管理政策法规相对滞后等问题,也更加明显,影响了市场稳定和持续繁荣。特别是 2011 年以来,一些地区设立的文化艺术品交易所采取艺术品类证券化交易的模式,导致炒作和非理性投资,带来经济和社会隐患。

文化部十分关注金融资本介入艺术品市场的趋势,全程参与起草《国务院关于清理整顿各类交易场所切实防范金融风险的决定》,并在深入研究的基础上形成现阶段加强艺术品市场管理的一揽子方案,发布了《文化部关于加强艺术品市场管理工作的通知》,明确禁止各类证券份额交易,遏制市场投机炒作风气;通过开展艺术品企业备案登记、诚信画廊评选和推广等工作,引导一级市场诚信经营,规范艺术品交易秩序。

文化部门正在研究起草《艺术品市场管理条例》,拟建立符合艺术品市场发展要求的市场准入和从业资格管理制度、艺术品经纪人制度、评估鉴定制度等,加强与相关管理部门沟通协调,尽快将草案报国务院法制部门审议。同时将加大对制假贩假打击力度,净化市场经营环境。

（四）网络文化市场

十六大以来,以网络游戏、网络音乐为代表的网络文化市场从无到有,发展迅猛,市场规模、用户群体逐年扩大,呈现良好的发展态势:2011年,中国网络游戏市场规模(包括互联网游戏和移动网游戏市场)达到468.5亿元,同比增长34.4%,增长速度止跌回升。其中,互联网游戏为429.8亿元,同比增长33.0%;移动网游戏为38.7亿元,同比增长51.2%。2011年互联网游戏用户总数突破1.6亿人,同比增长33%;其中,网页游戏用户持续增长,规模为1.45亿人,增长率达24%。移动网下载单机游戏用户超过5100万人,增长率达46%;移动网在线游戏用户数量达1130万人,增长率达352%。2011年自主研发的互联网游戏产品在国内市场的运营收入达254.2亿元,同比增长37.3%,比互联网游戏市场34.4%的增长率高了近3个百分点。2011年,国产游戏出口规模进一步扩大,收入达到4.03亿美元,同比增长76.0%。出口产品数量增加明显,2011年新增66家公司共计92款网络游戏产品出口海外,数量总数超过150款。在线音乐2011年收入规模达到3.8亿元,比2010年增长35%;在线音乐用户规模为38,585万;无线音乐市场规模达到24亿元,比2010年增长18.8%;无线音乐用户数达7亿。

与此同时,网络文化市场管理在主体准入、内容管理、运营监管、执法监督环环相扣管理体系的基础上,根据市场发展实际不断修正和完善。

1.加强网络文化法制建设。2010年6月,文化部出台了《网络游戏管理暂行办法》,这是我国第一部网络游戏管理的部门规章。《办法》实施以来,网络游戏市场环境有了明显改善,经营秩序得到显著好转。2011年2月,文化部坚持"积极利用、科学发展、依法管理、确保安全"的方针,新修订了《互联网文化管理暂行规定》(文化部令第51号),这是适应互联网发展的新形势,履行文化行政部门新职责的重要举措。

2. 严把准入关,规范经营秩序。文化部切实履行好网络游戏主管部门职责,从源头规范网络游戏市场主体资格;进一步加强对进口网络游戏产品的内容审查,限制进入我国市场的国外网络游戏产品数量,在丰富网络游戏产品市场的同时把好关。各级文化行政部门和文化市场综合执法机构进一步加强网络游戏市场的日常监管工作,严厉打击违法违规经营行为,有力查处违法网络游戏产品,强化市场退出机制,规范网络游戏市场秩序。

3. 重点解决未成年人保护问题。一是联合相关部门发布未成年人使用网络游戏的专家指导意见,引导未成年人"玩健康的游戏"和"健康地玩游戏"。二是指导上海、北京开展了"适龄提示"工程试点。三是文化部等 8 部门联合开展了"网络游戏未成年人家长监护工程",自 2011 年 3 月 1 日起,在全网络游戏行业覆盖。四是积极、稳妥地推行网络游戏实名注册制度,采取技术措施加强对未成年用户的注册指导和游戏时间限制。五是完善文化产品评价体系,推动网络游戏评论机制建设,调动学术界、教育界、新闻媒体、开发运营商、用户的力量,开展网络游戏文化评论,加强对网络游戏内容的引导,引导网络游戏健康发展。六是加强对网络游戏研发环节的引导,推出中国网络游戏原创技术引导研发项目成果"游创精灵",供社会免费使用,降低网络游戏生产企业的技术门槛,促进原始创意向产品原型的转化。

4. 加强行业自律,建立网络文化企业自我约束机制。在文化部的指导下,2010 年网页游戏行业自律联盟成立,2011 年网络音乐行业发展联盟成立。这些行业自律组织充分发挥桥梁与纽带作用,组织业内企业签署《网络游戏行业规范自律公约》、《网络音乐行业发展联盟公约》等,为建立网络文化行业健康发展机制、规范行业经营行为,依法促进和保障网络文化行业健康发展而努力。

5. 积极开展海外交流活动,为网络文化产品走出去创造良好环境。2009 年,中国文化部与韩国文化体育观光部共同签订中韩游戏合作协调机制,双方商定在机制框架下,积极推进两国网络游戏行业合作,拓宽双方管理政策交流渠道,促进中韩网络游戏市场良性发展,为网络游戏走出去创造良好环境。2011 年,国产游戏出口规模进一步扩大,收入达到 4.03 亿美元,同比增长 76.0%。出口产品数量增加明显,2011年新增 66 家公司共计 92 款网络游戏产品出口海外,数量总数超过150 款。

(五)网吧市场

党的十六大以来,文化部以保护未成年人为首要任务,以推进网吧连锁为重点,努力规范网吧行业健康发展。2009 年,出台《网吧连锁企业认定管理办法》;2010 年,文化部与中央文明办联合召开全国网吧连锁推进工作现场经验交流会;2011 年,文化部与国家工商总局联合召开全国规范网吧经营秩序经验交流会;2012 年,文化部召开全国网吧连锁推进工作阶段总结会。

网吧连锁推进工作取得明显成效。截至 2011 年年底,我国共有网吧 14.6 万家,终端台数 1152 万台,从业人员 107 万,各级网吧协会 922个,"五老"义务监督员近 14 万人;全国网吧连锁率已近 40%,较 2011年年初增加了 10 个百分点;从门店数量看,网吧直营门店数量 1 万多家,加盟门店数量 4.8 万多家,直营门店比例略有上升;从连锁企业数量看,经认定的全国网吧连锁企业 4 家,省级连锁企业 232 家,区域性连锁企业 343 家。

党的十六大以来,网吧市场稳定发展,网吧管理日趋规范,突出表现为"四下降"和"四提升"的趋势:"四下降"就是网吧案件数量明显下降、网吧违规举报明显下降、网吧提案议案明显下降、网吧负面报道明显下降;"四提升"就是网吧监管水平明显提升、网吧连锁比率明显提升、网吧服务质量明显提升、网吧行业形象明显提升。具体来说,主要体现在以下 5 个方面。一是网吧管理长效机制已基本构建。在各地区、各部门的共同努力下,分工负责与齐抓共管、条块结合与以块为主、日常巡查与技术监管、宏观调控与市场机制、行业自律与社会监督相结合的网吧管理长效机制已基本构建,这是近年来网吧管理取得明显成效的重要制度保障。二是网吧市场总量与布局进一步优化。通过近几年的调控和规划,各地网吧总量与市场需求日趋协调,布局也逐步趋于合理,很大程度上改变了网吧以往"小、散、乱、差"的局面,呈现出总量控制、区域协调的良好态势。三是网吧违规接纳未成年人问题明显好转。近年来,文化部逐步严格量化标准,加大处罚力度,严厉打击网吧违规接纳未成年人行为。通过坚持不懈的努力,目前,大中城市的网吧违规接纳未成年人问题已基本解决。四是推进网吧连锁工作扎实有效。近年来特别是 2010 年 4 月全国推进网吧连锁工作现场经验交流会议召开以来,各地结合实际进行创新,大力推进网吧连锁工作。据统计,网吧连锁率已由 2006 年年初的不足 5% ,跃升至目前的 30% 左右。同时,各地积极探索适合本地区连锁发展的新模式、新路子,创造出许多可资借鉴、可供推广的模式。五是黑网吧及变相黑网吧得到有力遏制。在工商管理部门的主导下,取缔黑网吧及变相黑网吧工作力度大、成效大,最大程度地挤压了其生存的空间,有效规范了网吧市场秩序,为合法网吧的健康发展扫清了障碍。

(六)文化旅游

为全面贯彻落实《国务院关于加快发展旅游业的意见》和《文化产业振兴规划》,大力推进文化与旅游协调发展,以满足人民群众日益增长的文化旅游消费需求,文化部与国家旅游局于 2009 年 8 月共同发布了《关于促进文化与旅游结合发展的指导意见》。

2010 年 10 月 23 日至 11 月 6 日,文化部、国家旅游局、湖南省人民政府在张家界市成功举办了首届中国国际文化旅游节。文化旅游节上公布了《国家文化旅游重点项目名录——旅游演出类》,通过示范引导将旅游演出业推向专业化、规模化、品牌化。同时,文化旅游节通过精品展演等系列文化活动为主办城市带来了大量游客和联动效益,开创了以文化项目弥补旅游市场季节性浮动的先例。

2009 年,文化部、国家旅游局共同确定扬州瘦西湖景区为首个国家文化旅游示范区,两年多以来,扬州市在推动文化旅游结合方面积累了一些经验。针对当前文化旅游发展创新不足的现状,2011 年,在全国范围内全面启动文化旅游创新示范区创建工作,汲取扬州文化旅游示范基础发展经验,侧重文化旅游产业融合创新,研究并组织制定文化旅游创新示范区标准,明确创建工作的组织形式和工作制度,引导文化特色鲜明、旅游效益显著、产业聚集度高、游客认同的地区启动创建工作。

2010 年,文化部以旅游演出为突破口,发布了 35 项《国家文化旅游重点项目名录——旅游演出类》,对推动旅游演出的专业化、规模化、品牌化发展起到了积极引导作用。其中运作《宋城千古情》的宋城股份已经顺利实现上市,成为中国旅游演艺业第一股,《功夫传奇》走出国门,在美国驻场演出 236 场。

2011 年,两部局将此工作方式向部局合作的其他领域延伸,以更好地起到引导和规范作用。《国务院关于加快发展旅游业的意见》中,明确由文化部、国家旅游局负责"推出具有地方特色和民族特色的演艺、节庆等文化旅游产品";同时,科学甄别各种节庆活动,将一些特色鲜明、经济和社会效益好的节庆活动做出合理保留,给予支持。

二、十六大以来文化市场管理成就

文化市场的活跃繁荣,是党的改革开放政策在社会文化领域取得的丰硕成果,也是文化系统不断探索、成功实践的结果,凝聚着广大文化市场工作者的智慧和汗水。十年来,文化市场管理工作取得了显著成效:

初步形成了行政法规与部门规章相结合的较为完备的文化市场法规体系。目前文化市场方面已经出台的国务院行政法规包括《营业性演出管理条例》(2005 年修订)、《娱乐场所管理条例》(2006 年修订)、

《互联网上网服务营业场所管理条例》(2002 年出台)。出台的部门规章包括《美术品经营管理办法》(2004 年修订)、《网络文化管理暂行办法》(2003 年出台,2011 年修订)、《营业性演出管理条例实施细则》(2005 年出台,2008 年修订)、《网络游戏管理暂行办法》(2010 年出台)、《文化市场综合行政执法管理办法》(2011 年出台)以及涉及文化市场具体问题的一系列规范性文件。法规、规章、规范性文件相互补充、配合,构建了文化市场法规框架,使文化市场的管理和执法基本做到有法可依。

初步建立起中央、省、市、县四级文化市场管理和执法队伍。在文化部的积极推动和地方党委政府的支持下,各级文化部门造就了一支政治强、业务精、作风正、纪律严、形象好的文化市场管理和执法队伍,也初步建立起依法审批、公正执法的监督保障机制,形成了用科技手段服务和监管市场的有效模式,文化市场管理工作逐步走上科学化、制度化和规范化的道路。

以"一手抓繁荣,一手抓管理"为方针,积累了一系列基本经验。这些经验包括:在管理导向上,坚持"两手抓"的基本方针和两个效益相统一的基本原则,以满足人民多样化精神文化需求为出发点和落脚点,构建充满活力、公平公正、促进文化市场科学发展的管理体制机制;在管理理念上,大力转变政府职能,寓监管于发展,建设服务型政府,推进管理的法制化、科学化和规范化;在管理方式与手段上,坚持日常监管与专项整治相结合,人工巡查与技术监管相统一。努力实现以下"四个转变",即从注重事前静态审批向注重事中和事后动态监管转变,从注重市场主体、产品和服务准入向注重市场交易机制和规范建设转变,从注重刚性管制方式向寓监管于服务的刚柔相济方式转变,从主要依靠人工巡查向人工巡查与技术监管相结合转变,初步构建了文化市场管理长效机制。

（一）文化市场综合执法改革全面完成

在文化市场领域实行统一综合执法，创新监管机制，整合执法资源，是中央为推动文化大发展大繁荣、加强和改进党对意识形态工作的领导作出的一项重要决策。五年来，各级文化部门按照中央的统一部署，将综合执法改革工作作为首要任务，加强组织领导、加强督促检查、加强统筹协调，全面完成改革任务。地级市综合执法机构组建完成率为99.5%，县（区）综合执法机构组建完成率为93.2%，执法人员3万1千余人，监管78万余家各类文化经营单位。改革使文化市场由分头管理、多头执法向统一领导、综合执法转变，执法力量明显加强，执法效能显著提高，执法成本显著降低。

1. 文化市场综合执法队伍建设得到增强

以综合执法改革为契机，各地执法人员编制明显增多，素质明显提高，装备明显改善，经费明显上升，综合执法保障大大加强。一是解决人员编制、身份、经费等问题。全国执法人员总数由17220人增加到31444人，其中上海、广东、山东的执法人员总数由改革前的240人、332人、1108人增加到480人、1293人、1981人。北京、上海、重庆、浙江、广东等地将综合执法经费全部纳入财政预算，执法机构的执法设备和工作条件等大为改善。二是执法人员素质明显提升。改革中，各地选派政治强、业务精、作风正的干部到执法队伍领导岗位，对新进人员参照公务员录取方式进行考试选拔，执法人员参照公务员管理。加强对执法人员的法制教育和业务培训，执法队伍结构不断优化，执法人员专业素质得到明显提升。比如，常州、鞍山、邯郸、晋城、芜湖等地坚持每周组织一次学习，将授课式教学与集中讨论相结合，交流心得、评析案例，湖北、山东等地还组织了执法人员大比武活动，着力建设高素质新型综合执法人才队伍。

2. 文化市场管理执法体制得到理顺

通过改革，各地整合了不同文化部门的执法力量，组建综合执法机构，从体制上解决了长期存在的职能交叉、多头执法和管理缺位等问题。文化市场管理执法体制和运行机制初步形成。

一是健全管理规章。文化部发布了《文化市场综合行政执法管理办法》。这是首部对文化市场综合行政执法工作进行管理和规范的部门规章,首次确认了综合执法机构的委托执法模式,解决了执法合规性问题。明确了各相关行政部门的职责分工,进一步规范了执法程序及执法制度,对深化文化体制改革,巩固综合执法改革成果,落实依法行政,加强文化市场管理具有重大意义。

二是统一规范执法程序。在全国范围内征集了14家课题研究单位,开展文化市场综合执法工作规范化课题研究,以《文化市场综合行政执法管理办法》为基础,分别对日常检查、举报办理、案件督办、行政处罚、文书制作、结案归档等进行标准规范研究,完善综合执法制度,细化执法流程,明确执法标准、程序和规范,进一步规范文化市场综合执法工作。截至2012年8月,已陆续发布了《文化市场综合行政执法人员执法行为规范》(办市发〔2012〕11号)、《文化部关于印发〈文化市场举报办理规范〉的通知》(文市发〔2012〕9号)、《文化部关于印发〈文化市场交叉检查与暗访抽查规范〉的通知》(文市发〔2012〕22号)、《文化部关于印发〈文化市场重大案件管理办法〉的通知》(文市发〔2012〕23号)、《文化部关于印发〈文化市场综合行政执法案卷评查办法〉的通知》(文市发〔2012〕24号)等一系列规范性文件。

三是加强队伍建设,塑造综合执法统一形象。文化部制定了《关于加强文化市场综合执法指导工作的通知》、《关于加强文化市场综合执法制度建设的通知》、《文化市场综合执法队伍培训规划(2011—2015年)》和《关于加强文化市场综合执法装备配备的指导意见》,组建了131人的综合执法培训师资队伍,组织了统一培训,2011年文化部开展培训6批次、培训535人,省级执法机构开展培训64批次、培训3100多人;落实综合执法培训规划,着手编撰执法教材;统一综合执法标识,规范综合执法证件、胸牌、车辆等。

四是切实履行指导职能,加强综合执法统一协调。联合广电总局、新闻出版总署按季度下发综合执法工作要点,按季度下发综合执法工作情况通报,加强对文化市场综合执法工作的定期指导,指导各地文化行政部门和文化市场综合执法机构开展日常执法工作,避免在工作部署、集中行动、日常监管等方面出现步调不一致的情况;邀请相关部门参与交叉执法检查、执法案卷评查、综合执法培训以及执法教材编撰等工作,进一步建立完善了"统一领导、统一协调、统一执法"的综合执法工作机制。

(二)文化市场规范化、法制化水平进一步提高

1. 市场监管力度逐步加大

2011 年,全国共出动综合执法人员 1224 余万人次,检查经营单位742 万家次;责令经营单位改正 20.9 万家次,受理举报 4.9 万件,立案调查 6.4 万件,移交案件 3,504 件,责令停业整顿 1.8 万家次,罚款 1.9亿元,没收违法所得 410 万元。同 2010 年相比,出动检查人次增长50.4%,立案调查案件增长 6.1%,移交案件增长 60.4%,办结案件增长 11.3%,罚款金额增长 28.5%,没收违法所得金额增长 120%,停业整顿家次增长 42%。

2. 案件办理工作质量明显加强

各地案件特别是重大案件办理的数量明显上升,质量明显提高。从 2011 年全国文化市场十大案件和五十个重大案件情况看,新兴文化市场领域案件大幅增长,涉及侵权盗版的案件也明显增多,刑事打击力度明显加大。各地办理的重大案件不乏违法情节严重、社会影响恶劣、涉案财务数额巨大、涉案人员多、涉及地区广等一批典型案件。其中,已进入刑事司法程序的有 98 件,约占案件总数的 25.7%;已经人民法院依法做出判决的有 35 件,占 9.2%。

3. 重大专项执法行动扎实开展,突出问题整治取得明显成效

平安奥运、平安世博专项行动、新中国成立 60 周年、建党 90 周年文化市场专项保障行动,文化市场知识产权保护等专项执法行动的成

功开展,确保了文化市场的和谐稳定,营造了良好的社会文化氛围。其中,文化市场知识产权保护专项执法行动成效显著。根据国务院统一部署,自2010年至2011年,以打击网络游戏、网络音乐、网络动漫、电子游戏及卡拉OK歌曲等的侵权盗版行为为重点内容,以环渤海、长三角和珠三角地区为重点地区,以歌舞娱乐、游艺娱乐、网络文化为重点领域,以社会反响较为强烈的典型案件为重点抓手,全范围、分区域、有重点开展文化市场知识产权保护专项执法行动。立案查处涉及知识产权案件5532件,涉案金额2857.16万元,同时关闭非法网络音乐网站314家,捣毁侵权制假窝点951个,罚没物品953万余件。这也是各地文化部门和综合执法机构参与程度最深,成效最为明显的专项行动之一。

加强执法指导监督。根据《文化市场行政执法考评办法》,每年年初制定全国文化市场综合执法考评细则,年末开展执法考评,将考评贯穿于全年执法工作,切实加强对基层执法工作的监督指导。组织评选年度全国文化市场十大案件和重大案件,并对积极组织开展专项行动、认真查办文化市场重大案件、综合执法考评优秀的单位和个人等给予奖励。每年部署开展年度全国文化市场综合执法案卷评查工作。并对综合执法案卷中优秀案卷的制作单位给予奖励,进一步规范执法行为,提高执法案卷制作水平。组织评选年度全国文化市场十大案件和重大案件,对认真查办文化市场重大案件的单位和个人给予奖励。

(三)市场监管模式不断创新

实行综合执法后,文化市场监管的范围不断扩大,领域不断拓宽,新情况、新问题不断产生,需要始终站在全局的高度,深入研究市场形势,深刻把握发展规律,积极探索监管模式,全面指导综合执法工作。

1.积极探索以综合治理为主的农村文化市场监管模式

2010年10月,在上海召开了全国城市文化市场综合执法工作经验交流会,形成了城市综合执法工作的基本思路。2011年5月,在宁波市召开的全国农村文化市场管理工作经验交流会,专题交流农村文化市场监管的经验,总结形成了组建综合执法中队、委托文化站协管、实施综合治理、实行分区划片等四种有效的管理模式,推动各地努力构建以县(区)为主导、以乡镇(街道)为依托、以村组社区为点线的横向到边、纵向到底、上下联动、综合治理的农村文化市场管理新格局。

2. 全面建立网络文化市场执法协作机制

2011 年建立的网络文化市场执法协作机制,抽调各地网络文化市场执法业务骨干,组建了 96 人的"网络文化市场执法协作小组",按片区分成 6 个小组,协助承担网络文化市场的日常巡查、执法协作及应急处置等工作。确定了两批共 24 个以案代训网络文化市场重点督办案件,指定 13 个执法机构牵头办理,通过以案代训、共同办案的形式,加大网络执法培训力度,强化执法交流与合作。2011 年 1 到 10 月份,全国各级文化行政部门或文化市场综合执法机构共受理网络文化案件 1762 件,立案查处 692 件,结案 555 件。网络执法力量得到了充实强化,网络监管效能进一步提高。

3. 总结完善突发事件应急处置机制

2011 年 4 月 18 日,中央电视台《焦点访谈》栏目曝光了浙江部分地区存在色情低俗演出的现象,引起社会各界高度关注。文化部、浙江省文化厅迅速采取有效措施,紧急部署查处工作,应急处置工作迅速、高效,基本上将对文化市场管理执法工作的负面影响降到了最低程度,取得了良好的效果。其后,一些新闻媒体还相继报道或炒作了温州 KTV 禁播 37 首歌曲、北京 39 款暴力游戏、江苏周庄音乐节等事件,在文化部和各地文化市场管理部门的积极处置下,也得到了妥善有效应对。

(四)信息化建设取得长足进步

1. 网吧监管平台建设项目顺利完成

2004 年至 2007 年,文化部建设完成了全国网络文化市场计算机监管平台,实现了与上海、黑龙江、吉林、四川、河北、浙江等23个省级监管平台的互联互通,基本实现全国联网。网吧监管平台可对全国12万余家网吧内的795万余台计算机终端实行即时动态监控,仅2012年1到4月份就封堵非法网络游戏和单机游戏42万余次,屏蔽各类非法网站292万余次。通过网吧监管平台的建设,各级文化行政部门和文化市场综合执法机构也培养了一批实用技术人才,开拓了运用技术手段监管文化市场的工作思路,积累了丰富的信息化平台建设经验。

2. 全面推广应用文化市场综合执法办公系统

为加强行政执法信息化建设,推进执法流程网上管理,提高执法效率和规范化水平,在全国范围内推广应用综合执法办公系统。开发了综合执法机构人员装备数据库、培训考试系统,进一步完善了综合执法数据报送系统、信息报送系统,截至目前,系统已在20个省正式应用,对22个省份综合执法办公系统建设工作进行专题培训。其中,12318个全国文化市场举报网站自2011年4月26日开通以来,共接受各类举报投诉3911件。

3. 全力开展文化市场技术监管系统建设

网吧平台和综合执法系统的建设为文化市场实施技术监管提供了重要借鉴。在此基础上,文化部确定了建设全国文化市场技术监管系统的总体思路。《国家“十二五”文化改革发展规划纲要》将“全国文化市场技术监管与服务平台建设工程”列为一项重点工程要求加以推动。2010年以来,组织开展了全国文化市场技术监管系统一期开发建设项目。并通过招标或委托等形式,确定专门机构对全国文化市场总体规划设计和标准规范编制、分市场规划设计和标准规范编制等项目进行专题研究,基本确定了技术监管系统需求,初步确定了技术监管总体框架。全国文化市场技术监管系统建设将于2012年全面实施,逐步建成一个覆盖全国、统一高效的技术平台,依托先进信息网络技术,实现对网吧、网络游戏、网络音乐及娱乐、演出、艺术品等各门类文化市场的市场准入、综合执法、动态监管等公共管理服务功能,全面提升文化市场监管能力和信息化水平。

三、十六大以来文化市场建设成就启示

（一）深入贯彻落实科学发展观，牢牢把握文化市场管理五个基本原则

党的十六大以来文化市场建设成就充分表明：文化市场管理必须坚持改革开放，贯彻落实科学发展观，深入推进文化市场管理体制改革，不断完善管理机制，全面加强文化市场管理，努力提高管理能力和水平，构建现代文化市场体系，规范文化市场秩序，净化社会文化环境，依法维护消费者文化权益和国家文化安全，为推动社会主义文化大发展大繁荣提供坚实保障。与此同时，面对新的形势，文化市场管理工作应当创新管理理念，在具体工作中坚持以下基本原则。

1. 坚持依法管理的原则

加强法制建设，健全文化市场法规体系，完善文化市场运行的基本规则，保护经营主体的合法权益；规范行政许可和执法行为，落实行政管理和执法责任制，做到有法可依、有法必依、执法必严、违法必究。

2. 坚持市场配置的原则

按照建设法治政府和服务型政府的要求，转变政府职能，减少微观事务、简化行政审批、避免直接干预；充分发挥市场对文化资源配置的基础性作用，坚持宏观调控与市场调节相结合，优化资源配置，实现总量增长与结构优化的有机统一。

3. 坚持分类指导的原则

针对文化市场不同行业发展的特点和管理现状，分别制定科学合理的管理办法，确定与之相适应的管理模式和手段；根据不同地区文化市场发展水平、特点以及存在的主要矛盾和问题，确定符合当地实际的主要任务、管理重点和工作措施。

4.坚持政府投入的原则

加强文化市场监督管理,是政府部门的法定职责,其所需要的行政成本,应由公共财政承担、政府投入,不能由被管理对象承担。要不断加大政府投入,为文化市场管理工作提供基本保障。

5.坚持综合协调的原则

建立健全与相关部门的协调机制,统筹执法资源,实现信息共享、联合行动、区域协作,形成管理合力;加强行业自律和市场主体自我约束,实现社会监督、行业监督和行政监督的协调统一。

(二)坚持加强文化市场管理的组织领导和队伍建设

建立健全统一的文化市场管理领导体制,加强对文化市场管理和综合执法工作的统一领导,形成"党委领导,政府管理,行业自律,社会监督"的文化市场管理格局。

1.合理划分各级管理部门的职责

要合理划分中央与地方各级文化行政部门对文化市场管理的职责。文化部主要负责全国文化市场宏观管理,通过制定法规、出台政策、建立制度,加强培训和监督检查,统筹和指导全国文化市场管理工作。省级文化行政部门要结合本地实际,贯彻落实中央出台的各项法规政策,承办文化部委托的审批管理工作,协调有关部门制定地方性文化市场管理法规政策,指导地、县级文化行政部门开展文化市场管理工作。地、县级文化行政部门要根据中央和省级文化行政部门的要求,按照属地管理原则,履行和承担文化市场管理的主体责任。各级文化市场综合执法机构经省(自治区、直辖市)人民政府授权实行统一综合执法的执法主体,对同级人民政府负责。受委托进行统一执法的机构,对委托机关负责,接受委托机关的监督、指导和考核。下级综合执法机构同时接受上级综合执法机构的业务指导。

2.加强对文化市场管理的统筹协调

要按照"政策制定职能与监督处罚职能相对分离"的原则,统筹协调文化市场行政管理与行政执法工作。文化行政部门主要负责文化市场的宏观管理,健全文化市场管理法律法规、政策体系、标准规范,履行市场准入和内容审查职能,负责文化市场运行管理,指导、监督受委托的综合执法机构依法开展综合执法工作,提出执法要求,考核执法绩效,提供专业服务。文化市场综合执法机构根据授权或委托,对文化市场实行统一执法,负责具体执法工作,行使文化市场行政处罚权以及与其相关的行政检查权和行政强制权,健全执法工作制度,完善执法程序,落实行政执法责任制和执法过错追究制,依法执法,完成政府或委托部门交予的执法任务,接受法制监督和行政监察。文化行政部门和综合执法机构要在文化市场管理工作领导小组的统一领导下,既分工负责,各司其职,又统筹协调,密切配合,及时相互通报政策法规、审批审查和行政处罚情况,共同做好文化市场管理工作。

3. 加强对文化市场管理工作的绩效考核

按照围绕中心、服务大局的原则,建立文化市场管理和综合执法工作绩效考核体系,完善文化市场政策评估、反馈机制,推进新形势下文化市场管理和综合执法工作的创新和进步。建立健全中央、省、地、县四级文化市场管理绩效考评机制。省、地、县文化行政部门要对文化市场管理和委托执法的综合执法机构进行年度绩效考评,细化工作,量化任务。要结合绩效考评工作,建立表彰奖励制度,调动基层文化市场管理人员和执法人员的积极性和主动性,推动我国文化市场健康有序发展。

(三)坚持改革开放,坚持解放思想和理论创新

文化市场是一个新兴市场,新现象、新问题、新矛盾层出不穷。很多工作都是开创性的,没有现成的经验可以借鉴。可以说,坚持解放思想,进行理论创新是文化市场工作的灵魂。在实践探索中,我们要通过调查、分析、研究和总结,把握市场规律,创新管理理念,不断调整、变革管理体制机制和工作方式方法,以适应文化市场的最新发展。

　　2011年10月召开的党的十七届六中全会,是我国社会主义文化建设事业中具有里程碑意义的一次盛会,全会通过的《中共中央关于深化文化体制改革推动社会主义文化大发展大繁荣若干重大问题的决定》,全面部署了未来十年文化工作的目标任务和重大举措。全会首次提出了"发挥市场在文化资源配置中的积极作用"的表述,对于文化市场在文化建设中的作用作出了科学定位;首次在文化领域提出了"把诚信建设摆在突出位置",明确了文化市场管理的主题和主线;提出"健全现代文化市场体系"、"扩大文化消费",这是明确了文化市场管理的根本目标。《决定》紧扣影响我国文化市场发展与管理的主要矛盾和深层次的问题,提出了文化市场管理的目标和指导方针,明确了加强文化市场管理必须抓好的基础性和战略性的任务。

(四)坚持先进文化的前进方向,维护和保障人民群众的根本利益

　　文化商品不仅具有一般物质商品的基本属性,而且具有意识形态的特殊属性。文化商品的意识形态性质,决定了文化市场同其他物质产品市场的重大区别。社会主义文化市场,要为社会主义现代化服务,为社会主义精神文明建设服务。十年来的文化市场工作,始终把社会效益放在首位,坚持社会效益以经济效益为基础,经济效益以社会效益为灵魂。

　　为了保障文化市场发展的社会主义方向,把文化市场建设成为传播社会主义核心价值观和先进文化的新阵地,文化市场管理实践中探索建立了文化经营许可证制度、文化产品内容责任制度、文化产品市场准入标准、进口文化产品内容审查制度、宏观调控制度等,鼓励和扶持弘扬社会主义主旋律的民族文化产品占据市场主导地位,禁止生产、流通和传播含有反动、淫秽、暴力等违法内容的文化产品。

（五）努力推动科技与文化融合，不断拓展文化市场新空间

现代科学技术越来越广泛地深入文化领域，文化产品的科技含量也越来越高。高新技术的应用为优秀的精神产品的生产、流通和传播提供了强大的武器。要把现代科学技术成果引入文化市场的各个环节，广泛运用现代科技创新文化生产方式，开发各类文化资源，改造和提高传统文化产业，提高文化产品的科技含量，培育新的文化业态，构建传输快捷、覆盖广泛的文化传播体系，不断拓展文化市场发展新空间。

随着新媒体、新技术的普及，以网络文化市场为代表的新兴文化市场迅速崛起，网络文化成为文化市场领域产品最丰富、受众最广泛、传播最迅捷的市场门类。文化部门敏锐地把握住了网络文化发展的"脉搏"，高举网络文化建设的大旗，引领了现代文化发展的最新领域，在新兴文化市场建设和管理上积累了宝贵经验。

党的十七届六中全会发出了文化大发展大繁荣的时代号召最强音，文化市场的发展和繁荣是文化大发展大繁荣的重要体现，也是检验文化大发展大繁荣的重要指标。在全面建设和谐社会的大背景下，文化市场管理要始终坚定不移地坚持改革开放，深入实践科学发展观，优化文化市场结构，全面调动人民群众参与文化市场建设的积极性、主动性、创造性，在新的时代起点上推动文化市场的更大发展和全面繁荣。

大力发展文化科教工作
文化创新能力日益增强

党的十六大,特别是十七大以来,在科学发展观的指导下,文化科教工作走过了波澜壮阔的历程,在改革中探索,在建设中积累,在创新中发展。文化科技融合发展,艺术科研成就斐然,艺术教育成果丰硕,取得了前所未有的辉煌成就。

一、十六大以来文化科教工作发展的基本脉络

(一)在改革中探索

20 世纪末,随着政府机构、国家科技体制改革以及教育管理体制的转变,文化科教工作相应的职能产生了巨大变化,如何拓展工作新思路、规划工作新格局成为文化科技工作的首要任务,文化科教事业发展进入了新的战略思考和调整期。

2002 年党的十六大胜利召开,提出"创新是一个民族进步的灵魂,是一个国家兴旺发达的不竭动力。"文化科教工作紧紧抓住了这个机遇,以文化创新为突破口,在文化部党组的支持下,2004 年设立了文化部创新奖,鼓励以科学理论、科学方法、科学技术在文化实践活动中实施创新,以科技进步推动文化创新,以文化创新带动科技进步。

2005、2006、2009、2012 年文化部创新奖进行了四届评审,在社会上产生广泛影响,极大地调动了广大文化工作者的创新热情,激发了创

新活力,引导全社会参与到文化创新实践活动中。

艺术科研工作在新的发展历史时期,锐意进取,加强建设,拓展工作新职能。

2002 年出台了《文化部关于加强全国艺术研究院所建设的意见》,加强艺术科研队伍建设,以适应艺术科学不断发展的新形势与新要求。

2010 年召开了以"拓展职能,提升效能"为主题的全国艺术研究院所建设工作会议,提出了艺术研究院所要在加强艺术科研基础上拓展出文化行政工作的预研究、非物质文化遗产保护和开发、艺术档案管理、艺术创作、与高校联合办学等六项职能,成为新形势下指导全国艺术研究院所建设的新思路。

艺术教育在新的历史机遇期不断加大改革步伐,形成了全新的艺术教育发展格局。

2000 年 9 月全国第一所独立设置的高等艺术职业院校——山西艺术职业学院正式挂牌成立。此后,河北、浙江、湖南、黑龙江等地也相继整合资源,组建了独立的艺术高职学院。

2002 年 6 月正式颁布实施《社会艺术水平考级管理办法》,实现了艺术考级管理从无到有的根本性改变,艺术考级事业有了新的开端。

2004 年 9 月,文化部在深入调研的基础上会同教育部共同签发《教育部、文化部关于共建中央音乐学院、中央戏剧学院、中央美术学院的意见》,形成了文化部与教育部、文化部与地方政府共建原直属艺术院校的格局。

(二)在建设中积累

文化科技以创新为工作突破口,夯实文化科技的基础工作,启动项目带动战略,既往的工作得到拓展,打开了文化工作的新局面。

2007 年发布了《文化标准化中长期发展规划(2007—2020)》,《规划》提出了文化行业标准化工作的指导思想、基本原则、主要目标和任务,为今后一个时期的标准化工作指明了方向。2008 年进行了文化领域的标准化技术委员会组建工作,完成了全国剧场标准化技术委员会等八个标准委员会的组建工作。

2009 年出台了《文化部科技创新项目管理办法》,经过 2009、2010、2011、2012 年的四次评审和项目实施,实现了科技创新对文化工作的全面支撑。

2009 年启动了"国家文化创新工程"项目,经过 2009、2010、2011、2012 年的项目立项和实施,使文化创新理论研究、人才培养、推广示范等工作在工程中得到相应推进,逐步确立了"依靠基层,支持共建"的原则。

艺术学研究领域不断拓展,艺术学各分支学科研究更趋深入,推出了一批具有重要标志性学术价值的研究成果。初步形成了基础研究、应用研究和对策性研究三足鼎立,传统学科、新兴学科和交叉学科共同发展的可喜局面。

2004 年文化部、光明日报社联合举办了"邓小平文艺思想与中国特色社会主义文化建设"征文活动,召开了"纪念邓小平同志诞辰 100 周年——邓小平文艺思想研讨会",编辑出版了《邓小平文艺思想研究论集》。

2006 年以特别委托课题的形式设立了"中国文化发展战略研究课题",针对当代中国文艺发展、社会主义先进文化建设亟须解决的重大战略性问题展开研究,为当代中国的文化建设提供了有力的理论支撑。

2007 年出版了《中华艺术通史》,该书历经十年,汇集众多艺术科学学者参与,堪称新世纪第一部艺术史经典之作。

2008 年依托于中国艺术研究院的雄厚研究力量,设立了"中国特色社会主义文化理论研究"委托课题。

2009 年《中国民族民间文艺集成志书》编纂工作圆满结束,该志书历经三十年,被誉为"中国民间文艺的万里长城"。

2011 年完成了国家社会科学基金艺术学项目特别委托课题"弘扬节日文化研究",该课题的内容涉及传统文化的传承、人民群众基本文化权利的实现、现实经济与社会的正常运行等重大社会、文化问题,社会影响相当广泛。

艺术教育在新的发展格局框架下实现了专业艺术教育、职业艺术教育、社会艺术教育互相支撑、共同发展的新局面。

2006年山西艺术职业学院创作、排演的大型舞剧《一把酸枣》成功入选2005—2006年度国家舞台艺术精品工程十大精品剧目;2007年9月荣获中宣部第十届精神文明建设"五个一工程奖"。

2007年7月文化部会同教育部、共青团中央共同主办了全国艺术职业教育成果展演活动。这是艺术职业教育优秀成果第一次大规模的集中展示。对提升整体艺术职业教育品牌,推动艺术职业教育整体向前发展起到了积极的作用。

2008年文化部开展国家级重点中等职业学校(艺术类)评估工作,推动骨干示范院校的建设和发展,促进了整个行业办学质量的提升和规范化管理。

2006年艺术考级工作在总结经验和教训的基础上,出台了新的《社会艺术水平考级管理办法》(文化部令第31号),对行政部门依法管理艺术考级工作起到积极的推进作用。

2005年和2009年主办了第四、第五届中国京剧优秀青年演员研究班,五届研究生班取得了丰硕的成果,百分之九十优秀学员活跃在我国的戏曲舞台上。

(三)在创新中发展

党的十七届六中全会把"要发挥文化和科技相互促进作用,实施科技带动战略,加强文化科技创新"写入党的决议。文化科技工作在夯实基础工作的同时拓展新的工作局面,开展文化与科技融合专题调研,规划推动文化与科技融合创新、融合发展的战略步骤。

2010年出台了《国家文化科技提升计划项目管理办法》,"提升计划"项目的设立力求解决一批具有关键性、全局性和前瞻性的重大文化科技问题,发挥科技进步在文化建设中的支撑、提升和引领作用。经过 2010、2011、2012 三年的评审和实施,整合文化行业内外的科研力量,在文化资源数字化、演艺科技、公共文化服务、文化遗产保护、文化产业等方面带动行业的创新能力不断提升。

2010 年 10 月参与由科技部牵头的"文化与科技融合专题"调研,促成了与科技部高新司加深合作的会谈。随后,召开了"文化科技融合研讨会",就文化与科技融合发展的可行路径进行了梳理和探讨,为促进文化科技融合提供了理论准备,进一步了解和掌握文化科技融合发展的全面情况。

2011 年 7 月建立文化部、科技部部际会商机制,签署了部际会商议定书。由此实现了文化科技创新工作中一个重大跨越,文化科技工作迈上一个新台阶。

2012 年参与制定《国家文化科技创新工程纲要》,与中宣部、科技部等部委联合认定并公布了首批 16 家国家级文化与科技融合示范基地名单,文化科技融合工作得到了进一步推进。

艺术科学研究围绕党的十七大报告中关于扶持和发展"新兴文化业态"的论述,开展了文化发展新课题的研究,《中国动画片的产业经济学研究》《世界动漫产业发展概论》等专著相继出版。新媒体艺术研究从早期的现象追踪转向全面的历史描述和理论探讨,推出了《新媒体艺术论》《新媒体艺术史纲》等一批科研成果。

2007 年全国艺术科学规划领导小组办公室将原"全国艺术科学规划课题"统一更名为"国家社会科学基金艺术学项目",并将原来的评审立项周期由每二年一次改为一年一次。艺术学项目规划管理得到进一步规范、导向作用显著增强。

2009 年以来,通过对《课题指南》体例的改革,项目中期检查制度的规范,以及增加匿名通讯初评的方式等,进一步完善了评审工作制度,保证项目评审的公平、公正。

2011 年在做好继有的年度项目、西部项目和委托项目的评审工作的同时,开展了艺术学的后期资助项目、成果文库项目以及重点资助期刊的初评工作,开创了艺术学项目评审的新局面。

专业艺术教育领域,2005 年设立了艺术硕士专业学位(MFA)。该年有 34 所院校在全国第一批试点招生,截至 2010 年,培养单位已经增至 106 家。

2010 年艺术考级工作确定了"注重素质教育,彻底改革艺术考级"的管理思路,将艺术考级机构审批权下放到省级文化行政管理部门。2011 年各省开始对社会艺术水平考级机构进行评估。

2011 年 2 月国务院第二十八次学位委员会审议通过了将艺术学科独立为"艺术学门类"的决议。"艺术学"成为新的第十三个学科门类。学科门类的升格,是我国艺术教育史、学科建设史和人才培养史上一件具有里程碑意义的大事。

二、十六大以来文化科教工作取得的成就

文化科技融合发展

党中央敏锐把握世界文化、科技发展的新趋势,就"推进文化和科技融合,培育新的文化业态"提出了一系列重大战略思想和重要指示精神,科技强文的意识逐渐深入人心。

(一)建立部际会商机制,实现文化科技创新工作的高层对接

2011 年 7 月 26 日,万钢同志、蔡武同志分别代表科技部、文化部在国家博物馆正式签署部际会商议定书。这个部际会商机制的确立是文化科技创新工作中一个重大的跨越,它标志着文化科技工作突破了以往的行业局限,在更宽广的视野中和更阔大的平台上,拓展文化与科技融合的途径,创新文化与科技融合的形态。

经过近一年的合作,两部首先在项目的组织实施方面寻求实质性的突破,《文化资源数字化关键技术及应用示范》《文化演出网络化协

同服务及应用示范》两个项目被确立为2012年度国家科技支撑计划项目,投入研发经费近5000万元。随后又于2012年4月,文化部作为国家文化科技创新工程部际联席会议成员单位,参与制定《国家文化科技创新工程纲要》,与中宣部、科技部等部委联合认定并公布了首批16家国家级文化与科技融合示范基地名单。

(二)实施"提升计划"等项目,促进文化科技创新工作的深度融合

党的十七大以来,文化科技工作立足于服务文化工作大局,加强了项目设计与组织,实现立项的文化科技、文化创新类项目已达220个,参与的文化单位和文化企业达百余家,目前已形成了多项技术成果,在文化建设与发展中发挥了重要作用。

1. 国家文化科技提升计划

"国家文化科技提升计划"于2010年实施,主要面向国家文化建设与发展的科技需求,开展文化科技基础性研究和集成应用研究,内容涉及公共文化设施、基层文化建设、文化生态保护与开发、艺术创作与生产、对外文化交流、新兴文化业态发展等诸多方面,力求解决一批具有关键性、全局性和前瞻性的重大文化科技问题,发挥科技进步在文化建设中的支撑、提升和引领作用。项目实施三年来,得到了社会各界的积极响应,目前已立项36个,项目进展状况良好。

2. 文化部科技创新项目

文化部科技创新项目于2009年实施,它与国家文化科技提升计划各有分工,互为补充,主要是对文化建设过程中较为普遍的科技问题进行培育和引导,同时强化文化单位在文化建设中的科技意识。项目实施四年来,共有145个项目立项,其中,12个项目已验收结项,并投入生产使用,取得了良好的社会效应和经济效益。

3. 文化部创新奖

推动文化创新、增强文化发展活力,是文化工作的重要方面。2004

年,文化部设立"创新奖",对立足时代前沿、弘扬科学精神、运用现代科技、惠及广大群众的文化项目予以表彰,在文化领域引起了很大反响。目前,文化部创新奖已成功举办 4 届,获奖的 69 个项目涵盖了我国文化事业和文化产业的多个领域,体现出科技进步及其对文化建设的推动作用,见证了我国文化工作者不断高涨的创造热情和日益增强的创新能力。

4. 国家文化创新工程

文化创新工程是对文化部创新奖的有效补充和积极延伸,也是文化部推动文化创新工作的重要工作抓手。该项目自 2009 年实施四年来,共有 39 个项目被确立为"国家文化创新工程"资助项目,为汇聚创新力量,培养创新人才,推广创新成果,起到了积极的作用。在这一项目中,《中国文化创新蓝皮书》、国家文化创新研究网、文化创新高峰论坛等工作的影响力也在逐步增强。

(三)组织协调攻关,提高文化科技创新工作的针对性和实效性

近年来的工作实践表明,文化科技创新不仅极大地丰富了文化建设的手段,提升了文化服务的质量,开拓了文化工作的新域,也为促进传统文化产业升级提供了重要的驱动力。为提高文化科技融合的攻关实力,党的十七大以来,在工作中注重调研与思考,加强与部内相关司局的合作与沟通,根据文化工作实际有针对性地设立文化科技攻关课题。一是加强工作调研,了解实际需求。先后组织了《文化与科技融合发展战略研究调研》《我国文化行业标准化工作现状与发展趋势调研》《全国剧场建设与管理重大问题调研》《工艺创意及工艺科技创新调研》和《2011 年文化部直属单位科技需求调研》等专题研究,深入了解文化科技需求。二是组织专题调研,集中解决难题。先后召开"文化与科技融合专题研讨会""演艺文化的科技支撑与本体开拓经验交流会"等专家座谈会,深入分析文化科技现状,集中解决文化科技难题。三是密切司局合作,协调、组织攻关。针对文化工作中亟须解决的

问题,与产业司、财务司开展了《文化产业统计口径平台建设》,研究制订文化部文化产业统计分类标准;与政策法规司合作开展《国家文化宏观决策支撑系统研究及应用》,建立国家文化宏观决策支持系统基础数据库,研发国家文化宏观决策支持系统;与外联局开展《分布式的中国文化对外公共文化传播与服务平台的研究及示范》,构建全球视野具有中国文化特点内外互联互通的统一文化信息传播与服务平台。四是实施顶层设计,注重课题引领。2011 年以来,国家文化科技提升计划都采取先行申报选题,由专家论证确定重大选题后,再组织项目申报的方式进行。2011 年和 2012 年,经过专家顶层设计,共确定了 26个重大选题。这其中有为基层文化活动搭建技术服务平台的《社区文化活动中心中央信息管理系统建设项目》;有利用现代科技手段,提升舞台艺术表现力的《数字化大型调音台装置研究》项目;有为解决未来无镜立体巨幕超高清成像系统提供支撑的《三维影像数据处理前沿技术应用研究》项目等等。这种课题引领的方式,吸引了众多部直属单位、相关科研院所、相关科技企业的参与,为解决文化发展中的技术难题凝聚了力量,产生了效益。

(四)实施科技带动战略,发挥集成创新对文化建设的引擎驱动作用

十七届六中全会"决定"强调"科技创新是文化发展的重要引擎,要发挥文化和科技相互促进的作用,深入实施科技带动战略"。为实现这一要求和目标,近年来,文化科技创新工作抓住一批具有关键性、全局性、前瞻性特点的科技项目,主要通过开展集成创新来增强文化科技的自主创新能力,提高文化科技融合水平和效益,将科技成果积极应用、服务于文化建设的方方面面。

一是在促进城市文化建设方面。支持深圳开展"深圳新兴城市文化建设中的科技自觉研究",探寻并推广深圳"文化+科技"的发展模式。扶持上海建设"上海东方社区信息苑",并开展"上海社区文化活

动中心中央信息管理系统建设项目"，为上海社区居民建设具有公益上网、网络培训、数字影院放送功能的新型公共文化服务平台。二是在公共文化服务方面。十七大以来，共支持公共文化服务领域的科技、创新类项目约40项。2007年6月，支持深圳市图书馆实施"城市街区24小时自助图书馆系统"项目。该项目借助计算机网络技术和智能化控制技术，通过系统终端设备"自助图书馆服务机"为市民提供办证、图书借阅、图书归还、预借取书、查询等服务，解决了传统图书馆服务地域和服务时间的局限，受到了广大群众的热烈欢迎和业内人士的广泛认可，并得到了中央领导同志的高度赞誉。此外，国家图书馆、上海图书馆上海科学技术情报研究所和上海市群众艺术馆承担的"公共文化服务与交流中移动技术应用模式研究"和"城市公共文化移动服务集成平台建设与研究"，面向公共文化服务和对外文化交流，利用移动终端技术和移动互联网技术，建设面向大众的具有个性化与随时随地交互能力的移动服务，解决基层群众的文化需求；中国传媒大学、北京中传广信高科技有限公司承担的"基于三网融合的公共文化传播新模式研究及示范"项目，则利用三网融合技术，研究公共文化内容分类、编目、采集规范，提升公共文化传播能力；中国艺术科技研究所、重庆市迪马工业有限责任公司和总装备部工程设计研究总院承担的"移动式公共文化方舱系统"，通过设计标准化的车载系统，研制出既可车载移动又能够固定使用的多种文化功能的方舱系统，满足边远地区文化需要。这些项目从公共文化服务的紧迫需求出发，充分利用现代通信技术、互联网技术，解决制约文化发展的科技问题，促进了文化服务水平的整体提升。三是在文化资源数字化建设方面。十七大以来，共支持文化资源数字化建设项目17个。2011年，组织国家图书馆、文化部民族民间文艺发展中心、中国艺术科技研究所等单位联合承担"文化资源数字化关键技术及应用示范"项目，积极构建文化资源信息分类体系框架、采集系统、数据管理系统、安全保护系统，为保存文化艺术资源提供技术支撑，为传播优秀文化提供平台。该项目已被列为2012年度国家科技支撑计划,国拨经费 2429 万元。四是在演艺科技方面。截至目前,共支持演艺科技发展项目 41 个。2011 年,组织中国对外文化集团、广州大剧院、中国传媒大学等多家单位联合承担文化演出网络化协同服务及应用示范项目,利用现代网络化、信息化技术,实现剧场基础数据和演出档期数字化、排演节目可视化及观众购票网络化,从而有效解决剧场、演出团体和观众三方信息不对称的问题,创新演出院线经营模式与服务方式。该项目被列为 2012 年度国家科技支撑计划,国拨经费 2267 万元。此外,还组织清华大学、国家大剧院、中国传媒大学、东方宇阳信息科技(北京)有限公司、宁波音王集团有限公司、北京星光影视设备科技股份有限公司等单位联合开展基于绿色光源的舞台功能灯具研究与示范应用、数字化大型调音台装置研究,基于文艺演出院线业态的服务协同共性技术研发与应用示范、中国剧院后评估(POE)体系研究等项目,提高我国演艺装备国产化水平和科技含量。五是在文化遗产保护方面。已立项支持 31 个项目。南京博物院、南京工业大学材料科学与工程学院、南京图书馆、南京澳润微波科技有限公司联合承担的"近现代文献脱酸关键技术集成研究与示范",研制脱酸关键技术及脱酸成套系统,解决清代后期至民国时期纸张酸化问题,为近现代文献的保护提供技术支撑;中国艺术科技研究所和北京齐大森国画材料有限公司承担的"中国传统绘画材料关键技术研究与应用"运用现代科技手段检测中国传统绘画材料成分谱系图,研究中国传统绘画材料生产与应用关键技术,增强中国绘画创作的活力;中国国家博物馆、北京大学和北京以诺视景数字艺术有限公司联合承担的"中国青铜器铸造工艺及展示研究"针对博物馆所藏的青铜重器,运用现代科技手段,探索古代青铜器的信息提取及留存新方法,为青铜器的保护提供基础数据。并利用现代数字影视技术,探索博物馆展览展示的新途径;华中师范大学、武汉数字媒体工程技术有限公司承担的"国家非物质文化遗产保护与传承技术体系的构建",从非遗资源的分类体系研究、资源数据采集技术标准研究、多种新技术手段的融合与运用研究和非遗多媒体交互体系平台建设等方面,构建非遗保护与传承技术体系。六是在文化产业发展方面。十七大以来,共立项支持文化产业类科技项目30个。包括支持"快速创意可视化工具与体感技术集成研究及示范"项目,通过可视化工具创作网络游戏作品,并直接使用体感设备进行操控;支持"动漫游戏产业公共服务平台技术支撑体系研究"项目,着力解决全国范围内动漫游戏技术与服务信息的资源共享问题。七是在陶瓷工艺设计方面。十七大以来,共扶持工艺类项目6个。支持江西景德镇、浙江龙泉、福建德化、山东淄博等国内知名陶瓷工艺基地,围绕呈色机制研究、工艺革新等进行科技攻关,促进陶瓷产品价值提升和产业发展。八是在标准化建设方面。十七大以来,共发布实施了《古籍修复技术规范与质量要求》和《公共图书馆服务规范》两项国家标准,23项文化行业标准,31项国家标准立项。按照《文化标准化中长期发展规划(2007—2020)》的部署,完成了全国剧场标准化技术委员会、全国文化馆标准化技术委员会、全国图书馆标准化技术委员会、全国网络文化标准化技术委员会、全国文化娱乐场所标准化技术委员会、全国社会艺术水平考级服务标准化技术委员会、全国文化艺术资源标准化技术委员会和全国剧场标准化技术委员会舞台机械分技术委员会8个标委会的组建工作,全国动漫游戏产业标准化技术委员会完成筹备工作即将正式成立。2011年,《文化行业标准化工作管理办法(暂行)》正式颁布。

　　艺术科研成就斐然

　　艺术科学是哲学社会科学的重要组成部分,是建设中国特色社会主义文化的重要基石。在党中央的高度重视和正确领导下,艺术科学研究高举中国特色社会主义伟大旗帜,牢牢把握正确政治方向,紧密结合全面建设小康社会实际,积极开展理论研究和实践探索,艺术科学研究及管理取得显著成绩,充分发挥了认识世界、传承文明、创新理论、咨政育人、服务社会的作用。

（一）稳步推进学科建设，促进艺术科研事业繁荣发展

国家社会科学基金艺术学项目自 1983 年设立近三十年来，作为艺术科研的核心资助体系，为艺术科学的巨大发展提供了强有力的支撑。十六大以来，国家社会科学基金艺术学项目共立项 751 项，文化部文化艺术科学研究项目共立项 266 项。截至 2011 年底，国家社会科学基金艺术学项目的结项数量已达到 460 余项，在基础理论建设、重大现实问题研究和关注新兴文化业态等方面都取得了丰硕的成果。

基础性研究方面。历经三十年的宏伟的文化基础建设工程——由《中国民间歌曲集成》《中国戏曲音乐集成》《中国民族民间器乐曲集成》《中国曲艺音乐集成》《中国民族民间舞蹈集成》《中国戏曲志》《中国民间故事集成》《中国歌谣集成》《中国民间谚语集成》《中国曲艺志》构成的十部《中国民族民间文艺集成志书》编纂工作圆满结束，第一次全面、系统地挖掘、收集、整理和保存了中华民族数千年来散落民间的丰厚文艺资源。《中华艺术通史》的问世，堪称新世纪第一个十年中国艺术研究界为中华文化建设贡献出的一部艺术史经典之作，是我国乃至世界第一部以"通"的观念来统领的大型综合性中华艺术通史。《中国艺术科学总论》第一批 15 部书稿即将由三联出版社出版。另有《中国音乐文物大系》《二十世纪中国油画》《解放军音乐史》《中国电影摄影艺术发展史》等一批优秀成果陆续完成，丰富和完善了艺术学学科体系。

现实问题和重大战略性问题研究。2004 年，文化部、光明日报社联合举办了"邓小平文艺思想与中国特色社会主义文化建设"征文活动，召开了"纪念邓小平同志诞辰 100 周年——邓小平文艺思想研讨会"，编辑出版了《邓小平文艺思想研究论集》。2006 年，针对当代中国文艺发展、社会主义先进文化建设亟须解决的重大战略性问题，文化部教育科技司和全国艺术科学规划领导小组办公室以特别委托课题的形式设立了"中国文化发展战略研究课题"，集合艺术科学各领域资深专家展开研究，目前已经取得了初步的成果，为当代中国的文化建设提供

了有力的理论支撑。2008 年,依托于中国艺术研究院的雄厚研究力量,设立了"中国特色社会主义文化理论研究"委托课题。全国艺术科学规划领导小组办公室所制定的"九五""十五""十一五"规划及历年课题指南都把对我国社会主义文化艺术建设具有重大实践意义和理论意义的课题作为重点研究内容,并设立了《当代中国文化体制改革研究》《文化大发展大繁荣与社会主义核心价值体系建设研究》《社会主义新农村文化建设问题研究》《公共文化服务体系研究》等研究方向与选题。批准立项的《全国戏曲剧种、剧团现状调查》《公共文化机构评估系统和绩效考评机制研究》《艺术表演团体多元化运作模式研究》《我国公众闲暇时间文化精神生活状况的调查与研究》《文学艺术著作权保护制度研究》等项目受到广泛关注,产生了积极的影响。

　　关注新兴文化业态方面。党的十七大报告中关于扶持和发展"新兴文化业态"的论述,提出了文化发展的新课题。"十一五"期间,随着科学技术的迅猛发展和广泛运用,文化与科技融合的步伐愈益加快,文化业态不断更新,动漫游戏、广播电视、出版业等与互联网融合、对接,衍生出网络游戏、网络视听、网络出版、网络动漫、网络文学等文化新业态;广电网与移动通讯网融合、对接,衍生出手机短信和彩信、手机广播电视、移动多媒体广播电视等文化新业态;数字出版和高端印刷使图书具有了视频、音频等功能,可以按需印刷,形成了新的出版业态。这些新的发展态势迅速成为艺术研究新的关注点和新的研究方向。《中国动画片的产业经济学研究》《动漫产业》《世界动漫产业发展概论》《世界动画史》等专著相继出版,研究领域涉及动漫的各个层面,具有较高的学术价值并在业内产生较大影响。新世纪以来,随着数字化媒体技术的迅速扩张,国际交流的频繁多样,新媒体艺术教育的日益专业化,新媒体艺术研究从早期的现象追踪转向全面的历史描述和理论探讨,从分散、自发的状态走向自觉的、体系化的研究,推出了《新媒体艺术》《新媒体艺术史纲》《数字媒体与艺术发展》《数字媒体艺术史》《新媒体艺术透视》《新媒体艺术论》等一批科研成果。

(二)规范管理艺术学项目,提升艺术科研工作管理水平

面对十七大以来的新形势,艺术科研管理水平不断提升,以发展为目标,以服务为宗旨,以效率为准绳,创新思维、创新手段、创新方法,努力开创工作新局面。艺术学项目的申报评审制度、经费管理制度、中期管理制度、鉴定结项制度及成果宣传使用制度进一步规范,中级管理机构建设及职能作用进一步加强。

自 2007 年起"国家社会科学基金艺术学项目"评审立项周期由以前的每二年一次改为一年一次,大大鼓舞了艺术科研工作者的研究积极性。艺术学申报项目数量逐年递增,2011 年度申报数量激增至 2502 项,比 2010 年增长了 37.4%,2012 年度的申报量再攀升为 2624 项,为2003 年以来历史最高点。

2011 年,艺术科学专家库的建设取得重要进展,经过征集和整理,已形成涵盖 18 个学科 1400 余名专家的数据库,为课题评审、成果鉴定、重大问题咨询方面提供了有力保障,推进了全国艺术科学规划管理的科学化规范化建设。

通过宣传和推广,加快艺术科研成果转化,是艺术科研管理工作的重要环节。文化部文化科技司暨全国艺术科学规划领导小组办公室通过网站宣传、报刊撰稿以及向政府部门推荐等多种途径和形式开展成果宣传和推广。2011 年,全国艺术科学规划课题硕果累累,《中国特色社会主义文化理论研究》《中国艺术学学科体系建设研究》《中国佛教艺术中的佛衣样式研究》《中国人民解放军舞蹈史》《东西方戏剧观研究》《音乐学世纪回眸》等重要基础研究及《弘扬节日文化研究》《中国网络文化产业现状、发展趋势及对策研究》《影视文化对未成年人成长的影响与对策研究》《中国公众艺术消费现状研究》等重大及亟待解决的现实性问题研究成果获准结项。为了更好地总结既往、指导当下艺术科研工作,2011 年,首次对从"九五"以来立项的全国艺术科学研究规划课题(包括国家社科基金艺术学项目和文化部文化艺术科研项目)结项成果进行了集中梳理和提炼,编写了《国家社科基金艺术学项

目成果简介汇编》。目前已完成第一批成果的编稿工作,将于近日正式出版。《成果简介汇编》通过对历年艺术科研成果的全面展示、宣传和推介,对进一步掌握二十多年来我国艺术学研究状况,分析当前文化建设对艺术科学研究的需求,加强艺术学学科体系建设,更好地促进优秀成果的转化和应用,推动艺术学科发展起到了积极作用。同时突破了常规的鉴定方式,在对重要课题研究成果进行会议鉴定并严格履行会议鉴定程序后,邀请更大范围的专家进行研讨,把研究成果状况和重要学术突破在相关媒体上进行集中报道。下一步,将积极拓宽成果推介平台,丰富成果宣传形式,注重成果推介实效,使艺术科研成果更好地服务于经济社会建设。

一直以来,在支持课题立项手段上,是以年度课题(包括西部课题)为主,辅以个别的委托课题。2011 年起,除上述评审立项外,受全国社科规划办委托,开展了艺术学"后期资助项目"和"成果文库项目"的初评工作,开创了艺术学项目评审新局面,为"十二五"期间建立完善的项目评审制度积累了经验,打下了基础。

(三)拓展艺术研究院所职能,发展壮大艺术科研队伍

艺术研究院所是我国文化建设的重要力量,承担着艺术科研、文化决策咨询、艺术档案管理、非遗保护等任务,为文化建设贡献了重要力量。

艺术科学研究机构不断健全,队伍不断壮大。经过数十年建设与发展,培养、凝聚了一大批艺术科研专门人才,形成了一支学术积累与科研实践经验丰厚的专家队伍,推出了一批具有重要学术价值与社会影响的艺术研究与创作成果,保存了大量珍贵的艺术图文声像资料及实物,为繁荣我国文化艺术事业作出了积极贡献。

十六大特别是十七大以来,艺术研究院所进一步明确了围绕文化行政部门的中心工作,积极参与文化艺术实践,研究、探索艺术发展规律,积极推进文化艺术科学建设,继承和发展中华民族的优秀文化艺

术,传承文明、创新理论、指导实践、咨政育人、服务社会等主要任务与职能,发挥了重要作用,取得了显著成效。

重庆、新疆、福建、贵州、广东等省(区、市)艺术研究院所分别承担了本行政区划内的非物质文化遗产保护中心、调研并起草"十一五"文化发展专项规划、国家社科基金艺术学项目管理等重要工作。新疆民族艺术研究所经广泛、深入调查研究制定的《维吾尔木卡姆保护与传承工程》被文化部确定为全国民族民间文化保护工程首批 10 个试点之一,并在"中国新疆维吾尔木卡姆艺术"于 2005 年成功入选联合国教科文组织第三批"人类口头与非物质遗产代表作"的过程中发挥了重要作用。福建省艺术研究院不仅承担了本省《"十一五"文化发展专项规划》的调研起草工作,还牵头调研、论证、起草了《闽南文化生态保护区规划纲要》等,在文化部公布的第一个国家级文化生态保护试验区的建设工作中发挥了重要作用。2003 年以来,全国各省(区、市)艺术研究院所共承担国家社会科学基金艺术学项目 34 项(其中包括国家重点项目 2 项)、文化部项目 39 项以及大量省级项目,完成了包括国内第一部填补学术空白的《中国藏戏史》《杂技概论》《川江号子研究》等在内的一大批科研成果及戏剧戏曲、影视、音乐舞蹈等剧(节)目作品,收集、整理、保存了大量珍贵的艺术图文声像资料及实物,并运用信息技术建立了《山西戏剧文物文献资源数据库》等一大批珍贵而丰富的文化艺术资源平台,以服务于社会服务于中国特色社会主义文化建设事业;2003 年以来,全国艺术研究院所共获得第二届文化部文化艺术优秀成果奖 19 项(1 项一等奖,3 项二等奖,15 项三等奖)及"文华奖""五个一工程奖"等多项;福建省艺术研究院、山西省戏剧研究所等依托自身学科优势与高等院校合作开展了研究生培养工作,《杂技概论》等科研成果及其承担人还被引入北京师范大学等高校的教学中。

艺术教育成果丰硕

艺术教育是文化事业发展的重要基础,为艺术生产、艺术创造和文化实践活动提供人才保障和智力支撑。十六大以来,在党的文艺方针和教育方针的引领下,在科学发展观的指导下,艺术教育事业有了全面的发展和进步,凸显出独特的优势与魅力,为文化大发展大繁荣作出积极贡献,发挥了不可替代的作用。

(一)设立艺术硕士学位、升格学科门类,实现艺术教育的全面发展和提升

进入新的世纪,随着人们对文化生活需求的不断增加,我国的文化事业各个领域都有了突飞猛进的发展,这一阶段也正是我国艺术教育规模迅速扩大的时期。除了专业艺术院校,越来越多的综合性高校也开始开设艺术专业。艺术高考持续升温。以艺考大省山东为例,2002年,该省报名参加艺术高考的考生为3.2万人,2007年达到创纪录的16.9万人。截至2011年,设置艺术类本科专业31个,在874所高校(含独立学院、民办院校)布点3188个;艺术类专业在校本科生人数突破百万,成为世界上艺术教育规模最大的国家。近几年的艺术教育发展历程中,有两件大事意义重大、影响深远。

1. 艺术硕士的设立

艺术硕士,英文名称为 Master of Fine Arts,简称 MFA。在欧美发达国家,MFA 是一个发展比较成熟的学位,是艺术创作和表演领域的终极学位。我国 MFA 专业学位设立于2005年,是国务院学位委员会目前批准设立的18个专业学位之一。开展艺术硕士专业学位(MFA)教育是我国艺术学学位与研究生教育改革的重要内容,对于推动艺术高层次人才培养模式和教育观念的转变,造就一支高素质的艺术专门人才队伍,满足人民群众日益增长的精神文化生活需求,繁荣和发展我国文化事业产生着积极的作用。

在艺术硕士专业学位设置之前,很长一段时间,艺术学高层次人才培养存在着突出的问题:培养规格单一,培养类型以学术型为主,没有很好地体现艺术的特点和艺术人才成长规律,也不能很好地满足社会

的需求。因此,在学习和借鉴国外高层次艺术专门人才培养的先进经验的基础上,适应艺术学科特点和人才成长规律以及社会需求,调整艺术学学位类型,在保留原有学术型人才培养模式的同时,增设艺术学专业学位,积极探索具有中国特色的艺术硕士专业学位研究生教育制度,培养艺术学专业学位研究生已是大势所趋。

根据国务院学位委员会颁发的《艺术硕士专业学位设置方案》有关规定,艺术硕士专业学位(MFA)的学科领域包括音乐、戏剧、戏曲、电影、广播电视、艺术设计、舞蹈、美术8个;2005年艺术硕士全国第一批试点招生院校34所,截至2010年,培养单位已经增至106家。

MFA教育区别于艺术理论、学术研究的研究生教育,招生对象一般为具有艺术实践经历的学士学位获得者,培养过程中突出专业特点,注重创作表演技能的提高并兼顾艺术理论及内在素质的培养。MFA的教学成果强调作品创作与表演实践,学位论文主要是对作品创作与表演实践的专业分析和理论阐述,旨在培养艺术创作、表演高层次应用型专门人才。

2. 艺术学升格为学科门类

2011年2月13日,国务院第二十八次学位委员会审议通过了将艺术学科独立为"艺术学门类"的决议。原属"文学门类"的艺术学科告别和中国语言文学、外国语言文学、新闻传播学并列为一级学科的历史,成为新的第十三个学科门类。此次升格,是我国艺术教育史、学科建设史和人才培养史上一件具有里程碑意义的大事,是21世纪中华民族伟大复兴历史进程中艺术自觉、艺术自信、艺术自强的一项重大举措。

20世纪80年代以来,我国一直没有将艺术作为一个门类,而是将艺术学作为一级学科放在"文学"门类之下。1997年,国家教委与国务院学位办进行学科目录调整时,在作为一级学科的艺术学下面,设立了8个二级学科。这样的设置一直以来存在很大争议,由于艺术学学科定位过低,艺术学科专业设置、人才培养的空间和自主性受到很大限制,且与国际上的通行做法不一致,让国内艺术院校在与海外同行开展交流时往往处于尴尬境地。2002 年,在中央音乐学院召开的国务院学位委员会艺术学科组会议将主要议题聚焦为"将艺术学一级学科提升为门类"。会后,时任学科评议组召集人、中央音乐学院院长的于润洋执笔撰写了《将艺术学一级学科提升为门类的建议报告》,并提交国务院学位办。

此后,文化部以及艺术界名流多次呼吁将艺术学提升为学科门类,2008 年底,政协全国委员会教科文卫体委员会提出《关于将"艺术学"提升为高等教育学科门类的建议》,并以政协办公厅的名义报到中共中央办公厅、国务院办公厅。文化部组织专题调研,提出应该将"艺术学"提升为高等教育学科门类的意见。国务院学位办根据各方建议,2009 年 9 月,艺术学科专业目录修订工作拉开帷幕。2011 年 2 月 13 日,国务院第二十八次学位委员会审议通过了将艺术学科独立为"艺术学门类"的决议,艺术学一级学科提升为学科门类。经过反复磋商探讨和征求意见,最终确定设置包括艺术学理论、音乐与舞蹈学、戏剧与影视学、美术学、设计学共 5 个一级学科。

这次升格的重要意义在于:其一,学科规制升格使艺术教育渠道更加广阔,学科设置更加合理,学位授权更加自主,这些不仅促进艺术专业人才尤其是高层次人才的培养与供给,而且也将促进艺术教育朝着体系化、规范化和国际化大踏步前进,有利于改善人才结构、改变人才培养模式以及合理设置文化大发展大繁荣所急需的前沿专业。其二,学科外延拓展带来学术空间的扩容,艺术知识谱系更加完善,艺术研究对象更加丰富,学科边际性、交叉性和前沿性更加凸显。其三,学科意识增强带来艺术创作、艺术生产和艺术管理的积极联动效应,艺术基础理论更加坚实,艺术批评更加活跃,理论与实践在新形势下的良性互动必将极大地解放艺术生产力。

（二）成立高等艺术职业院校，形成艺术职业教育发展的新格局

2000 年左右，随着教育管理体制的转变，原来由文化行业管理的艺术高校划归教育部门，在大教育的背景下走上新的发展道路。而原来的中等艺术教育，在新的历史机遇期不断加大改革步伐、广开发展思路、拓宽发展路径、创新发展模式，走过了一条不平凡的道路，形成了全新的艺术职业教育发展格局。

十余年来，我国艺术职业教育根据经济社会发展的需要和文化事业的需求，不断调整和完善人才培养结构，拓展办学渠道，形成了涵盖高等艺术职业教育、中等艺术职业教育、高等艺术院校附中等多层次以及国办、民办、官办民助等多种形式的艺术职业教育格局，逐步摸索出一条中国特色的艺术职业教育之路。艺术职业院校主动对接社会文化建设，从文化人才需求出发，不断改革人才培养模式，调整专业结构，完善课程建设，使艺术新苗学有所需，习有所用。如今专业已覆盖戏剧、戏曲、音乐、舞蹈、美术、设计、动漫、文化管理等文化事业的各大领域，成为艺术文化人才培养的主阵地。

文化主管部门通过宏观政策引导和具体项目实施，努力为艺术职业教育行业的整体发展提供支持和保障。

文化部下属中国艺术职业教育学会经过二十多年发展不断壮大，凝聚了全国 120 余所艺术职业院校，成为政府与院校沟通的桥梁与纽带，通过学会年会、专题研讨会、比赛活动、论文评选等多种多样形式，搭建平台、服务院校。

针对一些学校专业教材使用较混乱的实际情况，文化部组织有关学校编写《艺术教育大系（中专卷）》，作为艺术学校专业教学的指导性用书，对全国中等艺术职业教育的教学建设起到了重要的引导和推进作用。

2008 年，文化部开展国家级重点中等职业学校（艺术类）评估工作。在教育部国家级重点中等职业学校评估体系的基础上，制订了《国家级重点中等职业学校（艺术类）评估指标体系》，坚持分类指导的

原则,在指标体系条目的基础上,重点关注学校办学质量、办学特色、社会声誉、服务区域文化能力、发展前景这五个因素。经过历时半年多的评审工作,中国音乐学院附中、厦门艺术学校、苏州评弹学校等 11 所学校通过评审。此项工作大力推动了一批骨干示范院校的建设和发展,促进了整个行业办学质量的提升和规范化管理。

在政府的引导推动和院校的自身努力下,艺术职业教育有了长足的发展,呈现出蓬勃发展的喜人面貌。以下从三个方面,不同角度来回看十年来艺术职业教育的发展状况和取得的主要成绩。

1. 高等艺术职业院校的成立和发展

2000 年 9 月,作为全国第一所独立设置的高等艺术职业院校,山西艺术职业学院正式挂牌成立,由此拉开了艺术高职教育这一新生事物快速发展的大幕。此后,河北、浙江、湖南、黑龙江等地也相继整合资源,组建了独立的艺术高职学院。这类院校多是由原来的中等艺术职业学校合并升格而来,如今数量已有 20 所左右。它们依托行业优势,走产学结合之路,成为艺术职业教育中的中坚力量。

在传承中职艺术教育传统的基础上,高职艺术院校坚持科学发展观,始终把培养德艺双馨的高素质应用性艺术人才作为根本任务。遵循高等教育和艺术教育规律,坚持"以服务为宗旨,以就业为导向"的办学指导思想,努力实现办学规模、结构、质量、效益协调发展。

更新办学理念。进入高等教育领域之后,高职院校办学的终极目标集中体现为面向社会文化行业的需求,为专业院团及文化市场培养高素质、高技能的文化艺术人才。在转制升格之后,各学校广泛开展转变思想观念的大学习大讨论,对高等职业教育、艺术教育的特性进行深入学习和探讨,通过多种形式和途径,不断提高对高职艺术教育的认识,在教育思想上实现了由中职教育向高等职业教育的转变,逐步树立了新形势下具有科学发展特质的教育观、质量观、人才观,明确了办学定位及办学思路。

改善办学条件。首先是学校建筑面积的扩大。一是建筑面积实现了数量上的合并增加,多校区不仅扩大了学院的占地面积,而且增加了教学用房的面积;多数学院完成了新校区建设,部分学院正在进行或筹划新校区建设。其次,教学硬件投入增大。通过多方努力,目前各学校都拥有较为完备的教学基础设施,教学楼、办公楼、图书馆、实习剧场、排练厅、各专业课程的实践场所等条件基本齐全,配套的教学仪器设备等实践教学条件能够满足教学的实际需要。第三,专兼结合的师资队伍建设初见成效。各学院在积极改善办学条件的同时,重点加强师资队伍建设,结构和质量都发生了重大变化。各学院都制定了师资队伍建设规划,并落实相应的举措,从内部培养、外部引进、专兼结合三个方面,着力改善师资队伍的总体状态,努力提高师资队伍建设水平。

优化专业布局。自创办高职艺术教育以来,各个学院都在不断地加强专业建设,最大限度地适应与满足当地文化艺术市场对各类艺术人才的需求。在专业建设上,各学院努力开拓专业服务面向,不断强化专业特色,以专业特色树立学院专业品牌。湖南艺术职业学院倡导的"精英教育与大众教育并举"、浙江艺术职业学院提出的"做精做强表演类专业,积极拓展非表演类专业"等建设思路,集中代表了高职艺术院校在专业建设上的典型设计和基本诉求。具体做法一是结合地方的艺术资源特点和学院的传统优势,做精做强表演艺术专业;二是根据地方文化产业发展的需求,积极拓展艺术设计、广播影视类专业;三是适应文化市场需求,开设文化事业管理等其他相关专业。

创新育人模式。高等职业教育作为高等教育发展中的一个类型,肩负着培养面向生产、建设、服务和管理第一线需要的高技能人才的使命。各院校秉承特色办学的宗旨,依托行业办学的先发优势,在推进工学结合人才培养模式改革等方面取得突出成绩,形成了独具特色的育人模式,在社会及高等教育领域产生了积极的影响。一是从"精英教育与大众教育并举"的教育目标出发,育人过程中强调"分类培养"。二是从学生职业技能与市场需求紧密结合出发,育人过程中强调"艺术实践"。三是从艺术人才"德艺双馨"的终极追求出发,育人过程中强调"高素质高技能并重"。四是从学校教育与行业资源合作共赢出发,育人过程中积极推进"订单培养"。

推进教育改革。以教学工作为中心,围绕提升教育教学质量,积极推进教育教学改革是各校教育工作的重中之重。回顾十余年来的高职艺术教育实践,在管理体制建设、课程建设与改革、招生制度改革等方面,高职艺术院校在高等性建设、艺术性探索等方面取得了可喜成绩。

2. 特色办学之路的探索与实践

特色立校是艺术职业院校确立的发展战略。多年来,艺术职业院校依托当地文化资源优势,形成了特色鲜明的办学风格。这种特色不仅体现在专业设置、人才培养方向上,而且融入了整个办学过程的各个环节。如安徽艺术职业学院紧紧依托"徽文化"的丰厚内涵,唱响徽文化,打好徽字牌;山西戏剧职业学院大力发掘戏曲、民歌等山西丰富而独特的地域资源,将它们融入人才培养、作品创作之中,取得了很好的效果。还有一些学校紧紧抓住办学特色,突出优势、扩大影响,已经成为城市的特色名片和文化代表。

苏州评弹学校是全国唯一培养评弹艺术表演人才的"摇篮"。始终坚持陈云同志提出的"出人、出书、走正路"的办学指导思想和"小而精、特而强"的办学方针。学校拥有国家级、省级国家非物质文化遗产项目代表性传承人邢晏芝、邢晏春,流派创始人1名,高级职称者占教师的43.5%,双师型教师达66.7%,数十次获得文华新节目奖、文华表演奖、文华新节目创作奖、牡丹表演奖等国家级表演、创作大奖。连续多年招生录取比例为1∶40以上,毕业生就业率为100%,对于评弹艺术的传承、发展作出了重大贡献。

厦门艺术学校开设富有民族和闽台特色的艺术表演专业,如中国民间舞、歌仔戏、南音、高甲戏、茶文化等,为省、市剧团和中央及省级艺术院校输送了一大批优秀表演人才。学校坚持走校团结合的特色办学之路,小白鹭民间舞团以其朝气蓬勃和浓郁的民族特色、精湛演技著称,十几年来20次出访多个国家地区,享誉海内外。厦门艺校与小白鹭舞团在省级和中央各类大赛频频获奖,并多次应邀参加文化部、中央电视台文艺晚会,引人瞩目。胡锦涛、江泽民、温家宝、贾庆林等党和国家领导人多次观看小白鹭舞团与艺校师生演出,并给予好评。

甘肃省艺术学校在敦煌舞教学的基础上,立足甘肃省文化优势和学校教学特色,构建敦煌文化教学体系,实现品牌效应。敦煌文化是甘肃省的特色优势,敦煌舞蹈成为甘肃省艺术学校的"品牌专业",目前该校已着手逐步构建以敦煌舞蹈为龙头,以敦煌音乐、敦煌壁画的挖掘整理和教学实践为突破重点的敦煌文化教学实践体系。

3. 艺术人才培养和艺术实践活动取得辉煌成绩

艺术人才的培养、选拔和展示。各个艺术院校在近年来的艺术人才培养上取得了骄人的成绩,在国内外各项比赛、活动中表现卓越,取得辉煌成绩。以李云迪、郎朗、陈萨、黄蒙拉、谭元元、黄豆豆、王亚彬等为代表的一大批优秀艺术人才的涌现赢得世人瞩目。中央音乐学院附中、中国音乐学院附中、上海音乐学院附中、北京舞蹈学院附中、上海戏剧学院附属舞蹈学校、深圳艺术学校等多个院校在各个领域的国际比赛中屡获殊荣,在世界上引起高度赞誉和轰动效应。

由文化部主办的我国文化艺术政府奖——文华艺术院校奖,为院校搭建了广阔的交流平台和展示空间,促进了各专业教育教学水平的不断提高。此奖项下设的"桃李杯"舞蹈比赛、民族乐器演奏比赛、小提琴比赛、钢琴比赛等,为国家选拔优秀的青年艺术人才,推出了一大批艺术新秀。

2007 年 7 月,文化部会同教育部、共青团中央共同主办了全国艺术职业教育成果展演活动。这是近些年以来,艺术职业教育优秀成果第一次大规模的集中展示。展演分为戏曲、民乐、中国舞、交响乐芭蕾、音乐剧五台共计 10 场,赢得了广泛赞誉和热烈反响,取得巨大成功。展演活动展现了我国艺术职业院校师生蓬勃向上的精神风貌,展示了艺术职业教育取得的丰硕成果和整体实力。展演从节目选择到编排都突出了艺术职业教育特色,具有代表性、地域性、学术性、示范性,对提

升整体艺术职业教育品牌和社会认知度,推动艺术职业教育整体向前
发展起到了积极的作用。

院校的艺术创作实践。十余年来,艺术职业院校不断调整教育教
学方向,功能日益丰富。从以前主要为艺术院团培养专业人才,到目前
不仅为艺术事业发展提供人才保障,还积极发挥自身独特优势,直接参
与到艺术创作和艺术生产中去,在文化建设中的作用日益凸现。众多
院校在艺术创作上取得了骄人的成绩:

山西艺术职业学院创作、排演的大型舞剧《一把酸枣》成功入选
2005—2006 年度国家舞台艺术精品工程十大精品剧目;2007 年 9 月荣
获中宣部第十届精神文明建设"五个一工程奖";2007 年 9 月荣获文化
部第十二届"文华剧目奖";2008 年 8 月底,作为北京奥运会重大文艺
演出剧目在国家大剧院成功演出。该剧走遍了全国 30 多个城市和港
澳台地区,演出 520 多场。

湖南艺术职业学院的原创音乐剧《同一个月亮》,获湖南第二届艺
术节最高奖"田汉大奖"和 7 个单项奖;2008 年参加在上海举办的"首
届中国校园戏剧节"演出,获专业组优秀剧目奖(排名第一),观众达 50
多万人次。

湖北艺术职业学院创作、排练、演出的大型地域风情舞蹈诗《家住
长江边》,2007 年在第八届中国艺术节上获文华大奖,先后演出
106 场。

山西戏剧职业学院排演的大型民族交响乐《华夏之根》2007 年荣
获第六届中国"金唱片奖";儿童话剧《我能当班长》荣获国家文化部第
十一届"文华新剧目奖"、共青团中央"五个一工程奖"。张继钢担任总
导演的大型说唱剧《解放》由山西戏剧职业学院和国家大剧院联合出
品,于 2009 年 9 月在国家大剧院首演,一经上演便引起了强烈反响,中
央领导及社会各届给予了高度关注,一年内演出过百场。

（三）开展社会艺术水平考级，促进国民艺术素质提升

作为艺术教育的一个重要组成部分，社会艺术水平考级活动在新时期发展迅速。社会艺术水平考级始于 20 世纪 80 年代初期，是人民生活水平提高后借鉴国外的做法而自发产生的一种社会艺术教育现象，主要是指通过考试形式对学习艺术人员的艺术水平进行评测与指导的活动。2002 年 6 月《社会艺术水平考级管理办法》（2004 年 7 月进行了修订，文化部令 31 号）正式颁布实施以来，我国的艺术考级专业体系建设、教材建设逐步完善。考级管理体系进一步理顺，考官和考级机构的管理工作进一步加强。考级专业涵盖了音乐、舞蹈、美术、戏剧、网络文化等五个艺术门类的数十个专业。全国现在共有艺术考级机构上百家，有考官上万名，辅导教师更是不计其数。近些年来，参加艺术考级的考生年年突破 200 万人，而且增长势头不减。艺术考级活动的开展，不仅在广大考生中普及了艺术教育，提高了考生、家长以及整个社会对于艺术教育的认知和接受程度，还大大促进了国民素质的提升，推动了社会主义精神文明建设。

三、文化科教工作的思考与启示

党的十七届六中全会对文化发展繁荣提出了明确的要求，我们应该面向文化发展、立足实际、着眼未来，结合自身的工作优势，培养工作的大局意识、创新意识、科技意识、服务意识，本着"文化为本，理论先行；科技支撑，有机融合；人才第一，综合培养"的工作方针，围绕党和国家经济、政治、文化及社会建设的大局，紧密联系我国改革开放、发展中国特色社会主义特别是文化建设的实际，在文化科技工作中加强对文化与科技融合工作的引领，加快构建有利于文化与科技融合的体制机制；进一步构建和完善以文化科技创新体系、文化标准体系、文化科技管理体系为主体的文化科技支撑体系；要攻克一批重大关键技术，努力抢占支撑文化事业和文化产业发展技术的制高点；攻克一批关系到

文化领域传统业态提升、新业态发展的基础性、共性关键技术,占领世界文化科技的制高点,提高科技对传统文化业态的提升和对新兴文化业态的支撑能力。在艺术科研工作中坚持基础研究和应用研究并重,传统学科和新兴学科、交叉学科并重的原则,加强艺术理论建设,同时加强与其他自然科学、人文科学、社会科学门类之间的相互沟通、完善中国特色社会主义艺术学学科理论体系建设;深化、拓展新的历史时期我国文化艺术建设实践中的重大现实问题研究,破解文化改革发展新课题;不断吸收新理论、新思路、新方法,积极研究探索文化建设实践中的热点、难点问题,把学理性寓于应用对策之中,进一步发挥文化艺术科研的服务咨政功能。在人才培养中牢固树立人才是第一资源的思想,加快培养造就德才兼备、锐意创新、结构合理、规模宏大的人才队伍。造就一批人民喜爱、有国际影响的名家大师和民族文化代表人物;加快培养善于开拓文化新领域的拔尖创新人才、掌握现代传媒技术的专门人才、懂经营善管理的复合型人才、适应文化走出去需要的国际化人才。

文化科教工作是文化事业的重要基础工作,是文化事业和文化产业的重要驱动力,它为文化建设提供理论指导、科技支撑和人才保障。随着经济的迅速发展和社会的全面进步,随着科技的不断创新和文化艺术的日新月异,文化科教工作的重要作用日益显现,文化科教工作任重道远,大有可为。只要我们按照党的十七届六中全会作出的战略部署,树立高度的文化自觉、科技自觉,开拓进取,锐意创新,不断探索和实践,就一定能为文化的发展和繁荣作出突出贡献。

推动形成两岸三地中华文化大交流格局
港澳台同胞文化认同不断加强

　　党的十六大以来,根据中央对港澳和对台工作的总体要求部署,在国务院港澳办、国务院台办等部门的正确指导下,在文化部党组的坚强领导下,对港澳台文化工作紧密围绕国家对港澳和对台工作大局,一方面,大力加强对港澳文化工作的战略思考和宏观统筹,主动策划和组织实施对港澳的大型重点文化交流项目,积极引导地方开展富有特色的对港澳文化交流活动,积极促成内地与港澳的文化产业合作,促进港澳人心回归;另一方面,努力发挥祖国大陆人文资源优势,以弘扬中华文化,增强台湾同胞的中华民族认同为主线,以进一步争取台湾民心为重心,加大做台湾基层民众和青少年群体的工作力度,努力增进两岸同胞的思想沟通和情感的交融,构建对台文化交流与合作的新的格局,为两岸关系和平发展奠定重要文化基础,取得了突出成就。

一、加强对港澳文化工作　促进港澳特区人心回归

(一)对港澳文化工作的方针和政策

　　2009 年,胡锦涛主席提出,对港澳工作"必须全面准确理解和贯彻'一国两制方针';必须严格依照基本法办事;必须集中精力推动发展;必须坚持维护社会和谐稳定;必须着力培养各类人才。中央政府对香港、澳门采取的任何方针政策措施,都会始终坚持有利于保持香港、澳

门长期繁荣稳定,有利于增进香港、澳门全体市民福祉,有利于香港、澳门和国家共同繁荣的原则。"这一重要论述对于做好对港澳文化工作同样具有重大的指导作用,为我们的工作指明了总体方向。

2010年7月,习近平副主席在《文化部关于加强新形势下对港澳文化工作情况的报告》上批示:"做好新形势下对港澳文化工作意义重大。希望文化部围绕中央港澳工作大局,采取有效措施,不断加强对港澳青少年的培育工作,不断加强同港澳的文化交流和文化产业合作,努力在促进香港人心回归、发展壮大爱国爱港力量方面发挥更大作用。"从更具体的层面总结指明了对港澳文化工作的重点,也是我们在实际工作中认真学习领会并加以贯彻实施的原则。

(二)对港澳文化工作基本历程和成绩

十六大以来,对港澳文化工作取得了长足的进步。内地与港澳的文化交流呈现出日益紧密、丰富、健康发展的态势,在培养港澳民众中华文化主体意识,以中华文化凝聚人心,以中华文化促进港澳人心回归方面收效显著。

1. 对港澳文化交流水平逐渐提升(回归——十六大以前)

20世纪70年代以前,内地与港澳的文化交流非常有限。随着改革开放的不断深入,内地与港澳地区的文化交流开始活跃,90年代呈现快速增长的发展势头。自1997年香港回归祖国、1999年我对澳门行使主权以来,文化部积极开展与港澳地区的交流与合作,推动了中华文化在港澳地区的传播,交流呈现出日益紧密、丰富、健康发展的态势,港澳民众的国家民族观念和对中华文化的认同不断增强。

2. 对港澳文化交流合作构架日益成熟(十六大至今)

十六大以来,文化部围绕中心、服务大局,大力加强对港澳文化工作的战略思考和宏观统筹,充分发挥文化直抵人心、牵动情感的独特作用,主动策划和组织实施对港澳重点文化交流项目,以爱国爱港爱澳力量为依托,以港澳青少年为重点,积极开展主题突出、特色鲜明的对港澳文化交流活动,全面推动内地与港澳的文化产业合作,助推港澳经济繁荣稳定和发展,在增进港澳人心回归、削弱西方殖民文化影响、扩大中华文化影响力、促进港澳与内地文化融合等方面取得突破性进展。

(1)对港澳文化工作体制机制更加完善。2005年11月、2006年2月,文化部先后与香港特区政府民政事务局、澳门特区政府社会文化司分别签署了《内地与香港特区更紧密文化关系安排协议书》《内地与澳门特区更紧密文化关系安排协议书》。这是内地与港澳特区在文化领域签署的第一个正式合作文件。协议以"互惠双赢、加强合作、共同发展"为原则,规划了内地与港澳在文化方面加强合作的领域和渠道,从机制上保证了内地与港澳地区的文化交流与合作。从此,内地与港澳特区的文化交流不断深入,文化合作日益紧密。2008年,为发挥广东省的地缘、人缘和文缘优势,以点带面地扩大、深化对港澳文化交流与合作,文化部把广东省设立为对港澳文化交流基地,积极探索对港澳文化工作新途径和新领域。同时,为加强对港澳文化工作的科学管理,制定了《内地与港澳地区文化交流管理办法》;牵头相关研究机构和专家学者,成立对港澳文化工作调研课题组,对港澳的文化体制、文化政策、文化动向进行跟踪研究和深度分析,形成了包括形势判断、工作原则、工作方法、工作目标和主要措施等内容的工作思路,出台上报了有关港澳文化状况、文化创意产业、青少年文化等方面的若干重要调研报告,得到中央领导同志的高度评价和肯定。此外,加大对港澳文化工作的统筹,定期召开对港澳文化工作研讨会,积极构建和发挥央地合作机制,加强在港澳的中华文化阵地建设,有效整合系统内外和两岸三地的相关资源,努力形成全国范围的对港澳文化工作合力。"十二五"期间,将统筹港澳文化工作与对台文化工作,实施"港澳台中华文化传承工程",通过"文化阵地建设"、"中华文化薪火相传"、"中华文化精品港澳行"、"对港澳文化交流平台打造"、"对港澳文化合作与培训"、"文化产业合作"等六个专项计划全面加强内地与港澳的文化交流与合作。

（2）内地与港澳文化交流繁荣有序。文化部紧紧围绕党和国家在港澳的中心工作，综合运用演出、展览、人员交流等方式，主动策划和组织实施具有导向性和示范性的项目，巩固扩大"艺海流金""香江明月夜"的品牌效应，并在北京举办了首届"内地与港澳文化合作论坛"和"港澳视觉艺术展"，在港澳举办"玉树不倒·青海长青"大型展演活动，引导地方开展富有特色的对港澳文化交流活动，积极参与"香港艺术节""香港新视野艺术节"和"澳门艺术节""澳门国际音乐节"等港澳地区举办的国际性文化活动，合作打造香港首届"中国戏曲节"，在港澳举办"根与魂"中国非物质文化遗产展演活动，不断拓展交流项目和交流对象，全力打造全方位、宽领域、多渠道的对港澳文化工作格局。十六大以来，特别是最近几年，内地与港澳文化交流年均数量保持在较高水平，每年都有1000多项、逾10000人次。内地知名院团携优秀剧目先后赴港澳交流。2009年，《京剧名家汇演》及上海京剧院《廉吏于成龙》剧组以庞大的演出阵容和精湛的艺术水平在香港引起强烈反响。大型展览逐年增多。"国之重宝北京故宫博物院藏晋唐宋元书画展""中国马文化展""百年中国""开国大典""雪域风情——藏族非物质文化遗产精粹展"和"九九归一——庆祝澳门回归祖国十周年故宫珍宝展"等文物、非物质文化遗产主题展，成为港澳特区政府开展国庆和回归文化活动的重头戏。从"盛世风华——清代康雍乾书画器物精品展"到"日升月恒——故宫珍藏钟表展"，以及"斗色争妍——故宫藏清代御窑瓷器精品展"和"玉貌清明——两宋瓷器精品展"等，13年的"故宫珍宝展"系列逐渐发展成为内地与澳门文化交流与合作的典范，谱写了两地共同守护和构建中华民族共有精神家园的赞歌，有效发挥了以文化认同促进民族认同和国家认同的作用。

（3）扎实开展港澳人心回归工作。港澳文化艺术界人士在港澳文化的发展进程中起着重要的推动作用，做好他们的工作对于促进内地与港澳文化的深入交流与合作、谋求共同发展有着积极的推动作用。文化部高度重视港澳文化界全国人大代表、全国政协委员的联系联络工作,认真研究落实港澳文化界"两会"代表和委员关于国家文化工作的各项提案,并在实际工作中吸纳其中的有益意见和建议。遵照中央关于做好港澳特区全国人大代表、政协委员工作的统一部署,根据中央统战部的要求,每年"两会"期间,文化部领导都会与来京出席"两会"的部分香港文化界全国人大代表、政协委员相聚一堂,介绍内地文化发展情况,听取港澳代表和委员对内地发展文化及加强内地与香港文化交流与合作的意见建议,共同探讨如何进一步弘扬中华文化、促进人心回归等问题。为密切内地与港澳文化艺术界的联系,增进港澳文化艺术界人士对祖国历史文化的了解和文化身份的认同,深化内地与港澳的文化交流与合作,文化部加强与地方政府合作,依托内地丰富的自然、人文资源,每年邀请港澳特区政府文化官员和文化界知名人士参加举办"艺海流金"大型系列文化交流活动,先后与河北、河南、贵州、黑龙江、青海、内蒙古等省(自治区)合作,成功举办了"艺海流金"之"燕赵之旅""中原之旅""多彩贵州行""走进黑土地""大美青海行""草原文化之旅"等文化联谊和交流活动。"艺海流金"已经成为内地与港澳文化界联系联络的品牌活动和重要平台,形成了文化交流项目推介、学术研讨、座谈交流和笔会等特色活动内容,真正实现了以文化促进交流、以交流凝聚共识的初衷。

(4)大力加强对港澳青少年的培育工作。青少年是港澳的未来和希望,也是祖国的未来和希望,应当承担起弘扬爱港爱澳爱国光荣传统的历史使命。从长远战略上考虑,做好港澳青少年的工作,对于提升文化认同、增强国家认知,具有重要而深远的意义。文化部利用内地丰富的文化资源,积极推动和促进内地与港澳各类青少年艺术团的互访,通过赴港澳为青少年演出、在内地举办学生文化联谊会、艺术培训班和文化知识竞赛等活动,加强内地与港澳青少年之间的交流,加强港澳青少年的国家意识和公民意识教育,使国家意识、民族意识在港澳青少年的心灵深处扎根,增强他们作为中国人的自豪感,着力培养港澳青少年的文化认同、民族观念和祖国观念。深入港澳各大院校开展"国粹港澳校园行"活动,促成中国京剧艺术基金会与澳门基金会签订5年合作协议,在澳门启动"高雅艺术进校园"活动,让国粹艺术和高雅艺术在港澳青年学子的心里生根发芽。面向港澳大学生,暑期组织"港澳大学生文化实践活动"和"粤港澳青年文化之旅",切实加强港澳青年学子的国情教育和文化认同;面向中学生群体,抓住香港高中开设"OLE"(其他学习经历)的机遇,启动"香港青少年中国民族民间文化艺术研习考察计划",组织邀请了香港圣保禄中学等3所中学师生近200人,分3批先后赴四川、贵州、广西实地考察研习羌族、水族、壮族等少数民族的文化艺术。港澳青少年通过实地考察、体验教学和示范教学等活动,增进了对国家的客观认识和对中华文化的认同。

(5)全力支持港澳特区政府的工作。全力支持港澳特区政府开展庆祝国庆、回归纪念日、传统节日等文化活动,以民族情、国家情和亲情为纽带,增强港澳同胞对祖国的认同感,提高港澳特区政府的影响力。大型中秋综艺晚会"香江明月夜""濠江月明夜"以及"澳门内地春节习俗展演"、香港"元宵节嘉年华彩灯会"和"中秋彩灯会"上内地优秀文艺团组的精彩演出,成为港澳节日期间不可或缺的文化盛宴和亮丽风景。遵循"一国两制"的原则,积极推动港澳地区参与国家文化活动以及在国家对外文化交流的框架下的国际文化活动。港澳优秀文艺团组频频亮相于"相约北京""中国艺术节""上海艺术节"以及北京奥运会、上海世博会、广州亚运会等内地举办的重大文化活动,并开始在国际上参加中国"文化年""文化节"和"文化周"等文化外交活动,向世人充分展示港澳丰富多彩的多元文化。大力支持港澳特区的非物质文化遗产保护工作,正式启动《中国民族民间文艺集成志书》香港卷、澳门卷的编纂工作,粤港澳成功联合申报粤剧为"人类非物质文化遗产代表作名录"。2011年6月,经国务院批准,香港的中元节(潮人盂兰盛会)、大澳端午龙舟游涌、中秋节大坑舞火龙和长洲太平清醮,澳门的南音说唱、道教科仪音乐和鱼行醉龙节等正式列入第三批国家级非物质文化遗产名录。内地与港澳携手保护非物质文化遗产、建设中华民族共有精神家园,成为对港澳文化工作不断深化的生动范例和最佳注解。

(6)内地与港澳文化产业合作日益密切。积极落实内地与港澳《关于建立更紧密经贸关系的安排》(CEPA)及其年度补充协议中有关文化方面的内容,鼓励内地与港澳文化企业界人士通过参访、举办论坛、参加文博会等各种方式,探讨文化产业的经营理念和运作模式。积极邀请港澳文化企业参加在内地举办的中国(深圳)国际文化产业博览交易会、中国西部(西安)文化产业博览会及其论坛等活动。举办澳门文化产业培训班,支持内地与港澳的文化艺术单位开展长期合作,携手打造艺术精品。"乐谱长城——刘文金"音乐会、大型舞蹈诗《迎四季·创未来》《上海风情》音乐会以及昆曲《莲香伴》等,充分展现了内地与港澳文化机构深度合作的丰硕成果。发挥广东省的地缘、人缘和文缘优势,加强对港澳文化交流基地建设,深化粤港澳文化合作,促进区域经济发展。2010年6月,三地正式签署《粤港澳文化交流合作示范点工作协议书》,确定了包括文化产业合作在内的32个交流合作示范点。2011年,组织"港澳文化行政和产业考察交流团"拜访港澳文化创意产业相关单位和业界代表,召开文化产业圆桌会议,达成内地与港澳共享共建大型文化产业展览展示、交流交易平台的合作意向,并特地顺访了珠海横琴新区,听取了横琴规划和建设情况的汇报,参观了横琴新区规划展示厅和十字门中央商务区展示厅,重点了解粤港澳文化合作和文化创意产业园区的相关情况。同年召开的粤港澳文化合作第12次会议确定把横琴粤港澳文化创意产业园作为三地开展文化产业合作的重点试验园区。目前,香港文化传信有限公司、香港丽新集团已与园区达成合作意向,预计投资100多亿元;广东动漫城与香港Boombeat(Asia)有限公司也开始入园合作。目前,内地与港澳都在大力发展文化创意产业。合作呼声很高,合作机遇很多,合作空间广阔。我们看到,文化产业合作已经发展成为内地与港澳文化交流与合作的重要内容,而这也将进一步深化内地与港澳的文化交流与合作,共同推动中华文化的复兴和中华文化"走出去"。

(三)对港澳文化工作基本经验

十六大以来,文化部根据中央领导的有关指示精神,围绕中央对港澳工作大局,通过加强与港澳地区的文化交流与合作来增强港澳民众对祖国文化的认同感,促进人心回归,形成了一些有益的工作经验。

1. 注重政策支持,加强理论研究

为加强对港澳文化工作的科学管理,规范及深化内地与港澳文化交流与合作,并为此提供机制保证,文化部制定了《内地与港澳地区文化交流管理办法》,分别与港澳特区政府签署《更紧密文化关系安排协议书》,为对港澳文化交流提供了政策支持;同时,文化部还牵头成立对港澳文化工作调研课题组,深入研究港澳文化政策、体制、动态和趋势等,及时把握港澳文化发展新动向,为有针对性地开展工作提供对策建议。

2. 注重搭建平台

一方面通过"艺海流金""港澳大学生文化实践活动""香江明月夜"等打造多年的品牌项目实现搭建交流平台、扩大交流渠道、提升交流水平,增进港澳文化界和青少年对中华文化认同的效果,另一方面积极邀请港澳优秀艺术团组、文化机构参加在海外和内地举办的重要文化活动,将其纳入国家文化外交平台和内地固有文化交流平台,增强"一国"理念,培养爱国感情。

3. 注重阵地建设

把广东省设立为对港澳文化交流基地,发挥了地缘、人缘和文缘优势,促进大珠三角地区的文化融合;同时注重大力推进对港澳文化工作主阵地建设,积极促成在澳门设立中华文化中心;加强驻港澳文化机构,如香港联艺机构有限公司和香港中华文化城有限公司的资源整合。

4. 注重建立沟通与磋商机制

通过"两会"期间与港澳文化界全国人大代表和政协委员会面、参加粤港澳文化合作会议、定期组派文化政府团组赴港澳访问、定期举行内地与港澳特区政府层面合作磋商等方式,围绕中心工作,畅通沟通渠道,建立了与港澳文化界人士的沟通机制。

5.注重实施精品战略

充分挖掘内地与港澳"血脉同宗、文化相通"的特点,发挥内地文化资源优势,主动策划和组织实施具有导向性和示范性的交流项目,积极推动内地优秀文艺团体进入港澳主流艺术渠道与平台,以文化艺术精品感动人,努力提高中华文化在港澳多元文化中的比重和影响力。

6.注重央地合作

依托内地丰富而独具特色的文化资源,文化部与全国省市地方合作举办了"根与魂""春节习俗展演"等一系列对港澳文化交流活动,取得了很好的交流效果;同时激发了各地积极打造"拳头"项目,探索立足自身条件开展对港澳文化交流的方法路径,努力形成各自不同的地域特色,同时也极大扩大了丰富多彩的地域文化在港澳地区的影响力。

二、秉持科学发展观,构建两岸新格局, 共同传承弘扬中华文化

(一)对台文化工作的方针政策

党的十六大以来,中央就对台工作作出重大决策部署,提出一系列新主张和新举措。2005年3月,胡锦涛同志提出关于对台工作"四点意见",包括:坚持一个中国原则决不动摇;争取和平统一的努力决不放弃;贯彻寄希望于台湾人民的方针决不改变;反对台独活动决不妥协。同年,十届全国人大三次会议通过《反分裂国家法》。这些意见和举措表明了全中国人民坚决反对"台独",捍卫国家主权和领土完整的坚定决心。

随着近年来岛内局势发生重大积极变化,2008年年底,胡锦涛同志在纪念《告台湾同胞书》三十周年讲话中发表了两岸关系和平发展

时期我党对台工作六项新纲领,首次提出"协商两岸文化教育交流协议,推动两岸文化教育交流合作迈上范围更广、层次更高的新台阶"的工作目标。其中"台湾文化丰富了中华文化的内涵"的精辟论断更是展现了我对台文化工作的新思维。党和国家领导人的高度重视,成为两岸文化交流事业进步与发展的重要推动力。

(二)对台文化工作的基本历程和成绩

十六大以来,对台文化工作取得长足进展,推动了中华文化在海峡两岸的传承和创新,在两岸民众间架起心灵沟通的桥梁,在增进两岸相互了解、联系同胞情感、争取岛内民心方面发挥了无可替代的作用。

1. 行稳致远(2000—2008 年)

2000 年民进党上台执政后,一方面在岛内文化教育界推行所谓"台湾主体化"的"去中国化"政策,制造文化认同、民族认同的混乱;另一方面对两岸文化交流持否定和抵制态度,制定繁杂的审核手续,设置了诸多限制。面对这股"文化台独"逆流,我充分发挥中华五千年灿烂文化的凝聚力和感召力,以共同弘扬中华优秀文化传统为主线,以做好台湾人民工作为立足点,以反对和遏制"文化台独"为重点,积极主动地策划、组织、推动两岸文化交流与合作,努力架构两岸共同弘扬中华文化的桥梁。

2. 蓬勃兴盛(2008 年至今)

自 2008 年 5 月马英九上台以来,两岸关系出现了历史性转机。两岸在"九二共识"基础上恢复制度化协商,"大三通"格局逐步形成。两岸同胞对改善两岸关系、促进交流合作的愿望更加强烈,对两岸关系和平发展更加充满信心。两岸交流合作处在一个新的历史起点上。我积极搭建形式多样的两岸文化交流平台,大力推动文化入岛入脑入耳入心,推动两岸文化交流与合作全方位发展,努力构建对台文化交流新格局,一大批弘扬中华优秀文化传统、拉近两岸同胞心灵距离的文化项目在台湾产生很大反响,为两岸关系和平发展增添新的动力。

（1）提升层次，凝聚共识，推动两岸文化交流机制化、制度化建设。2010年9月，蔡武部长以中华文化联谊会名誉会长身份率团赴台访问并出席"两岸文化论坛"。论坛汇集了两岸文化界人士的真知灼见，达成八项共识，成果丰硕，使"两岸文化论坛"成为两岸各界人士交流互动的重要平台，成为反映民意、政策先导的重要平台。两岸媒体对蔡武部长访台高度重视，报道充分，岛内各界对访问评价正面、积极。蔡武部长此次台湾文化之旅，翻开了两岸文化交流的崭新篇章，在两岸交流史上具有里程碑的意义。我认真贯彻落实历届两岸经贸文化论坛"共同建议"及蔡武部长访台达成的八项共识成果，积极商讨与台湾签署两岸文化交流协议，推动两岸文化交流与合作迈上新台阶。

（2）举办各类综合性两岸文化交流活动，搭建两岸交流平台。自2001年起，中华文化联谊会连续成功举办"情系三峡""情系黄山""情系香格里拉""情系敦煌""情系中原""情系湖湘""情系长安""情系八桂"及"情系巴蜀"等大型两岸文化联谊活动，邀请台湾文化界、政界、新闻界、教育界等知名人士来大陆参访交流、增进同胞情谊。中华文化联谊会又先后与岛内有关机构合作，成功举办各种主题的"海峡两岸文化艺术节"如"海峡两岸歌仔戏艺术节""海峡两岸南音展演暨民间艺术节""海峡两岸民间艺术节""海峡两岸文化节暨京台文化周""相约北京2008——海峡两岸艺术周"等两岸文化艺术展示活动。成功赴台举办"守望精神家园——两岸非物质文化遗产月"以及"妈祖之光""客家之歌"综艺晚会等活动。两岸轮流举办的"两岸城市艺术节"（台北市—北京市/台北县—南京市/台北市—上海市）、"两岸汉字艺术节""华文戏剧节""海峡两岸文化交流论坛"等活动充满生机和活力，不断密切两岸文化联系。

（3）大力推动优秀传统文化、文物精品及当代艺术精品赴台交流，展示祖国大陆文化发展成就。"圆明园重现台湾——保利博物馆珍藏文物展""法门寺唐代文物展""黄金旺族——内蒙古博物院精品特展""英雄再起：大三国特展""接近天空的宝藏——西藏艺术大展""雍正——清世宗文物大展""文艺绍兴——南宋艺术与文化特展""山水合璧——黄公望与富春山居图特展"等集中反映中华民族灿烂文化的珍品展览令台湾同胞大开眼界,一饱眼福。齐白石作品大展、吴昌硕书画艺术回顾展、傅抱石百年大展、大陆当代陶艺展、海峡两岸当代艺术展等在台成功展出,为两岸民众介绍中华文化传统与当代之美。其中,2011年在台展出的"山水合璧——黄公望与富春山居图特展",备受两岸及海外的瞩目,成为两岸同胞共享中华文化瑰宝,共同弘扬中华优秀传统文化的一大盛事,规模空前,开创了赴台办展参观人数的最高纪录。

中央芭蕾舞团、中国京剧院、北京人艺、浙江小百花越剧团、上海昆剧团、中国残疾人艺术团、上海交响乐团、云南映象艺术团等一批批大陆优秀艺术团体相继成功赴台演出,"陕西民俗文化节""广西少数民族艺术节"等地方文化展演以精湛的艺术、浓郁的特色、无穷的魅力打动了台湾观众。福建闽剧、歌仔戏、南音、高甲戏等地方戏曲团体频频应邀赴岛内、金门和马祖交流,成为闽台文化交流的一道亮丽风景线。

(4)积极邀请台湾文化团体和文化界人士来大陆参加各类文化艺术活动,鼓励台湾文化艺术界人士到大陆发展。云门舞集、汉唐乐府、国光剧团、朱宗庆打击乐团、表演工作坊、台北新剧团等一批台湾著名艺术团体应邀来祖国大陆巡回演出,受到观众热烈欢迎。刘国松、李锡奇、欧豪年、李奇茂、陈其宽、江明贤、陈正雄、柯锡杰、黄光男、杨奉琛等台湾艺术家的展览足迹遍布祖国大江南北,赢得大陆文化界的广泛关注。

台湾文化界业者还以自己独特的方式在大陆广阔的市场上深耕。台湾画廊业者积极抢占大陆文化市场先机,台湾演艺人员和表演艺术团体不断开拓大陆商业演出市场,均已取得显著成果。文化部通过宏观指导、政策扶持等手段,努力为台湾文化艺术界人士来大陆发展文化事业提供更好的服务和更大的发展空间。

(5)两岸文化界携手合作,共同传承中华优秀文化。两岸文化界至今津津乐道的"两岸昆剧汇演""两岸戏曲大展""两岸小戏研讨及汇演"等两岸文化交流活动,为两岸文化界开展合作奠定了坚实的基础。进入新世纪以来,两岸开展共同创作、合作演出已蔚然成风。如台湾著名作家白先勇与苏州昆剧院共同打造了"青春版"昆剧《牡丹亭》并在海内外巡演,受到观众热烈欢迎。台湾文化界推出的新编昆剧《梁祝》《孟姜女》,结合了岛内京剧、昆剧两方面演员以及大陆昆曲界人士力量。台北表演工作坊与国家话剧院、香港话剧团联袂推出的经典话剧作品《暗恋桃花源》备受两岸文化界和媒体的关注,赢得大陆文化界的广泛关注。两岸合作的新编豫剧《台北知府》、新编歌仔戏《蝴蝶之恋》等更是备受两岸文化界和媒体关注。两岸图书馆、博物馆、美术馆以及艺术院校也广泛开展人员交流,交流经验、分享成果、深化合作,同样取得丰硕成果。北京故宫与台北故宫实现了首次院际互访,达成多项共识,开展人员交流、合作研究、联合办展等馆际交流,展开了历史性合作;中国美术馆与台湾美术馆建立互展机制,定期联合举办"海峡两岸当代艺术双年展"。

　　(6)面向台湾青少年,增进中华文化认同。自2004年起,文化部与宋庆龄基金会共同实施"大陆优秀青少年艺术团体台湾校园巡演计划",陆续选派江西、四川、山东、广东、福建、湖南、黑龙江、天津、陕西、广西等地以及中国戏曲学院的优秀青少年艺术团体深入台湾中小学校园或青少年活动场所巡回演出、联欢、交流。以艺术院校和艺术院团为依托,分批为台湾京剧、豫剧、民乐、昆曲、南音、歌仔戏等剧团培养人才。河南省近年来实施"两岸互派戏剧人才培训计划"取得显著成效。鼓励各地经常性利用寒暑假举办两岸文化夏令营或冬令营,有计划举办各种主题、多种形式的两岸青少年艺术交流活动,密切两岸青少年感情联系,增进台湾青少年对中华文化的认知和民族认同感。

　　积极鼓励两岸艺术院校建立校际、院际合作关系,推动中国戏曲学院与台湾戏曲学院结为姐妹院校,加强台湾地区大学院校艺文中心协会的工作联系,先后3次以中华文化联谊会名义邀请台湾地区大学院校艺文中心协会访问团到大陆访问,搭建两岸大学院校艺术交流平台。

(7)深化两岸文化产业合作,增强两岸文化产业的国际竞争力。两岸文化产业基于共同的中华文化母体基础之上,合作潜力巨大,前景非常广阔。我积极整合两岸文化产业资源,优化资源配置和布局结构,加强两岸文化产业合作,共同打造文化产业链。"海峡两岸(厦门)文化产业博览交易会""海峡工艺品博览会"已成为两岸文化产业合作的重要平台。台湾参展商还积极参与深圳文博会和北京文博会,借助展会平台拓展大陆及国际市场。自2010年起我每年组派大型产业团组赴台举办"海峡两岸文化创意产业博览交易会",推动大陆优秀文化产品入岛,推动两岸文化产业界的对接与合作。

近年来,两岸关系经历了一系列严峻的考验,呈现复杂多变的态势,但在两岸同胞的共同努力下,两岸文化艺术交流持续扩大,内容不断丰富,领域不断拓展;层次不断提高。据不完全统计,从2000年至2008年年底,经文化部同意的两岸文化交流项目为5千多项,5万多人次。而自2008年两岸关系步入和平发展新阶段后,两岸文化逐步形成大交流、大发展的新局面,仅2011年经文化部同意的两岸文化交流项目就近3千起,1万多人次,两岸文化交流活动已遍及文学、美术、音乐、戏剧、舞蹈、曲艺、杂技、文物、民俗、艺术教育、图书馆、文化行政、文化产业等各个领域,呈现全方位发展态势,成为两岸交流、交往各领域中最活跃、最令人瞩目、社会影响最大的方面之一。

两岸文化交流历程表明,两岸交流是人心所向,是不可阻挡的时代潮流。两岸文化交流与合作,大幅减少了两岸由于长期对峙隔离及民进党八年执政宣扬"台独"所造成的误解与误会,在两岸民众间架起心灵沟通的桥梁,加深了台湾民众对中华文化的理解、认同和热爱,推动了中华文化在海峡两岸的传承和创新,为两岸关系的和平发展作出了不可磨灭的贡献。

（三）对台文化工作的基本经验

十六大以来，文化部高举中国特色社会主义伟大旗帜，以邓小平理论和"三个代表"重要思想为指导，深入贯彻落实科学发展观，按照中央总体部署，围绕持续推进两岸关系和平发展这一主题开展对台文化工作，把贯彻寄希望于台湾人民的方针落到实处，积极进取，务求实效，推动两岸文化关系取得扎实深入发展，取得了有益的经验。

1. 必须强化政策支持

对台文化工作是一项政策性很强的工作。为贯彻中央对台工作方针政策，规范对台文化交流管理体制，保障对台文化工作有效实施，适应新形势下对台文化交流需要，文化部和国务院台办联合出台了《对台湾地区文化交流归口管理办法》《关于简化和规范对台文化交流项目审批程序的通知》等法规性文件，为推动对台文化交流给予政策支持。

2. 必须加强机制保障

工作机制是对台工作的抓手。在国务院台办指导下，文化部负责归口管理各地区、各部门的对台文化交流工作，并且建立起文化部集中统一与各省、直辖市、自治区文化厅（局）分级负责相结合的综合管理体制。1998 年，经国务院批准，文化部港澳台文化事务司与对外文化联络局合并，称为对外文化联络局（港澳台文化事务司）。2008 年，港澳台文化事务司更名为港澳台办公室。

中华文化联谊会作为文化部对台文化交流的窗口和阵地，长期与台湾各类文教基金会（协会）、文化经纪公司、艺术团体、艺术院校、文博机构等合作开展两岸交流活动，在岛内文化界累积了良好的声誉。

由文化部港澳台办进行归口管理、以中华文化联谊会为交流主体的对台文化工作格局，很好地贯彻了中央对台工作方针政策，规范了对台文化交流管理体制，保障了对台文化工作有效实施。

3. 必须突出阵地建设

阵地是开展对台文化工作的重要保障。2006 年文化部陆续将福建、上海、浙江、河南、江苏、厦门等 5 个省份设立为文化部对台文化交流基地,推动各基地发挥示范作用,积极打造对台文化交流品牌。2010年起将北京大学、上海交通大学、中国艺术研究院设立为两岸文化研究基地,开展课题研究,加强对台文化工作理论建设。

4. 必须加大统筹规划

自2010年起,文化部每年实施《对台文化交流重点项目规划》,加强对各地区、各部门对台文化交流重点项目的统筹规划,将地方对台文化交流项目纳入中央对台文化重点项目,使对台文化交流保持稳步良性的发展态势,形成对台文化工作一盘棋。

5. 必须注重平台搭建

经过多年打造,"情系"系列两岸文化联谊行、海峡两岸民间艺术节、两岸汉字艺术节、两岸城市艺术节、两岸非物质文化遗产月、海峡两岸(厦门)文化产业博览会、海峡两岸文化创意产业展、海峡两岸文化交流论坛等大型文化交流活动影响日益广泛,品牌效应形成,业已成为两岸文化交流与合作的重要平台,成为充分展示中华优秀传统文化的魅力和两岸同胞同根同源的历史传承的重要载体。

6. 必须发挥地方文化优势,推动各地区对台文化交流

积极支持福建、上海、浙江、河南、江苏、广西、陕西等对台文化交流重点地区发挥各自优势,创建"福建文化宝岛行""台湾·浙江文化节""海派文化艺术节"等有影响的地方品牌,加强工作针对性。

7. 必须推动两岸文化互动,密切两岸文化联系

有计划地邀请台湾文化艺术界人士、文化团体和机构负责人来大陆交流,大力推动大陆优秀文化艺术入岛,与台湾同胞共同分享中华优秀文化。

8. 必须注重积累工作资源和工作渠道

通过中华文化联谊会平台,与一大批岛内积极弘扬中华文化、乐于推动两岸文化交流的文化团体、文化机构和文化界人士建立了良好合作关系,壮大了全面推动两岸文化交流与合作的依靠力量。

全方位、多领域、深层次发展对外文化交流
中华文化的国际影响力不断扩大

　　进入新世纪以来,党中央把文化的地位和作用提高到了新的历史高度,为中华文化走出去提供了强大内在动力。十六大强调要"着眼于世界文化发展的前沿,发扬民族文化的优秀传统,汲取世界各民族的长处,在内容和形式上积极创新,不断增强中国特色社会主义文化的吸引力和感召力。"党的十七大强调要"加强对外文化交流,吸收各国优秀文明成果,增强中华文化国际影响力。"2010 年,中共中央政治局专门就深化文化体制改革问题进行集体学习,胡锦涛总书记发表重要讲话,指出"文化是民族凝聚力和创造力的重要源泉,是综合国力竞争的重要因素,是经济社会发展的重要支撑。"2011 年胡锦涛总书记在庆祝中国共产党成立 90 周年大会上的重要讲话中进一步指出"要着眼于推动中华文化走向世界,形成与我国国际地位相对称的文化软实力,提高中华文化国际影响力。"党的十七届六中全会对推动中华文化走向世界作出深刻阐述和全面部署,强调指出要"推动中华文化走向世界"和"积极吸收借鉴国外优秀文化成果"。这些重要论述和决策部署高屋建瓴,总揽全局,深化了对推动中华文化走向世界的战略意义的认识,为推动中华文化更好地走向世界指明了方向、规划战略蓝图、提供了强大的精神动力。

　　十年来,广大对外文化工作战线的同志们,在党中央、国务院的领导下,在文化部党组的部署下,积极探索、扎实实践,以全面贯彻落实科

学发展观为主题,借助国家政治、经济、社会和文化发展的强劲东风,广泛吸收借鉴世界先进文明成果,积极推动中华文化走向世界,不断促进和提升中华文化在国际上的亲和力、竞争力与影响力,对外文化工作稳步发展、成效显著,我国对外文化交流事业持续迸发出勃勃生机与活力,迎来了新中国成立以来最好的发展时期,取得了丰硕成果。

一、十六大以来对外文化工作的发展历程和特点

文化是沟通人与人心灵和情感的桥梁,是国与国加深理解和信任的纽带。作为中国独立自主和平外交的重要组成部分,党的十六大以来,对外文化工作坚持以增进国外民众对中国的理解、沟通民众的感情为目的,在文化交流中互相学习借鉴,在合作中共促和平发展,努力向世界真诚、真实地展示一个既古老又现代的中国,一个有着悠久历史和灿烂文化,同时又充满活力、开放自信的中国,一个文明进步、倡导建设和谐世界的中国。对外文化工作十年来的发展轨迹,生动地诠释和记录着对外文化交流事业领域不断拓展、规模不断扩大、方式不断多样、内涵不断深化的发展历程,体现出了一条内在的科学发展之路。

(一)十六大以后,对外文化步入快速发展期

2001 年,中国加入世贸组织后,与国际社会的互动更加频繁,对外文化工作也随着中国的进一步开放而走上了新的发展道路,中华文化走出去的幅度和力度逐渐加大。在十六大精神的指引下,通过深入学习实践科学发展观,我国对外文化工作开始步入加速发展的轨道,无论是活动项目和数量、活动覆盖的国家和地区以及活动本身的规模,都较以前有了大幅提高,呈现出新的发展特点。

这一期间,对外文化工作开始注重"中央和地方"、"前方和后方"的协调配合。作为对外文化工作的重要思路,文化部明确提出,"要坚持以中央为指导,地方为生力军,驻外使领馆和海外中国文化中心为前

方阵地,树立全国一盘棋的意识。"我们调动和利用好全国各地的积极性和文化资源,推动中央和地方的文化资源整合,同时,与驻外文化机构加强信息沟通与平台共享,在全球110多个国家积极主动开展各类文化活动,与中国开展文化往来的国家在数量上有了新的突破,覆盖面更加广泛。

这一期间,通过增加政府投入,调动社会各界资源,主动在海外举办综合性大型文化展示项目,集中推动中华文化"走出去"。文化部以"统筹规划,整合资源,集中力量办大事"为思路,实践和完善了"政府主导、社会参与、多种方式运作"的机制,举办涉及面广、影响力强的大型对外文化活动,实现了文学、艺术、教育、科技、体育、影视、出版、文物、民族、旅游等各个领域的资源整合和从中央到地方的资金整合,策划和组织了"中法文化年"、"中俄国家年"框架内中国文化节,"中国文化美国行"、美国"中国文化节"、日本"中国文化节"、"中华文化非洲行"、"荷兰阿姆斯特丹中国文化节"、"澳大利亚中国文化节"、"中日文化体育交流年"、"中韩交流年"、"中国加拿大手拉手"、"泰国中国文化年"、"尼泊尔中国文化节"、"中国成都国际非物质文化遗产节"等一系列重大活动,开拓了向世界推广中国文化大型文化交流活动的新途径。特别是中国与法国联合互办的"中法文化年",首次开创性地通过举办国家层级的文化节开展对外文化交流。这一模式的成功引起广泛的连锁效应,此后,欧洲多国、美国、印度、澳大利亚等国也陆续提出与我国互办国家"文化年(节)"的意愿,通过集中举办综合性的大型文化交流活动,向对象国全面介绍本国文化历史与发展成就,为深入增进人民间彼此了解开创了新的交流平台和活动模式。

这一期间,对外文化工作的"品牌建设"思路开始萌芽。除了"文化节"活动外,2001年起,以中华民族传统节日——春节为主题的文化外宣推介活动成为每年对外文化工作的重点项目。面向海外社会主流群体,打造中国"春节品牌",以演艺、展览、巡游等多种表现形式,与海外各地华人华侨社团一年一度的"春节"欢庆活动形成良好互动,迈出了中国春节文化全球化推广的第一步。继"春节品牌"推介活动之后，"亚洲艺术节"、"相约北京"联欢活动、"中国吴桥国际杂技艺术节"、"中国上海国际艺术节"、"北京国际音乐节"、"南宁国际民歌艺术节"、"中国吴桥国际杂技艺术节"、"中国国际钢琴比赛"、"中国国际小提琴比赛"、"中国国际声乐比赛"、"中国国际合唱节"、"深圳文化博览会"等一系列优质文化品牌活动开始涌现，并通过坚持不懈的经营，逐步树立起了品牌影响，提高了活动的整体性和知名度，推动对外文化工作不断向品牌化方向发展。

（二）十七大以来，对外文化工作步入科学发展的轨道

党的十七大吹响了文化大发展大繁荣的号角。特别是十七届六中全会，从全局视角和战略高度，将文化建设提到了空前重要的位置。与此同时，随着经济全球化程度不断加深，越来越多的国家把提高文化软实力作为各自发展战略的重要内容，文化实力与政治、经济、安全实力一道共同构成了国家的综合竞争力。构建与我国际地位相适应的综合实力，尽快提升国家的文化影响力与感召力，不断增强我国文化软实力，推动文化大发展大繁荣，建设文化强国，成为新时期对外文化工作的重要目标。

十七大以来，对外文化工作以科学发展观为统领，以发展为主线，以统筹为抓手，以促进对外文化工作全面、协调、可持续为目标，一以贯之、前后承接、层层递进，先后从理论和实践上总结了新时期工作成果和经验，凝聚了共识，构建了对外文化工作四大统筹协调机制，制订了对外文化工作"十二五"发展蓝图，提出了树立文化中国形象、中国文化中心建设、文化贸易促进和港澳台中华文化传承等"四大工程"，明确了促进新时期对外文化工作持续繁荣发展的新思路，初步形成了促进对外文化工作科学发展主要脉络和实施路径，将对外文化工作推进到了一个新的发展阶段。对外文化工作进入了良性发展轨道，呈现以下新的特点：

从数量规模向质量内涵、从"做大做强"到"精品工程"的进一步深化。随着对外文化交流数量和规模的扩大，海外民众对中华文化的认知不断加深，对中华文化"走出去"项目的质量与水平提出了更高要求。五年来，通过打造对外文化交流的"精品工程"，推出高品质的文化项目，对外文化品牌建设更趋成熟，确保了文化交流水平与层次的进一步提升。《大红灯笼》、《时空之旅》等一大批优秀剧目在海外获得积极反响。在中央领导同志的关心与支持下，"春节品牌"自 2010 年起正式更名为"欢乐春节"。通过文化部与兄弟部委的联手、与全国地方省市的协作、与驻外各使领馆及海外中国文化中心的配合，国内外合力打造的"欢乐春节"活动规模不断扩大，内容更加丰富、水平逐年提高，影响日渐深远，已发展成为我对外文化交流的靓丽品牌。此外，"相约北京"联欢活动、"亚洲艺术节"、"中非文化聚焦"等长效化文化交流项目在发展过程中逐渐成熟，其内涵不断延伸，规模日益扩大，形式更加多样，精品化、品牌化的发展取得显著成果。

从以官方交流活动为主向逐步侧重以民间、商业"走出去"的进一步平衡。十七大以来，李长春同志提出了对外文化工作要"两条腿走路"的论述，要求文化交流"在继续推动政府间文化交流的同时，应积极探索市场化、商业化、产业化的运作方式，以企业为主体推动更多的文化产品走出去"。刘云山同志就文化产品和服务出口发表重要讲话时，提出"三个统筹：统筹国内国际两个市场，统筹对外文化交流与对外文化贸易，统筹扩大出口规模与调整出口结构"的论述。文化部适时提出了坚持公益性对外文化交流与经营性对外文化贸易"双轮驱动"的发展理念，坚持"两条腿走路"，协调发展，加大了对外文化贸易的扶持力度，鼓励和推动国内优秀文化企业和艺术作品到海外开展商业性演出和展览，涌现出了一批贸易精品和初具竞争力的文化企业，使对外文化工作实施主体更加多元，传播渠道更为多样。

从强调多种形式、丰富内容向注重思想内涵、追求长远效果的进一步转变。进入新时期，对外文化工作不仅需要扩大其影响面，既要做到

"走出去",更关键的是要做到"走进去",让影响与效果深入人心。随着不同国度、不同地区、不同民族之间的跨文化交流与传播日益频繁,要求我们不只单纯注意对外输出,同时也要注重中华文化在对外传播时的成效,文化影响不仅要"入眼入耳",更要"入脑入心"。这一时期的对外文化交流活动中,除了传统的演艺、展览、影视、体育、旅游等传统领域外,我们还通过召开国际文化论坛、中外名人对话等形式,加强了中外之间在思想文化、社会科学等深层次领域的交流,让中外精英群体通过思想文化的交流、交锋与交融,增信释疑,加深彼此客观认知,引导社会舆论,传达中华文化价值理念,营造于我友好有利的外部环境。

从参与主体众多、多头对外,向构建机制、形成合力、协调发展的进一步完善。长期以来,由于执行对外文化交流的职能部门较多,缺乏统筹协调与整体规划,各参与主体分别对外开展活动,造成部门间缺乏沟通、项目相互撞车等不良现象。十七大以来,对外文化工作更加注重处理好国内与国外、中央与地方、交流与贸易、传统与当代、民族与世界等"五大关系",自 2009 年起,陆续建立了"部际"、"部直"、"部省(区、市)"和"前后方"等四大工作机制,将零散的、各自为战的工作模式,以机制化和制度化的方式加以整合和规范,逐步构建起"全国内外一盘棋"的工作体系,使工作模式更加系统化、科学化。与此同时,传统的中外文化合作机制向更高层次进一步发展,出现了中俄、中美、中欧、中阿、中非、上合、中英、中德等双边、多边人文合作机制,文化交流项目数量大增,政府交流项目也突破了传统演展项目的局限,深化了内涵,出现了部长论坛、文化政策圆桌会议、艺术家、作家客座创作等向深层次交流发展的趋势。从中央到地方,从政府到民间,规模和范围空前扩大,内容和形式日益丰富,渠道和层次更加多样,对外文化交流大格局初步形成。

二、十六大以来对外文化工作建设的突出成就

十六大以来,对外文化交流日益成为继政治、经济之外的第三根重要外交支柱。文化交流服务国家外交大局和国内文化建设的优势得到充分发挥,文化外交特色和魅力日益显现。加强与国际组织和区域性组织的合作,在国际多边舞台增强中国文化的影响力。积极参与并组织大型国际文化会议,宣传我国和平、发展、合作的对外方针,倡导文化多样性。积极参与国际文化公约的缔约和立法,维护国家文化主权。通过在海外举办各类大型综合性文化展示活动,主动传播我国当代文化和优秀传统文化,彰显了我国文化价值观上的独立性和自主性,对外文化工作取得了突出的成就。

(一)对外文化工作认识不断深化,发展理念日趋系统明确,中国特色文化外交发展道路逐渐明晰

正确的思想认识能确保对外文化工作的发展方向,成熟的发展理念能推动对外文化工作的有序开展。十六大以来,随着文化在国家整体战略格局中的地位和作用不断上升,有关文化发展的理念和认识也不断深化,对对外文化工作在新时期的地位和作用、认识和理念等也随之不断深入发展。对外文化工作不断顺应国家战略发展、顺应国内文化发展和国外了解中国文化的需求,顺应国际多元文化理论思潮,大胆探索实践,不断调整工作思路,坚持将对外文化工作与国内社会文化建设相结合、坚持弘扬中华文化与广泛吸收世界优秀文化成果相结合、坚持将自主推动中华文化走出去与借助外力推广中华文化相结合、坚持将民族精神和特色与国际表达相结合、坚持将文化交流与文化贸易相结合,走出了一条具有中国特色、符合国情、民情和世情的文化外交之路。

1. 对外文化工作认识不断深化

十六大尤其是十七大以来,党和政府认识到,对外文化工作在新时期的国家战略中有着重要地位和显著作用,对文化发展的重视程度逐渐增强,并将其提高到国家战略的高度。首先,从建设文化强国来讲,对外文化工作能有助于国内了解国外文化状况,在政策方向、产业发展、企业管理、院团建设等方面,积极借鉴吸收外国先进理念和经验,取长补短,不断提升我国文化发展水平;其次,从整体外交战略来讲,随着文化"软实力"概念被各国普遍接收,并将文化外交纳入外交战略,通过文化艺术等人性化的方式,可以更有效地影响受众,达到公共外交目的。目前,文化已成为与政治、经济并驾齐驱的外交三大手段,不仅为政治、经济外交的开展提供便利,同时也可弥补政治、经济外交中的真空,在整体外交中有着不可或缺的作用;最后,从文化工作范畴来看,对外文化工作并不局限于形式内容单一的浅层沟通,更重要的是不同国家人民心灵间的深层交流。正因为这种丰富的情感和思想的交流,才能不断增进中外人民之间的文化互信,增进人民之间的相互了解,才能为国家关系的正常发展打下坚实的基础。

2. 发展理念日趋系统明确

随着对新形势下工作实践的不断深入,"以人为本"和"科学发展观"的理念在对外文化工作中得到进一步贯彻,对规律认识和把握进一步加强,较为系统的对外文化工作理念初步形成。十七届六中全会以来,在认真分析新时期对外文化工作的发展形势、任务和特性的基础上,提出了对外文化工作必须加强"制度化管理、机制化建设、品牌化发展和系统化运作"的"四化"建设目标,较为系统地阐述了对外文化工作实现科学发展的主要理念和发展途径。

在发展战略上,提出了坚持统筹国内国外两个大局,加强中央和地方的两方整合,将维护世界文化多样性与加强文化间的对话和共享相结合,将提升中华文化竞争力与吸收借鉴世界优秀文化成果相结合,内外兼修,增强文化软实力,构建和谐世界。

在发展目的上,提出要进一步明确科学发展观中的"以人为本",以做人的工作为出发点和落脚点,既要不断满足国内民众学习借鉴国外优秀文化的需求,还要不断满足国外民众了解和学习中国文化的需求。

在发展思路上,提出对外文化"走出去"与"请进来"并重、政府与民间并举、官方与企业共进,公益性文化交流与经营性文化贸易并行的思路。

在发展格局上,提出要进一步完善政府主导,社会和民间广泛参与的工作机制,加大政府各部门、中央和地方、国内与国外、政府和民间、官方和企业的统筹协调,构建全方位、宽领域、深层次、多渠道的对外文化工作大格局。

在管理方式上,提出要进一步适应对外文化交流发展新趋势,转变政府职能,加快"管""办"分离,实现由"办"向"管"的转变,管理与服务并重。

在发展动力上,提出坚持以创新求发展,更加注重学习国外的先进经验,增强中国文化产品在国际市场的适应性和针对性;更加注重国际合作,以外带内;更加注重创新工作方式和传播手段,更多运用高新科技,提高文化生产力与创造力,增强对外文化宣传的实效;更加注重培育文化产业和贸易发展环境,增加文化企业的数量和水平,促进文化产品出口,逐渐探索通过文化贸易推动对外文化工作的新路子。

(二)中央领导高度重视,亲历亲为参与对外文化交流,对外文化工作与国家重大外交部署形成呼应

最近十年,文化与国家重大国事活动密切配合,相得益彰,先后配合党和国家领导人重要出访以及外国元首访华,精心策划和组织实施文化外事活动 60 多起,借助高端外交平台,充分展示中华文化魅力。特别是近年来,中央领导对涉外文化交流批示件逐年上升,从 2009 年起已经超过 100 条,批示从宏观到微观,从总体对外战略思想到具体工

作要求,高屋建瓴、细致入微,指明了工作的方向。除批示外,中央领导亲自出席双边、多边和国际等场合的重大对外文化活动,亲身视察海外中国文化中心的建设,为文化中心的设立揭牌并作出具体指示,深化了文化交流活动的意义,拉近了外国公众对中华文化的距离,扩大了中华文化的国际影响力,也极大鼓舞了对外文化工作队伍的士气。中央领导对对外文化工作的重视,是与对内建设政治、经济、文化、社会等四位一体的和谐社会,对外通过政治外交、经济外交、文化外交、公共外交等手段推动和谐世界建设相一致的。

2005 年在英国访问的胡锦涛主席和夫人与英国伊丽莎白女王夫妇共同为"盛世华章"——故宫文物展览剪彩。2006 年俄罗斯年开幕式暨庆祝演出在人民大会堂隆重举行,中国国家主席胡锦涛和俄罗斯总统普京出席了开幕式并致辞。2007 年,为配合胡锦涛主席出访非洲 8 国,中喀艺术家在我国援建的雅温得会议大厅举行规模盛大的"中国——喀麦隆联欢会",当地媒体将这场"不同文明之间的对话"的活动给予了积极评价。2010 年,首届"中欧文化高峰论坛"温家宝总理和欧盟委员会主席巴罗佐出席开幕式并发表重要演讲。来自中欧思想文化界的 26 位知名学者参加了论坛,对中欧思想进行了广泛而深入的讨论;同年,温家宝总理出席意大利"中国文化年"开幕式暨纪念中意建交 40 周年音乐会。2011 年温家宝总理出席中日韩音乐演奏会、中日韩传统工艺品展、"中日合办影视周、动漫节—日本影视周、动漫节"启动仪式、会见日本流行音乐组合 SMAP 等文化活动。一系列丰富多彩又寓意深刻的文化外交活动给中国领导人的访问增添了亮色,也使独具魅力的中华文化在高层外交舞台上绽放了异彩。

(三)创新交流方式,拓宽交流领域,服务国家大局,文化在整体对外交流中的作用与影响日益彰显

十六大以来,对外文化工作紧密配合国家整体外交战略,积极探索、创新实践,通过长效稳定的文化关系和高规格有影响的文化活动,综合运用视觉艺术、表演艺术、影视、文学、思想交流等多种形式,提升了与国外的政治关系,促进了国际经济往来,增强民众间的互信,探索出了以"文促政经、以政经通文"的发展路径,文化交流方兴未艾,成效日益凸显,逐渐成为中国整体对外关系新的发展动力。

进一步巩固和扩大了对外文化关系。与 149 个国家签署《中外文化交流合作协定》,与 97 个国家签订并执行 480 多个《中外文化交流合作执行计划》,通过成功举办"中法文化年"、中意、中西、中德文化年、"中日文化体育交流年"、"美国中国文化系列活动"、"俄罗斯中国年"、"欧罗巴利亚中国文化节"、中德、中澳、中土互办"文化年"等 76 次国家级大型文化交流活动,深化了双边文化关系内涵。

夯实和加强双边和多边文化交流合作机制。推动中美、中英、中欧高级别人文交流机制的建立,深化了中俄、中日、中德等 10 多个双边文化磋商机制,促进了与中阿、中非以及对欧盟、东盟、上合组织等区域性多边合作机制下的人文交流,为民间交流提供了平台,为两国艺术、文化、教育、青年的全方位交流提供了渠道。

创新交流方式,拓宽交流领域。利用新媒体等现代传播手段,推动中华文化更多以商业方式走出去,优化文化市场环境,培养优秀的文化企业,扩大文化产品的出口,加强对 20 多个发展中国家的文化援助工作,加强面向青少年群体、面向草根阶层的文化往来,推动中外文化机构之间的交流与合作。

积极参与区域文化合作,参与并制定国际文化多边规则,文化话语权不断提升。通过国际文化多边合作,不断深化与政府间国际组织、联合国教科文组织的交流与合作,参与制定国际文化规则,签署《保护文化公约》、《非遗公约》;通过参与和举办"亚太地区文化多样性部长级论坛"、上海合作组织文化部长会晤、中非合作论坛—文化部长论坛、中国—东盟文化部长会议暨东盟—中日韩文化部长会议等多边文化活动,促进文化睦邻和国际文化领域的南南合作,提升发展中国家的文化话语权和决策权,在国际舞台上树立中国负责任的大国形象,巩固并提升中国的文化话语权。

（四）统筹整合国内国外两个大局、两种资源，调动中央和地方积极性，服务国内文化建设，促进社会主义文化不断繁荣发展

科学地做好对外文化交流工作，必须了解国内文化动态和发展现状，也需要了解国外文化艺术的发展态势，充分利用各自优势资源，寻找中外文化交流的最佳契合点，搭建有效的文化交流平台，引进国外优秀文化成果。从促进文化产业和文化事业的发展入手，从转换文化资源为文化产品为切入点，立足服务和促进国内文化建设，使对外文化日渐成为推动"文化强省"、"文化强市"建设的内在动力，丰富当代中华的表现力和创造力，推动建设社会主义文化强国。

对外文化工作日渐成为全国促进文化事业繁荣、推动经济快速发展的一项重要内容。十六大以来，全国地方更为主动地将对外文化工作与地方经济社会建设和改革开放相结合、与地方文化发展战略相结合，与公共文化服务建设、文化产业发展和文化艺术生产相结合。在十七大、特别是六中全会精神的鼓舞下，全国已有 20 多个省、自治区、直辖市提出了建设"文化强省"、"文化强市"的发展目标，地方对外文化工作取得新的进展。从 2004 年起，"亚洲艺术节"委托地方省会尤其是二线城市轮流举办，极大地扩大了地方开展对外交流的能力建设。在文化部统筹部署下，由文化部联合地方举办的"中国上海国际艺术节"、"相约北京"联欢活动、"亚洲艺术节"等国际性文化艺术节 30 多个，深圳文博会、北京文化创意博览会等一批国际性文化产业展会崭露头角。北京奥运会、上海世博会和广州亚运会期间举办的国际性文化活动高达数千起。2010 年，第一届"中国文化产品国际营销年会"的演艺年会委托中国演艺家协会承办，大大地缩短了中国演艺领域与国际同行有效对接的过程。

全方位的对外文化交流带动了全国各地文化走出去。全方位的对外文化活动吸引了国内上亿中外民众参与，扩大了中外文化交流的领域、范围与规模,有力地促进了地方经济社会发展和文化繁荣,提升了地方知名度,成功地塑造了文化中国新形象,一些具有品牌影响的国际文化活动已经成为地方社会发展的新亮点、新动力,一些文化企业已经走出国门,利用优秀的中国文化产品和逐渐成熟的商业途径,影响着海外民众的对中国文化的认知。企业和个人在国家产业发展和优惠政策的鼓励下,积极投资文化产业发展,开拓文化产业业务,延伸和拓展经营范围,在网络游戏、电影、动画、艺术品收藏等领域取得了长足的进步,在某些领域获得了突出的发展。

一批优秀文化企业广泛参与对外文化交流,文化产业不断发展壮大。全国 30 多个省市、自治区和近百个城市的几百家机构和企业通过参与文化交流,在"走出去"中扩大影响,在"请进来"中丰富自我,不仅在具体操作层面学习借鉴其优秀文化产业的管理经验、成熟的市场营销理念和方法,还在宏观管理层面了解其国家文化战略定位、政府产业扶持优惠政策。结合国内文化产业的发展趋势,在影视、网游、动漫、演艺等市场积极引入优秀文化产品,丰富群众文化艺术生活,加强艺术家之间的交流,开展艺术大师班、培训班,提高国内艺术文化水平和创作质量;搭建平台,创造机会,通过文化博览会、演出交易会、动漫展和文化产品展览会等促进文化产业和文化企业之间的沟通交流,促进商业模式的更新。2009 年以来,举办了数十起各类国际性文化产业博览会、展会和交易会,搭建了文化贸易平台。仅"上海国际艺术节"期间就有 30 个国家和国内 20 个省市的机构及企业通过举办交易会的方式,达成合作意向 400 多项。

(五)中华文化"走出去"与"请进来"的多元格局基本形成,品牌效应日益突显,文化贸易数额不断扩大

坚持文化"走出去"和"请进来"并重是十六大以来对外文化工作的基本方针,通过双向的中外文化交流、互动与互鉴,学习借鉴新鲜经验,促进政府、社会、民间和企业广泛参与文化交流,带动国内文化事业

和产业发展、升级,不断提升文化走出去的能力,通过打造品牌,提升中华文化产品的国际影响力和竞争力。新时期,我们在全球打造各类文化交流品牌,举办"中国文化年"、"中国文化(艺术)节""欢乐春节"、"中非文化聚焦"、"亚洲艺术节"、"阿拉伯艺术节"以及在国内举办的"中国上海国际艺术节"、"吴桥国际杂技艺术节"、"成都国际非物质文化遗产节"等大规模文化交流活动 80 多起,以节庆、展览、影视、新媒体等多种方式,积极开展文化外宣主题活动,打造了一批知名国际文化交流品牌,覆盖世界 140 多个国家和地区,吸引数千万海外民众和华人华侨参与,获得了国内外民众的广泛认可,文化辐射力和影响力不断扩大。品牌化的发展道路,成为对外文化工作面向社会、遵循文化发展规律,适应市场,逐渐走向可持续发展的重要标志。

走出去主体更加多元、覆盖范围更广。十六大以来,通过积极倡导"以政府为主导、民间为主体,市场化运作为主要方式"的交流方针,坚持品牌化发展方向,广泛调动政府、社会、民间、企业和个人参与对外文化交流的积极性,对外文化交流的主体更加多元,内容更加丰富,形式更加多样,效果更加显著。此间,国内各类社会团体、企业和个人参与对外文化工作的热情不断高涨,有初步统计,社会、民间层面的对外文化交流规模日渐增大,数量上已经超过官方交流项目,约占交流总量的60%,文化交流日益成为中国与外界沟通联系的重要桥梁。一些发达地区不断增强"走出去"的自主意识,尝试在海外开办文化机构,将宣传地方文化和扩大经贸交流相结合,海外各类中医养生、武术健身、汉语教学机构在海外如雨后春笋不断涌现,中华文化"走出去"渠道更加多样,覆盖面更加广泛。

品牌活动成效显著。"中法文化年"吸引国内 17 个部委和全国性人民团体、中法 47 对友好省市以及两国 50 多家一流企业不同程度地参与其中,达成项目 700 多个,使中法十几个城市、上百万民众有机会近距离了解彼此文化。活动不仅大大促进了双方的文化交流,还对欧洲其他国家产生了示范和连锁效应,带动了新一轮文化交流热。2004

年后,美国、意大利、西班牙、德国、希腊、英国、澳大利亚等纷纷与我国合作举办"文化年"或"文化节",掀起了中国文化热。美国中国文化节有近40万观众参与了这场迄今为止中国表演艺术在美国规模最大的一次展示活动。"非洲主题年"活动历时7个月,覆盖了非洲大陆的22个国家和地区。"中非文化聚焦"长年不间断介绍中非文化,促进了双方文化共享,成为中非文化交流的重要平台和桥梁。阿拉伯16国派出50多名政府代表,300多名艺术家来华参加"阿拉伯艺术节"。荷兰中国文化节引起了荷兰94家报纸、杂志刊发了270多篇报道。在中俄"国家年"、"语言年"期间双方共同举办了800多项活动,在俄各地不断掀起"中国文化热"、"汉语热"、"武术热"的高潮。在"欧罗巴利亚中国艺术节"上组织了近50个展览和涉及众多领域的约500场活动,充分发挥了对外文化交流的独特功效,为我国对外交往营造了良好的国际氛围,为巩固和增强我国与外国的双边和多边关系起到了重要的推动和促进作用。

文化贸易政策、服务得力,一批优质外向型文化企业不断发展壮大。借助国内文化产业发展的东风,文化贸易慢慢走向前台。从2003年起,文化部就设立了通过商业渠道推动中华文化走出去的部门,陆续出台了一系列扶持、鼓励文化企事业单位发展外向型文化产品,通过商业渠道走向世界的政策措施。2010年,文化部出台《推动文化产品和服务走向世界的总体规划》,为"十二五"期间文化部在文化贸易信息服务、企业扶持、精品推广、平台搭建等方面进行了政策设计,为加大这方面的工作力度奠定了基础。2011年以来,我们逐项落实上述总体规划的任务,每年编发有助于国内文化产业与国外同行对接的最新信息,有针对性地推动文化企业及产品的国外推广和试水,分业态、分层次、分区域地搭建国内外同行之间交流互鉴的平台。我们创立了"中国文化产品国际营销年会",在上海和北京先后设立了国际文化贸易基地,根据"走出去"文化企业的需求和特点提供跨区域、跨领域、跨行业的服务,更好地发挥国内文化企业优势,推动更多中华优秀文化产品和服务走向世界。

此间,越来越多的中华文化精品以商业渠道走出国门,文化产品在国际市场的份额和影响不断扩大,一批具有广泛影响力的国际文化产品交易平台逐步建立起来,一批具有一定国际竞争力的外向型文化企业不断发展壮大,迈出了开展国际合作、进军海外市场的坚实步伐,贸易额显著提升。据统计,自 2007 年上海巨人网络技术有限公司在美国纽约交易所成功上市以来,目前我国已有 50 家左右各种经营模式的互联网企业分别在美国和中国香港、内地上市,网络文化产业的发展在规模化、集约化、专业化等方面水平进一步提高,网络文化繁荣发展的良好局面逐渐形成。2009 年天创国际演艺制作交流有限公司原创品牌剧目《功夫传奇》在英国伦敦大剧院的 28 场商业演出,成为首家从银行筹资的舞台剧创作公司。截至 2011 年底,《功夫传奇》国内外演出已突破 5000 场,其中,在海外驻、巡演 1159 场。2009 年,天创国际成功在美国第三大演艺中心——密苏里布兰森市购买了白宫剧场,并进行驻场演出,开创了中国文化企业在国外拥有自己演出剧场的先河,被视为中国文化企业积极参与国际演艺市场竞争的一个里程碑。湖南山猫卡通有限公司积极与相关国家企业开展合作,不断提高动漫产品销售额,截至 2011 年底,累计出口创汇超过 3500 万美元,新开拓的市场有澳大利亚等 9 个国家,新产品包括大型玩具、木制拼图、家用地垫等。2012 年 5 月,大连万达集团与全球第二大院线集团 AMC 签署并购协议,总交易金额高达 26 亿美元,将成为全球规模最大的电影院线运营商。

(六)海外文化阵地建设布局不断完善,海外中国文化中心常态化传播中华文化初显成效

文化部主导的海外中国文化中心建设得到快速发展,文化中心与孔子学院、新华社、中央电视台、国际广播电台等海外中资机构及广播电视网络的战略布局不断完善,数量快速增加,在推动中华文化走出去

的格局中，相互借力，资源共享，战略协作水平不断提升，共同完善文化走出去阵地和平台的系统化构建，进一步扩大了中国文化对外传播网络的全球覆盖，有力促进了阵地化、常态化弘扬和传播中华文化，为文化走出去提供基本保障，建立了长久阵地和平台。

中央领导高度重视，中心建设列入国家规划。十六大以来，胡锦涛等中央领导同志或见证中外互设文化中心的签约，或亲自到海外文化中心视察工作并作出重要指示达57次，体现了中央领导对于海外中国文化中心建设工作的重视与关心，加强海外中国文化中心建设已经写入党的十七届六中全会决定，列入国家"十二五"时期文化改革发展规划纲要，文化中心建设步入新的发展阶段。海外中国文化中心新一轮的建设，也是从2002年开始的。2001年前只有我国在外单设文化中心，2002年开始与外国互设文化中心，实现了跨越式发展。文化中心有四个特点：一是内容上大文化，二是活动常态化不间断，三是权威背景，四是亲民色彩。这四个特点，符合人们在接受外来文化的多样化、常态化、信权威、趋便利的需求，是在以人为本宗旨下进行设计的。

中心建设方兴未艾，服务日趋规范。目前，中国在海外正式运营的文化中心有9个，其中，十六大以来建成7个，在建10个，与27个国家签署了成立文化中心的协定、备忘录或声明，另有36个驻外使领馆正式提出积极考虑在其驻在国建立中心，42个国家主动表达了邀请中国建立文化中心的意向。国家"十二五"规划还明确提出要将海外中国文化中心建设成为统筹宣传文化系统与地方文化资源，布局合理、功能多样、内容丰富的中华文化海外展示、体验并举的综合平台。

近十年来，海外文化中心系统、全面、有计划地开展"大文化"领域交流活动，将自办与国内省区市合作共建等多种方式相结合，举办各类文化活动近5000多起，驻在国部级以上政要出席中心活动约500余起。2011年，上海、福建、青海、内蒙、河南、陕西、天津等地通过与中心开展年度对口合作，举办近百场活动，吸引海外民众6万多人次，使地方得以年度为单位集中对一个国家开展工作，深受地方欢迎。2012

年,北京、重庆、江苏、湖北、广东、广西、黑龙江、宁夏、四川、浙江、云南等地也启动了对口合作,进一步强化了部省合作机制,通过与文化中心的合作搭建了稳定、便利的工作平台,使地方对外文化工作形成了长效工作模式。

(七)文明对话和思想文化交流日趋活跃,中华文化独特魅力和价值观获得广泛响应,"文化中国"形象日益丰满

当今,不同文明的对话和思想文化交流已成为时代的主流,是增进人民互信、促进文明融合的重要手段。加大文化思想领域的国际对话与交流是十六大以来文化交流最突出的内容和特点。通过与欧美、周边和广大发展中国家文化管理部门的合作,成功举办了近百场不同层级的文化高峰论坛与文化对话会议,广泛开展文明对话,倡导文化多样性,宣介中华文化艺术精粹,交流文化发展经验,积极宣传当代中国和平发展、对内构建和谐社会、对外推动构建和谐世界的发展理念和伟大实践,让世界了解了中国文化价值观和文化艺术的独特魅力,得到了世界的广泛认可,"文化中国"形象日益丰满。

在国际文化领域提高话语权,事关能否影响和决定文化议题,事关中国的文化软实力。2006年年底,我国加入了《保护和促进文化表现形式多样性公约》(迄今有99个缔约国),也是该国际公约的创始委员国。2009年6月,在巴黎举行的第二届缔约国大会上,我国参与制订的文化多样性公约系列文件被大会审批通过,我国顺利竞选连任委员会委员国,我们将持续发挥应有的影响力。这个事例说明思想和观念交流、交锋、交融的重要性。近年来我们在这方面的力度明显加强,例如部长级的各类高端论坛、圆桌会议、专家学者之间的研讨会等。

在国际重大场合,积极宣讲我国文化理念。2005年在美国举办中国文化节之际,时任文化部部长孙家正在美发表讲话。他强调,坚持以人为本的科学发展观,倡导以和为贵的人文精神,是当代中国文化的战略选择,凝聚着当代中国文化和中国人的追求和梦想。2011年,蔡武部长访问以色列和美国期间,发表了以《中国文化与中国和平发展》为主题的演讲,以中国和谐文化理念为切入点,阐述了中国对内构建和谐社会,对外推动构建和谐世界的和平发展道路。他指出,中国人对和平发展的坚守,源于中国文化中的和谐理念和价值追求,中国人信守"以和为贵"的处世理念。中国是世界和平发展的推动者和受益者。今天的中国仍然奉行防御性国防政策,不会走历史上一些国家"国强必霸"的老路。将来中国发展了,实力增强了,也绝不会以大压小,以富欺贫、倚强凌弱,因为它最为中国文化所唾弃。文化能够沟通人类心灵,各种文明和文化特点不同,没有高低优劣之分。人们应该学会欣赏他民族文化之美,在相互尊重的基础上,交流借鉴。

充分利用中外区域性合作框架,广泛开展文化对话,提升文化话语权。借助亚欧会议、中美人文交流机制、中非合作论坛、中阿合作论坛、上海合作组织、东盟合作论坛等中外合作框架,积极组织开展与欧洲、非洲等发展中国家和亚洲周边国家的文化高层对话交流,先后举办了中欧文化论坛、中美文化论坛、中非合作论坛—文化部长论坛、上海合作组织文化部长会晤、中国与东盟文化论坛、中日韩文化部长论坛等重大活动,增加国际社会对中国文化发展理念的认知,促进世界文化对话合作和多元文化发展。

通过独特的中华文化艺术表现形式,宣介中国文化价值观和发展理念,树立"文化中国"新形象。在文化交流中,通过中华文化独特、丰富多样的文化艺术表现形式,深化交流的内涵,在交流中积极传播中国文化核心价值观。不少重大文化交流活动,被注入了新的"魂"。例如,"欢乐春节"推介的是"欢乐、和睦、共享"的中国文化价值观念,"欧罗巴利亚中国艺术节"推出的是"传统的中国、现代的中国、多彩的中国、中国与世界"的国家形象,"2008非洲文化聚焦"在广东深圳举办,宣传的是30年来坚持改革开放、建设中国特色社会主义先进文化的发展理念。

（八）对外文化传播与时俱进，手段不断更新，中华文化"走出去"更加高效便捷

把握传播媒介迅速发展，紧跟时代步伐，充分利用高科技和新媒体，从以往通过图书、影视、展览等手段支持驻外使领馆举办文化宣传活动，向着加强宏观指导和统筹、加强针对性和实效性的方向转变，不断更新、丰富手段，丰富我国对外文化传播途径，更高效便捷地传播我国优秀文化是十六大以来我国对外文化传播工作的突出特点。

充分发挥现有传播渠道，利用好官方资源。我国在国外 100 多个国家的驻外文化机构为国内文化机构、文化企业、艺术团体和艺术家的交流和往来牵线搭桥，创造沟通平台，提供了便利，前后方形成合力，举办"长流水、不断线"的多类活动，持续传播中华文化，加快了中国文化走进主流社会的社区、学校、图书馆、博物馆、美术馆等文教设施的建设。十年来发送各类文化外宣品 23 万件，影视片 305 部，展览 2305 套。在影视外宣方面，我们以 DVD 取代了使用多年的电影胶片，迈出了数字化的第一步。2010 年，围绕"四大机制"的建立和完善，对文通网进行了改版，实现中央和地方、国内和国外、国外与国外的"大联通"，成为全国对外文化资源信息共享的重要网络平台。

利用网络进行外宣。2001 年，我们开通了"文化传通网"，逐步整合了大文化领域的信息资源。2002 年，英文版"中国文化网"上线，进一步加大了以网络开展对外文化传播的力度。2005 年，该网荣获联合国世界信息峰会"最佳电子文化网站"大奖。中英文版的"中国文化网"、"中国文化中心网"等多个网站，对海内外举行的一些重大文化活动进行即时更新，不仅成为中国人民了解我国对外"走出去"成果的有效途径，更是世界人民了解中国文化的重要窗口。文化传通网（中文）自上线来，共发布稿件 105317 篇，图片 247605 张，累计字数 75670516字；中国文化网（英文）上线以来，共发布稿件 2.5 万篇，图片 5.5 万张，累计字数 3200 万字。

将利用移动终端和新媒体开展外宣工作。通过广泛运用的移动终

端和新媒体介质,传播我国现有文化内容和品牌,如我国在打造"春节品牌"的同时,将"欢乐春节"相关内容制作成应用程序,于 2011 年 12 月 30 正式在美国苹果公司应用程序平台上线发布。截至 2012 年 1 月 30 日,"欢乐春节"应用程序已有美国、英国、马来西亚、新加坡等 56 个国家和地区的用户下载,总下载量 15627 次,其中在美国本土创造了 12293 次的下载量,占总下载量的 79% ;曾连续 9 天进入美国 iPad 免费娱乐榜前 100 名,甚至高居排行榜第 10 名。

(九)对外文化工作统筹合作机制基本建立,集成效应初步显现

十六大特别是十七大以来,在深化认识、明确理念、形成格局、探寻方法的工作实践中,我国对外文化工作统筹合作机制不断完善,为新时期对外文化工作整合资源、形成合力、构建格局发挥了积极作用。为充分统筹协调国内与国外、政府与民间、中央与地方等各方力量和资源,形成合力,以"部省(区市)合作、部际合作、部直(文化部直属单位)合作、国内和国外合作"四个机制为基轴的对外文化工作统筹合作机制初步确立。新的工作协调体系成型。国家对外文化工作形成了四个机制:一是在中央政府各相关部门之间,由国务院批准成立了"对外文化工作部际联席会议"(2009 年起),文化部牵头,包括外交、教育、广电、新闻出版、体育等 13 个部委,实现了国务院系统涉外文化交流相关部门的统筹协调与工作联动;二是在国内外层面,2009 年起,确定了与驻外使领馆和文化中心负责人的例行年会制度,加强了对驻外文化机构的业务指导与信息沟通;三是在国内文化系统层面,确定了文化部与各省市自治区文化厅局之间一年一度的"全国文化厅局外事座谈会"制度(该机制创立于 2003 年,2009 年转型升级),进一步强化了文化部与地方文化厅局之间的工作体系;四是在文化部和直属单位之间,建立了"部直"合作协调机制(2010 年)。

"四大机制"集成作用显著。近年来,对外文化工作充分发挥四大机制的协同、集成作用,以中国(文化)年、中国节(周)、建交周年活动

等重大文化活动以及"欢乐春节"等品牌项目为主抓手,以地方文化品牌活动为补充,加强部际协调合作,充分发挥地方优势,调动驻外文化处(组)与海外中国文化中心等前沿阵地作用,分地区、分步骤,更加集约、有序、有效地组织实施文化走出去。2012年"欢乐春节"在海外82个国家和地区的144个城市举办,主承办单位涉及国内文化部等10多个部委、多个国家级文化院团、20多个省区市文化团组以及我国驻外使领馆、中国文化中心和孔子学院等。活动内容丰富多彩,共计323个项目。活动不仅吸引了国外40多位总统、副总统、总理、议长、王室成员和500多位内阁部长、省市长、议员等政要,还有1500余家媒体和约3000万民众热情参与。"欢乐春节"活动的覆盖面更广、吸引力更大、影响力更强,再次将中华文化的和煦春风吹遍全球,让世界各国人民真切感受到一个充满魅力与活力,一个愿与世界共享和平、繁荣与欢乐的现代化中国形象。

　　区域合作模式成效初显。在国家外交和文化合作战略的推动下,一些地方特别是边疆和少数民族地区发挥与周边国家的地缘和人缘优势,积极开展区域性文化交流合作。其中,广西与东盟国家的区域合作已成为广西对外文化工作的发展动力;云南与大湄公河流域和南亚一些国家的合作正式启动,发展潜力巨大;东北三省与俄罗斯、韩国、蒙古等周边国家、新疆与上合组织周边国家的交流合作逐步机制化,扩大和深化了对外文化区域合作的范围和内涵。同时,国内区域合作机制更加成熟。江浙沪三地通过轮流主办长三角地区对外文化交流工作联席会议,联手推进本区域对外文化工作,效果良好。最近,福建、安徽、山东等省厅也参与进来,扩充了东部沿海一带的区域性联席会议机制。通过结合各省份的区域特点,发挥各自优势,产生联动互助作用,以成熟机制促进区域合作,以区域合作带动集群效应,以集群效应产生整体成效。

三、对外文化工作的基本经验

积极开展对外文化交流与合作,为的是增进中国人民和世界各国人民的相互了解与友谊,通过生动活泼的文化往来,促进中华文化走出去,扩大中华文化国际影响力,提升中国文化软实力。回顾十六大以来对外文化工作的丰富历程,我们可以得到以下几点基本经验和启示:

(一)坚持外交大局,营造环境

认真贯彻落实中央制定的外交方针政策,将对外文化工作融入国家对外交流与合作的整体框架下,紧紧围绕国内和国际两个大局,加强文化与政治、经贸、科技、军事等领域的相互配合,以文化为有效方式,增进中外国家与民众的相互理解,加深友谊,努力营造和平、稳定和友善的外部环境。

(二)坚持以人为本,以文化人

充分尊重国内外人民群众的主体地位,以沟通人类共同情感为基础,以文化人,以文促情,以文建信,将中国人民了解世界的愿望同世界人民了解中国的愿望相结合,全方位多角度展示体现中华民族精神、审美情趣和民族风格的优秀文化和文艺作品,增强中华文化亲和力和感召力,扩大共识,凝聚友谊,增强彼此好感。

(三)坚持文化自主,尊重差异

将坚持民族文化自主性与尊重世界文化多样性相结合,在传播和彰显中国文化价值观上的独立性和自主性的同时,努力维护世界文化的多样性,尊重各国文化差异,提倡不同文化平等对话,促进世界和谐和文化共同繁荣。

（四）坚持改革创新，与时俱进

不断改革创新交流形式和内容，激发文化生产力，注重将传统文化和现代传播方式相结合，当代文化与现代科技相结合，海外平台建设与品牌打造相结合，注意研究和把握外国受众的特点，遵循跨文化交流的规律，提高文化的感染力和影响力。

（五）坚持兼收并蓄，为我所用

将对外文化交流有机融入社会主义精神文明建设和先进文化建设，在继承和弘扬中华优秀文化的同时，敢于和善于吸收世界优秀文明成果，在比较中学习鉴别，在交流中参考借鉴，在合作中健全完善，共同推动社会主义文化事业大发展大繁荣。

（六）坚持双轮驱动，协调发展

中外文化的合作和共享，既要通过公益性交流模式，展示中华文化艺术魅力，不断满足各国民众了解中国文化的热切愿望，也要借鉴和利用国际通行的商业模式和渠道，遵循市场规律，通过商业渠道，走品牌化发展道路，推动文化企业和产品走出去，扩大我国文化产品和服务的国际市场份额，提升中华文化的国际竞争力，实现经济效益和社会效益的有机统一。

（七）坚持整合资源，形成合力

发挥对外文化工作体制和机制优势，将政府主导与充分调动社会各界力量广泛参与相结合，促进中央与地方、国内与国外、政府与民间相结合，全国一盘棋，共同构建多渠道多形式多层次的对外文化交流大格局。

（八）坚持文化主权，科学监管

培养一支有较高素质、精通业务、结构合理的对外文化工作队伍，注重依法管理,加强科学监管。推动反映优秀传统和时代风尚的中华文化走出去,树立国家文化形象,抵制有违国情、民情的精神产品和有害文化入侵,维护国家文化主权和文化安全。

"气清更觉山川近,心远愈知宇宙宽"。中国发展的历史轨迹和当今中国与世界关系发生的深刻变革,启示我们只有坚持改革开放,深入开展与世界各国的文化交流,全民族文化创造的活力才会不断迸发,社会文化生活才会更加丰富多彩,人民基本文化权益才能得到切实全面保障,思想文化领域"百家争鸣,百花齐放"的生动活泼局面才会全面形成。一个繁荣发展的中国、一个民主法治的中国、一个和谐文明的中国,也必将是一个文化空前繁荣、思想空前活跃的中国。中国文化的大发展大繁荣是和平发展的中国奉献给世界的最好礼物,世界多元文化的交流交融也必将激发中国和平发展事业的无限活力。

展望未来,对外文化工作任重道远,前程似锦。对外文化工作将继续在十七届六中全会精神的指引下,以科学发展观为指导,以"四大机制"为基轴,以"四大工程"为引擎,以"四化建设"为突破方向,以高度的文化自觉、自信和自强的精神状态,继续锐意进取,开拓创新,扎实做好各项工作,续写新时期的华美篇章,以优异成绩迎接党的十八大胜利召开!

推动文化经费投入稳步增长
文化财务管理水平不断提升

一、十六大以来文化财务工作的主要成就

（一）充分发挥保障职能，争取资金、项目投入，支持文化事业发展

1. 各级文化投入持续稳定增长

十六大特别是十七大以来，随着国民经济持续快速增长，各级政府不断完善财政政策保障机制，各级财政对文化建设的投入不断增长，进入了改革开放以来增长速度较快的一个时期。

在中央，2007—2011 年，中央财政对文化部文化事业费投入由 2007 年 21.78 亿元增至 2011 年 34.67 亿元。五年累计投入达 143.27 亿元，年均增长 9.7%；同时，中央财政通过转移支付方式，不断加大对地方文化事业建设的投入，2007—2011 年，累计投入资金 133.72 亿元。特别是在公共文化服务体系建设方面，2011 年以三馆一站免费开放为契机，落实中央财政免费开放补助经费 18.22 亿元，为基层文化单位开展基本公共文化服务提供了经费支持，初步建立了基层公共文化服务中央与地方共担的经费保障机制。

在地方，在中央财政不断加大资金投入力度的基础上，各地逐步以政府为主导，以公共财政为支撑，把公共文化产品、公共文化服务项目和公共文化活动纳入财政经常性支出预算。2007—2011 年，全国文化

事业费由 198. 96 亿元增至 392. 62 亿元,五年累计投入达 1454. 99 亿元,年均增长 20% ,全国人均文化事业费也由 2007 年的 15. 06 元增加到 2011 年的 29. 14 元。

　　2. 文化设施建设得到显著加强

　　文化设施作为文化建设的重要载体,是开展文化服务的物质基础,是实现人民群众基本文化权益的根本保障。十六大以来,各级政府不断加大文化设施建设投入力度,文化设施投资总体呈现健康向上、蓬勃发展的良好态势。公共文化服务网络进一步完善,一大批国家重点文化设施和海外文化中心相继开工或投入使用,各地重点文化设施建设取得显著成效,掀起了新中国成立以来文化设施建设的新高潮。

　　在公共文化服务网络方面,2007—2011 年全国共竣工公共文化设施 27366 个,其中公共图书馆 584 个,文化馆 622 个,艺术表演场馆 96 个,乡镇综合文化站 26064 个。竣工项目面积 1720 万平方米,项目总投资 310 亿元。设施投入的不断增加,极大地改善了全国各地的文化设施条件,提高了文化服务的能力。全国每万人拥有公共图书馆设施面积由 2007 年的 56. 1 平方米提高到 2011 年的 73. 8 平方米,每万人拥有文化馆(站)面积由 2007 年的 126. 2 平方米提高到 2011 年的 221. 2 平方米,全国公共图书馆阅览室坐席数由 2005 年的 48 万个提高到 2011 年的 68. 1 万个。

　　在国家重点文化设施建设方面,国家图书馆二期工程、国家博物馆改扩建工程、梅兰芳大剧院、国家话剧院剧场等项目相继建成,总建筑面积 32 万平方米,概算总投资 43 亿元,成为首都新的文化地标;故宫博物院中轴线主要建筑、恭王府府邸等一批文物古建修缮工程顺利完成;中国歌剧舞剧院等一批文化单位喜迁新址。这对全国文化设施建设具有重要的指导和示范意义,对改善文化单位艺术生产条件,丰富人民群众精神文化生活起到了重要作用。

　　在海外中国文化中心建设方面,巴黎、柏林、毛里求斯(重建)等文化中心相继建成投入使用,完成投资近 6 亿元。曼谷、马德里、莫斯科等文化中心建设先后启动,即将竣工投入使用。中国文化中心成为海外宣传中华文化的重要阵地,有效推动了中华文化"走出去"的步伐,对提高中华文化的国际影响力和竞争力产生了积极影响。

在基层文化设施建设方面,文化部会同国家发展改革委联合制定实施了《全国"十一五"乡镇综合文化站建设规划》,中央共安排预算内投资 39. 48 亿元,完成了 2. 67 万个乡镇综合文化站建设项目,在全国范围内基本实现了"乡乡有文化站"的建设目标,显著改善了基层文化设施的整体面貌。

3. 中央资金引领作用日益凸显

2007 年以来,根据文化改革发展的需要,在国家发展改革委、财政部等部门的大力支持下,文化部积极拓展资金来源渠道,围绕文化改革发展中的重点难点问题,合理规划,统筹考虑,发挥中央资金引领示范作用,带动各地文化经费投入的增加和公共文化资源的整合,推动地方各级党委、政府对文化改革发展重点、难点问题的关注,引导地方各级财政资金优先安排关系群众基本公共文化权益的项目,推动公共文化服务能力全面提升。

(二)充分发挥服务职能,关注重点、薄弱环节,推动各方协调发展

1. 服务大局,服务中心工作

财务工作保障作用的充分发挥,必须紧紧围绕文化改革发展的大局、围绕中心工作,从全局出发,增强宏观把握能力,树立战略思维和大局意识,把文化财务工作放到保障和推动文化改革发展的高度来认识和谋划,确保文化财务工作少走弯路,取得实效。

近年来,随着文化事业和文化产业的快速发展,财务工作的服务范围和保障职能不断加强,工作任务日益繁重。文化财务工作以贯彻落实科学发展观为主线,自觉将其放到全国文化工作大局中去定位思考,找准服务全局工作的切入点,按照十七大提出的"推动社会主义文化

大发展大繁荣""掀起社会主义文化建设新高潮"的要求,主动、适时地调整和部署有关工作,积极发挥参谋助手作用,努力做到通观全局一盘棋,在本级实施了国家舞台艺术精品工程、国家重大历史题材美术创作工程、清史纂修工程和昆曲抢救保护等一批体现国家行为、具有引导、示范效应的重大文化项目,有力保障了重点领域、重点项目的资金需求。同时,紧紧抓住中央财政加大对外文化交流与宣传项目投入的契机,争取财政资金的投入和保障,推动实施了欢乐春节、相约北京、中华文化走出去等一系列重大文化交流项目,与世界各国增进了了解、建立了友谊,凸显了文化外交在整体外交战略中的重要地位。对文化工作的新领域,如非物质文化遗产保护等,文化财务部门主动服务,争取资金保障,支持机构建设和业务开展,推动国家非遗保护体系初步建立。

此外,文化财务部门进一步提高全国文化统计工作能力,使得统计数据质量更加准确可靠,统计服务水平更加优质高效,形成了以《统计年鉴》、《统计提要》、《统计手册》、《统计分析报告》等为主打的系列产品,统计信息成为文化体制改革、规划编制、经费测算等工作的重要数据支撑,充分发挥了文化统计工作反映文化发展、服务文化决策、引导文化实践的作用。

2. 服务基层,服务广大群众

社会的发展进步总是不断对文化建设发展提出新的要求和任务,重视基层文化投入,为广大基层群众基本文化权益的保障提供资金和政策支持,是顺应当前形势发展需要,实现基本公共文化服务均等化的重要举措。

在设施建设方面,"十一五"期间新建和改扩建完成了2.67万乡镇综合文化站建设任务,并配合国家发展改革委编制完成"十二五"地市级公共图书馆、文化馆建设规划、非物质文化遗产保护利用设施试点建设规划、文化系统所属中等艺术职业学校设施建设规划等3个专项规划,预计"十二五"期间中央预算资金规模将达到80亿元,比"十一五"时期翻一番。

在内容建设方面,依托乡镇综合文化站设备购置、社区文化中心(文化活动室)能力建设工程、数字图书馆推广工程、电子阅览室建设计划等的先后实施,以及三馆一站免费开放、国家公共文化服务体系示范区(示范项目)创建等工作的推进,资金投入重点进一步下沉,有力地支持了地方文化建设,推进了公共文化服务内容的不断丰富和公共文化服务方式的不断创新。

3.服务改革,服务产业发展

深化文化体制改革,是加快社会主义现代化建设的内在要求,是提升我国综合国力的迫切需求,是实现经济、政治、文化、社会协调发展,构建社会主义和谐社会的重要内容。经营性文化单位转企改制是文化体制改革的中心环节,也是文化体制改革取得突破的难点和重点。十六大特别是十七大以来,各级文化财务部门按照改革的总体部署,加强与财政、工商、税务、审计等部门的沟通协调,积极开展转企改制单位的清产核资、财务审计、工商注册等工作,不断完善和落实各项配套政策,在资源配置和资金支持上实行倾斜,推动了经营性文化单位转企改制进程,努力改善经营性文化企业生产经营条件。在中央,中国东方演艺集团有限公司、中国文化传媒集团有限公司、中国动漫集团有限公司相继挂牌成立,2011年落实中央国有资本经营预算36774万元,其中落实中国东方演艺集团有限公司3774万元,中国文化传媒集团有限公司11000万元,中国动漫集团有限公司22000万元。在地方,北京演艺集团公司、陕西省演艺集团公司、上海文广演艺集团公司等一批骨干演艺集团公司相继组建,逐步建立现代企业制度,发展活力和市场竞争力日益增强。

十七大提出了大力发展文化产业,实施重大文化产业项目带动战略,国务院公布了《文化产业振兴规划》,文化产业作为朝阳产业,进入更好更快发展的时期。文化财务部门通过争取资金和政策支持,先后设立了文化产业服务工程、中国动漫产业扶持等专项资金,推进重点产业、重点园区和重点项目建设,充分发挥财政资金的扶持和导向作用,整合全国文化资源,做大做实文化产业。同时,积极争取财政对转企改制的文化企业、国家级文化产业示范园区和示范基地的文化产业发展项目予以重点支持,发挥财政投入的示范效应和杠杆作用,帮助培育规范的市场主体和市场环境,引导更多的社会资本进入文化产业领域,推动全国各地文化产业发展。2010 年以来文化产业发展专项资金累计支持文化部本级产业项目 2.86 亿元,支持全国文化系统企业产业项目9.37 亿元。

(三)充分发挥管理职能,夯实基础、改革创新,提高科学化精细化水平

做好文化财务工作,不仅要争取资金项目的支持,更重要的是加强和改进管理,在保证资金合理、合法、合规使用的前提下,提高资金使用效益。

1. 抓基础,扎实有力

管理基础工作和基础建设是财务管理的基石,基础工作做得如何将直接影响各项政策的落实和各项工作的推进。在工作中,一是注重调查研究,针对乡镇文化站建设规划、"十二五"文化设施建设专项规划、基层公共文化服务经费保障、中直院团改革发展、基金化投入模式、部门项目预算策划等问题,通过座谈研讨、问卷调查、实地考察等形式,对部系统和地方展开了广泛而深入的调研,在了解情况的基础上,与各地和有关直属单位总结先进经验,共同分析问题,共商解决办法,进一步拓宽了工作思路,提高了政策制定的科学性和日常管理的针对性。二是加强制度建设,先后制定出台了《文化统计管理办法》、《文化部关于进一步加强预算管理工作的指导意见》、《文化部直属单位建设项目管理办法》(试行)、《中国驻外文化中心设施建设管理办法(暂行)》、《文化部大型文化活动项目资金管理暂行办法》、《文化部中小型建设项目储备库制度》、《文化部直属事业单位国有资产管理暂行办法》、《文化部直属事业单位对外投资管理暂行办法》等一系列规章制度,

《文化事业单位财务制度》(修订稿)也已上报财政部;颁布实施了《公共图书馆建设标准》、《文化馆建设标准》、《乡镇综合文化站建设标准》等一系列建设标准,进一步完善了文化财务制度体系,为加强和改进管理打下了基础。三是加强理论研究,在中国艺术研究院和武汉大学分别设立了"文化财政政策研究基地",充分发挥研究机构人才聚合和学术引领的优势,通过对文化投入规模、方式等的深入研究,探索文化财政政策推动文化发展的策略和路径,为新形势下财政如何更好地支持和保障文化发展提供必要的理论依据和政策指导。四是加强人员培训,通过会计人员继续教育、专题研讨、座谈会等形式,完善财务人员知识结构,提高人员整体素质,努力培养造就一支综合素质高、业务能力强的财务人员队伍。

2. 抓管理,规范有序

近年来,在财政部、发改委等部门的支持和指导下,文化部在预算财务管理和基本建设管理方面解放思想、勇于创新、不断实践,取得了较好的成绩。

在预算管理方面,近年来,文化财务部门将预算编制与文化中心工作紧密结合,有目标、有重点、有针对性地策划项目、编制预算,建立了严格的项目预算审核程序,以预算预报告制度和项目库建设为基础,不断细化预算要求,完善预算编制,提高预算到位率,着力构建工作规范、运转有序、协调得力、公开透明的预算管理体系;通过实行专管员制度,建立预算执行预警机制,健全预算执行责任制度,建立预算执行管理责任制和预算执行与编制联动机制,加强和规范预算执行情况分析报告制度,建立预算执行追踪问效制度,将当年预算完成情况纳入单位领导班子年度考核指标等,进一步提高了预算执行的约束力。

在经费管理方面,随着预算管理改革的不断推进,要求越来越明确,制度越来越健全,规范化水平不断提高。我们首先加大对项目拨款使用的监管力度,从部本级大型文化活动经费管理入手,制定管理办法,明确经费支出的范围、开支标准以及资金管理权限和结算方式,规范支出审核程序。从2011年起尝试对50万以上补贴项目开展决算审核,督促承办单位提高资金使用的合理性和有效性。通过上述措施,一定程度上解决了部分项目支出进度缓慢,资金沉淀较多,使用效率不高和支出不够规范等问题。

在资产管理方面,按照资产管理与预算管理相结合的思路,将行政资产配置逐步纳入部门预算,进行专项审核,加紧研究文化单位资产配置的有关标准,推进政府采购工作,规范资产购置行为,充分发挥政府采购在控制政府部门运行成本中的重要作用;加强对资产使用单位的日常管理,抓好常规性、基础性的实物管理,加强对直属单位出租出借资产及其收入的管理;严格资产处置的审批程序,在处置过程中引入市场化手段,采取公开交易、公平竞争的办法,防止国有资产流失。

在基本建设管理方面,狠抓国家重点文化设施建设和海外文化中心建设两大重点。按照“建设一批、论证一批、筹划一批”的思路,有序推进重大文化设施建设。加强海外文化中心建设质量、投资、工期三大控制,严格执行政府采购规定,努力把海外中心工程建成精品工程。

在严格管理的同时,为提高财政资金的使用效率和管理水平,文化部还积极配合财政部开展项目绩效考评试点工作,先后对民族民间十部艺术集成、全国文化信息资源共享工程中央本级资金和中华再造善本工程专项资金进行了绩效考评,加深了对项目预算执行情况的了解,促进了项目的有效执行与管理,对下一步掌握预算总体情况,及时发现预算编制和执行中的问题,规范项目管理和财务管理起到了积极有效的作用。

3. 抓创新,科学高效

在争取文化投入的同时,文化部遵循文化发展的特点和规律,积极探索转变财政投入方式,提高财政资金使用效率的新路径,并不断推进工程建设领域的创新。

投入模式的创新。为扶持和引导文艺创作,创新资金投入方式,在财政部的大力支持下,2010年起,在整合文化部原有项目的基础上,设立了"国家繁荣文艺创作专项资金"。该专项资金参考借鉴基金管理模式，重点对舞台艺术、美术等领域的艺术创作、宣传推广、人才培养等方面予以资金支持。在此基础上，积极探索在艺术创作领域引入基金运行模式，提出了设立国家艺术基金的构想，通过引入社会化、专业化的资助与管理机制，重点围绕创作资助、宣传推广、征集收藏和人才培养四大方向，综合运用补贴、奖励、资助等扶持方式，建立信息发布、申报受理、评审决策和签约实施的规范机制，通过考察资助对象的社会反响和资金使用效益，对其进行监督和绩效考评，推动政府职能转变。目前国家艺术基金总体方案已报送财政部，拟以两部名义联合向国务院申请设立。经与财政部沟通协商，已确定"十二五"期间中央彩票公益金安排20亿元用于支持国家艺术基金相关项目，进一步拓宽了文化投入的经费来源渠道，突破了多年来彩票公益金难以安排文化项目的瓶颈。

投入方式的创新。一是改变传统直接投入的方式，在中央院团设立场次补贴、创排经费的示范带动下，全国多数地区对艺术表演团体实行了财政补助与演出场次挂钩的动态投入机制，通过政府购买服务的方式，促进了院团内部机制和服务机制创新。二是在中央补助地方有关项目资金向中西部地区倾斜的同时，为鼓励经济较为发达的东部地区进一步加大文化投入，创新文化发展方式和手段、加快文化改革发展的步伐，对东部地区采取了"以奖代补"的投入方式，发挥中央资金的引导作用，对投入力度不断加大，投入方式不断创新的东部地区，予以一定资金奖励，推动了文化工作特别是基层公共文化服务体系建设的创新，宣传和推广先进经验、先进做法，为全国文化改革发展的全面推进创造有利条件。

建设模式的创新。在设施建设上，以奥林匹克公园两大重点项目——国家美术馆工程和中国工艺美术馆工程为突破，文化部不断探索重点文化设施建设新模式，建立了单体建筑与总体规划共同推进、相互协调的良好机制，从方案设计、功能需求、经济造价等方面尽量满足大型公共文化设施建设的实际需求；以海外中国文化中心建设为重点，积极探索租赁现房定制化建设和边租边建等方式加快中心建设,完善海外工程建设新机制,抽调专业管理人才充实现场管理队伍,建立部委联席会议机制,提高文化中心建设决策的科学性和工作效率。

(四)充分发挥监督职能,加强内部、外部监督,规范资金管理使用

对本系统、本单位经济活动的监督检查是财务工作的重要内容之一。2010年,文化部在财务司专设监督检查处,负责部内及直属单位的财务监督检查工作,进一步加强内部财务监管。

1. 内部监督

为适应国家财政体制改革的需要,文化部进一步完善财务监管工作,特别是针对委托实施的项目,进一步健全资金拨付机制,严格按项目进度拨款,强化经费使用全过程的跟踪监管,保证资金使用合理、合规和有效。同时,积极探索对拨付地方有关资金实施有效监管的方式,2011年率先对非物质文化遗产保护工程、扶持动漫产业发展两个专项资金中本级拨付地方的资金管理和使用情况开展了专项检查,并就检查情况向地方进行了通报,为下一步强化对拨付地方资金的监管进行了有益尝试。

2. 机构监督

文化部一方面积极配合国家审计署开展年度预算执行审计工作,针对审计中发现的问题,认真研究,及时整改,不断提高财务管理水平;另一方面借助社会中介机构的资源和力量,严格按照有关规定,在直属单位法人代表和分管财务的负责人离任时,对其任期内的财务情况进行离任审计,同时借助工程咨询、造价咨询和会计师事务所对基本建设项目进行可行性研究和初步设计审查、工程结算审核和财务决算审计。通过这些工作,充分发挥了外部机构监督的重要作用,更好地保障了财政资金使用的合法性、合规性。

3. 社会监督

预决算公开是政府信息公开的重要内容,也是文化财务工作接受社会监督的有效途径。近年来,按照党中央、国务院的决策部署,文化部不断推进预算公开和决算公开工作,取得了积极成效。从2010年起,按照财政部统一要求,在文化部政府网站首页公开文化部部门预算,公开内容为《文化部2010年收支预算总表》和《文化部2010年财政拨款支出预算表》两张基本表格,并细化到款级科目;2011年,继续公开两张基本表格,进一步细化到项级科目,并首次公开部门决算有关数据;2012年,部门预算公开表格进一步增加,公开的表格包括《收支预算总表》、《公共预算收入表》、《公共预算支出表》、《公共预算财政拨款支出表》,同时公开部门决算、三公经费及行政经费。公开范围不断扩大,公开内容不断细化,社会监督的作用不断增强,依法理财的水平不断提高。

二、十六大特别是十七大以来文化财务工作的基本经验

(一)各级党委、政府的重视和财政、发改部门的支持是文化财务工作发展的前提

党的十六大以来,党中央对文化建设高度重视,作出了一系列重大战略部署。十七大进一步从中国特色社会主义事业"四位一体"总体布局的战略高度,提出了兴起社会主义文化建设新高潮、推动社会主义文化大发展大繁荣的战略任务,地方各级党委、政府对文化工作的重视程度不断提高,文化改革发展各项工作得到了有效推进。在这样的形势下,各级财政、发改部门也日益关注文化改革发展的进程,积极参与重大文化项目、文化工程的策划和实施,不断加大资金投入力度,极大地支持了基层公共文化服务体系建设和文化改革发展重点工作的开展,也为各级文化财务部门进一步争取资金投入、改进预算财务管理提供了有利条件。

（二）准确划分责任、建立和完善保障制度是文化财务工作发展的着力点

从公共产品、公共财政理论和文化事业特点来看，文化领域所提供的产品和服务，具有范围广、外溢性强等特点，关系到广大人民群众的基本文化需求和国家民族整体素质的提高。近年来，在对文化产品、文化服务的投入方面，按照事权与财权相匹配的原则，综合受益群体、基本公共文化服务均等化等考虑，把文化领域资金管理的责任分解为规划责任、执行责任、投入责任和监管责任。规划责任主要由中央和省级政府承担，中央负责全国文化建设的发展规划、基本政策、基本标准等事项的设计、制定工作，省级政府负责本地区有关事项的设计制定工作；执行责任、投入责任以及监管责任现阶段主要由中央与地方共同承担，特别是在投入上，采取了"按比例，分项目"的方式，即中央支持一部分资金，地方配套拿出相应比例的资金。通过这样的责任划分，一方面强调中央政府统筹全国文化事业发展和区域间平衡的责任，另一方面也突出了地方各级政府对本地区文化发展不可推卸的责任，进一步理顺了中央与地方的财权事权关系，逐步建立和完善了基层公共文化服务经费保障制度，推动了基本公共文化服务均等化目标的实现。

（三）加大投入、改进管理是文化财务工作发展的必然趋势

随着文化改革发展各项工作的不断推进，对资金、项目的需求将不断增长，文化财务部门在面临前所未有的发展机遇的同时，也将面临巨大的挑战。策划更多具有全局性、示范性效应的重大文化项目，寻求发改委、财政部等部门对文化工作更多的理解和支持，争取更多的资金投入，为文化改革发展提供强有力的资金保障将是文化财务部门的首要工作。

与此同时，随着文化改革发展的推进和文化投入的增长以及一系列财政体制改革、税收制度改革、预算管理制度改革等财税制度改革的实施，对预算的编制、执行以及绩效考核都提出了更高要求；文化财务

部门服务的对象和层级明显增加,社会各界也更加关注,迫切需要财务工作更加细致有效,更加公开透明。文化财务部门应探索和把握文化发展和财务管理的客观规律,建立健全管理制度和运行机制,运用信息化、专业化和系统化的管理技术,按照精确、细致、深入的要求实施管理,增强执行力,不断提高管理效能。

三、当前文化财务工作存在的主要问题和下一步工作重点

(一)投入总量不足,经费供需矛盾突出

近年来,文化投入取得了较快的增长,但文化投入总量仍然偏低,历史欠账较多,总体水平与文化改革发展要求还很不相称。长期以来,全国文化事业费占国家财政总支出的比重一直在0.4%左右徘徊。文化投入总量上不去,基层公共文化服务体系的建设、文化改革发展重点工作的开展、引导性示范性重大项目的实施开展得不到充分的资金保障,社会主义文化强国的目标就难以实现。

(二)资源配置不合理,区域间、城乡间发展不平衡

近年来各级财政对文化的投入在总量、所占比例和增长速度上均呈逐年增长态势,公益性文化单位、农村以及欠发达地区的扶持力度不断增强,但文化发展与综合国力、经济增长水平、国民素质要求仍不相适应,一些地区和领域还存在着公共文化服务短缺的现象,区域间、城乡间文化发展不平衡的结构矛盾仍然突出,财政投入的地区间、城乡间差异依然凸显。

(三)财务管理基础薄弱,管理水平还需不断提高

目前,文化财务法律法规体系还不健全,配套政策还比较零散,约束力和执行力度还较弱,文化投入尚缺乏法律上的制度保障;调研和统

计工作还比较薄弱,技术手段相对陈旧,信息化建设滞后,无法有效实现对资产、经费和项目的动态管理;财务人员总体素质相对偏低,还不能适应经费投入快速增长的要求。此外,文化项目的策划、论证和申报还不够科学规范,预算编制还不够科学严谨,一些项目实施缓慢,执行不力,缺乏绩效考评和奖惩措施,这都影响着资金使用效率的提高。

面对新形势新任务,下一阶段,文化财务工作一是努力争取投入,进一步拓宽资金来源渠道;创新投入方式,加强财政、税收、金融等方面支持文化发展的政策衔接,不断提高经费和政策保障制度。二是优化投入结构,突出重点,不断加大对基层、对贫困地区的倾斜。按照六中全会精神,发挥中央财政资金引领作用,统筹财力,确保重点,继续加强对重点领域、重点工作的经费保障,继续向基层、贫困地区倾斜。坚持面向基层,重心下移、资源下移、服务下移,公共文化服务逐步向均等化发展;逐步从以设施、设备建设投入为主转为以基本保障投入为主、内容建设为主;从单纯追求投入总量向重投入质量、重支出效益转变。三是从预算、财务、基建、统计等方面入手,进一步改进和创新管理,不断提高财政资金使用效益。

建设宏大文化人才队伍　为社会主义
文化大发展大繁荣提供有力人才支撑

　　党的十六大特别是十七大以来,文化部党组高度重视文化人才队伍建设,坚决贯彻执行党和国家的各项人才工作方针政策和中央提出的人才资源是第一资源的战略思想,加快培养造就德才兼备、锐意创新、结构合理、规模宏大的文化人才队伍,紧密联系文化工作实际,不断深入推进干部人事制度改革,大力加强各级各类人才队伍建设,为社会主义文化大发展大繁荣提供了有力的人才支持和组织保障。

一、文化人才队伍建设的主要成就

(一)文化人才队伍建设的整体水平全面提升

　　加强人才规划,不断提升统筹管理和宏观指导水平。文化部积极贯彻中央人才工作会议精神和《国家中长期人才发展规划(2010—2020年)》,科学规划人才发展战略,编制出台了《全国文化系统人才发展规划(2010—2020年)》,并在2012年出台的《文化部"十二五"时期文化改革发展规划》中将加强文化人才队伍建设列为重要一章。在广泛调研的基础上,结合我部实际制定出台了《关于实施人才兴文战略,进一步加强文化人才队伍建设的意见》,深入分析了目前文化人才队伍的现状及文化人才队伍建设面临的新形势,明确了"人才兴文"战略的指导思想及文化人才队伍建设的目标任务。坚持党管人才原则,成立了人才工作领导小组,作为文化部党组领导下的文化人才工作的决策研究和组织协调机构,不断根据文化工作发展的需要对文化人才工作进行新的部署。

积极探索构建人才培养新模式。根据文化人才特点,提出要建设好"七支人才队伍",即推进以文化党政人才队伍、文化经营管理人才队伍、文化艺术专业技术人才队伍、公共文化服务人才队伍、高技能文化人才队伍、文化科技人才队伍、文化外交人才队伍为主题的各类文化人才队伍建设。针对各类人才队伍的特点,以提升能力为核心,实施不同的培养措施,采取实践与培训相结合的方式,不断提升各类人才队伍的素质水平。

强化载体,努力搭建人才成长集聚平台。对部内各司局各种重点项目、重点工程中分散开展的人才工作进行梳理、整合,逐步构建分类明确、层次清晰、促进优秀人才可持续发展的培养和支持体系。依托全国文化信息资源共享工程、非物质文化遗产保护工程、国家舞台艺术精品工程、国家重大历史题材美术创作工程、国家昆曲艺术抢救保护和扶持工程、全国重点京剧院团扶持工程等文化建设各重大工程、重点项目,着重加强对艺术表演人才、基层文化人才、特殊专业领域人才等各类文化人才的培养。

突出宣传,积极营造人才工作的良好氛围。以《中国文化报》为主要媒体平台,以政府门户网站为网络信息平台,开辟人才专刊、人才专栏专题宣传中央人才工作各项改革措施,推广文化系统各部门各单位在人才队伍建设方面的具体措施和经验,报道各类优秀文化艺术专业人才的典型事迹。

(二)领导班子和领导干部队伍建设进一步加强

认真贯彻落实中央有关要求,深入推进干部人事制度改革,坚持德才兼备、以德为先、实践检验、群众公认的用人导向,大力加强领导班子和干部队伍的思想政治建设、作风建设和能力建设,领导班子和领导干部队伍结构进一步优化,团结力、凝聚力不断增强,能力素质不断提高。

　　制度建设更加健全,干部工作的科学化、制度化和规范化水平进一步提高。根据中央有关要求,结合工作实际,文化部制定出台了《进一步加强和改进领导班子思想政治建设的意见》、《文化部党政领导干部任前公示制实施办法》、《进一步做好培养选拔女干部工作的意见》、《加强培养选拔党外干部工作的意见》、《加强培养选拔年轻干部,推进后备干部队伍建设的实施意见》、《机关司、处级干部到基层挂职锻炼实施办法》、《文化部党组管理干部任职前人事司听取驻部纪检组意见和驻部纪检组回复人事司意见实施办法》、《机关司局和直属单位领导班子和领导干部年度考核实施细则》、《文化部党政领导干部选拔任用工作责任追究办法实施细则》、《文化部党政领导干部选拔任用工作有关事项报告办法实施细则》等10多项规章制度,内容涵盖领导班子思想政治建设、干部选拔任用、考核评价、培养锻炼、管理监督等各个方面,为工作开展提供了制度保障。

　　干部选拔任用机制进一步完善,领导班子和干部队伍结构进一步优化。文化部党组认真落实中央要求,积极深化改革,开拓创新,不断完善干部选拔任用机制,拓宽选人用人视野,有力推动了领导班子和领导干部队伍建设。2010年印发了贯彻落实中央《2010—2020年深化干部人事制度改革规划纲要》的实施意见,进一步明确了我部干部人事制度改革的指导思想、基本目标和改革方向。一是干部选拔任用和交流轮岗工作力度进一步加强。十七大以来,干部选拔任用和交流轮岗力度不断加大,2007年年底至2012年6月,共提拔司局级干部192人次,交流轮岗95人次,从部系统外调入19人,领导班子结构得到进一步优化,整体效能不断提升。二是积极推行差额选拔干部制度。2008年,按空缺职位2倍标准,集中差额推荐机关司局长。2011年和2012年,在机关两次共差额推荐8名司局级非领导职务干部。近年来,每年年初都在驻外文化处组负责人年会上差额推荐局级文化参赞拟任人选。差额选拔调动了干部的积极性,形成了能者上、群众公认者上的良好氛围。三是扩大民主,推进公开,提高选人用人公信度。在干部民主推荐和年度考核工作中,所有机关司局和绝大多数直属单位都已实现全员参与,个别人数较多的单位由中层和副高以上人员参加。强化监督,新提拔司局级干部任前公示范围扩大到各司局和各直属单位。在机关办公网开设了干部工作信息公开专栏,及时发布干部人事工作最新的方针政策、干部任前公示、职务任免、挂职锻炼任务选派等信息。民主化、公开化的不断加强,提高了干部职工参与选拔工作的意识和积极性,各方面意见得以充分听取,提高了民主质量。四是竞争性选拔干部力度进一步加大。2003年,面向全国公开选拔1名财务司副司长,经发布公告、接受报名、笔试、面试、组织考察、党组会集体研究决定等程序并报中组部备案后予以任命,此项工作开展得较早,为进一步开展公开选拔工作积累了经验。2010年,开展了机关副司局长竞争上岗工作,将空缺的3个副司长职位面向部机关、直属单位和国家文物局机关开展竞争上岗。公开选拔工作扩大了干部来源渠道,补充了文化系统急需的人才。

干部管理监督制度更加健全。加强对干部的考核、监督和日常管理,加大对不称职干部的调整力度,充分激发了干部的积极性和工作热情,增强了干部队伍的活力和战斗力。一是丰富形式内容,改进方法手段,进一步健全领导干部考核评价机制,不断提高考核的系统化、类别化、精细化水平。在广泛征求意见的基础上,从2010年起,司局级干部实行新的年度考核办法。在考核方式上,将民主测评票按行政一把手、领导班子其他成员和其他参会人员分为三种,分别设置不同的权重,加权计算总的测评结果。在考核内容上,根据各单位不同情况,设置约束性指标和核心业务指标,约束性指标是衡量工作的基础依据,如干部选拔任用工作和预算执行情况等,不高的不能评优,核心业务指标主要用来衡量各单位当年核心业务的进展程度。在考核手段上,坚持年度考核与平时考核相结合,不断完善对干部的综合考评体系。二是细分考核等次,强化考核结果运用。每年根据年度考核结果,对评定为优秀等次的干部进行嘉奖,考核等次为基本称职的,请分管部领导予以谈话诚勉,考核等次为不称职的,予以免职或交流轮岗。为充分发挥考核的激励和约束作用,对称职等次进一步细分为称职表扬、称职和称职提醒三档,对表现比较优秀,但受名额所限未被定为优秀等次的干部,在干部考核登记表和考核通报中专门提出表扬;对表现一般,群众有一定反映,但尚未达到基本称职和不称职程度的干部,请直接由行政领导谈话提醒。2003 年以来,共有 57 人次被评定为称职提醒,31 人次被评定为基本称职等次,8 名干部因年度考核不称职予以免职或交流轮岗。2010 年,2 个单位因干部选拔任用工作"一报告两评议"群众满意度低于 70%,党组责成领导班子作出说明并制定整改措施,一把手不参与评优。三是强化干部监督,深入整治用人上的不正之风。坚持并完善党员领导干部民主生活会、经济责任审计等制度,认真组织开展《移居管理办法》、《报告个人事项》两项法规制度和《干部选拔任用责任追究》等四项监督制度的学习贯彻及有关申报工作。2011 年起,司局级干部定期填报月度工作报表,增强了干部的履职意识。结合年度考核到各单位开展干部选拔任用"一报告两评议"工作,加强对各单位干部选拔任用工作的监督。

　　干部的能力素质得到进一步提升。通过选派干部到基层挂职锻炼,开展交流轮岗,加强教育培训,不断开阔干部视野,改善知识结构,增长实际工作才干。一是做好挂职锻炼工作。结合援藏、援疆、援青、博士服务团等任务,选派干部到艰苦地区挂职锻炼,重点从缺乏基层工作经验的干部中产生人选,认真落实中央援派任务,不断培养锻炼干部。二是推动干部交流轮岗,多岗位锻炼干部。2009 年以来,文化部以司局级干部为重点,大范围推进干部交流轮岗工作,累计平级调整交流司局级干部 95 人,涉及所有司局和直属单位,机关 13 个司局中有 11 个司局的一把手进行了交流轮岗,既优化了班子结构,激发了干部队伍活力,又可以使干部本人在不同岗位上经受锻炼,积累经验,进一步提升综合素质和能力。

(三)机关公务员队伍建设进一步加强

围绕全面贯彻实施公务员法,以提高机关公务员队伍整体素质和能力为目标,通过完善考试录用、选拔任用、考核评价、激励约束等机制,进一步提高公务员队伍管理制度化、规范化、科学化水平,优化队伍结构,加强能力建设,增强创新活力,努力建设一支政治坚定、业务精湛、作风过硬、结构合理的机关公务员队伍。

公务员管理制度不断完善。十六大以来,我部认真执行公务员暂行条例各项规定。2006 年 1 月 1 日公务员法正式实施,这是我国干部人事管理第一部具有总章程性质的法律,对于健全公务员管理法规体系、实现依法管理具有里程碑意义。我部认真学习贯彻落实公务员法及其配套法规管理各项规定,对公务员录用、新录用公务员任职定级、考核、奖励、职务任免与职务升降、申诉、辞职、辞退、处分、培训等依法管理。结合我部实际,在充分调研和征求意见基础上,制定下发了《文化部机关调任暂行办法》、《文化部机关借用返聘人员管理暂行办法》、《文化部机关公务员休假暂行办法》等规章制度。

公务员管理机制不断创新。制度带来规范性、稳定性、根本性,制度还产生机制,机制激发活力,使机关公务员队伍年龄、专业、学历和来源结构不断优化,队伍整体实力和活力不断增强,确保部机关公务员队伍呈良性态势发展。目前,部机关公务员平均年龄由 2005 年 8 月的 41.2 岁降至 40.37 岁,本科以上学历由 2005 年 8 月的 79.9% 上升到 91.1%。

一是公务员进入机制不断完善。公务员考录是社会普遍关注的热点问题,也是我部对外工作的窗口。2007—2012 年,计划录用 119 人,报名人数达 65799 人,资格审核通过人数为 38946 人,实际录用 116 人。坚持"凡进必考",依法、科学、公平考录。结合我部实际,逐步建立健全考试信息管理、试卷管理、考试实施管理和阅卷管理四项制度,研究拟订并执行《笔试命题工作流程》、《考试实施基本程序》、《主考、巡考人员职责》、《监考人员职责》、《阅卷人员守则》等规章制度,制定录用公务员考察工作规范。向社会发布我部公务员考录专业科目考试大纲、专业科目考试和面试公告等,使考录工作公开透明,规范有序。

二是公务员任用机制不断完善。自 2001 年 3 月起,我部机关处级领导干部选拔任用实行竞争上岗。截至目前,已连续组织开展了 15 次竞岗,共公布 266 个处级领导职位,选拔任用了 216 名处级领导干部。在竞争上岗工作中,严格按照程序操作,各个环节都公开透明,落实了群众的知情权、参与权、选择权、监督权,将干部选拔任用工作置于广大群众的监督之下,提高了选人用人的公信度,机关已初步形成了民主、公开、竞争、择优的用人环境。通过 15 次竞岗,处级领导干部队伍的整体素质和年轻化水平明显提高。从 2010 年起,连续三年共拿出 8 个职位参加中组部、人社部和国家公务员局组织的公开遴选公务员工作,其中副处长职位 1 个,主任科员职位 7 个。从基层公务员队伍中选拔出 6 名工作经历比较丰富、善于应对复杂局面、有处理实际问题能力的优秀干部,进一步优化了部机关公务员队伍的来源和经历结构。

三是考核评价和激励约束机制不断完善。根据《公务员考核规定(试行)》和《公务员奖励规定(试行)》,遵循公开、公平、公正原则,结合我部实际,建立分类考核、及时奖励和定期奖励机制。部党组高度重视机关司局级领导干部和直属单位领导班子的年度考核工作,每年均以部党组名义下发通知,规定考核的组织领导、内容、程序、标准、等次及考核结果的使用等。经部领导批准,以人事司名义印发机关处级及以下公务员年度考核实施方案,对年度考核优秀人员给予记嘉奖和三等功奖励。2006 年以来,对 48 人予以记三等功奖励,对 383 人次予以嘉奖奖励。外派干部由使馆提出年度考核等次,经我部确认后,按照有关程序进行表彰奖励。为充分发挥奖励的激励作用,对在处理突发事件和承担专项重要工作中做出显著成绩和贡献的 7 名公务员予以记三等功和嘉奖奖励。

（四）驻外干部队伍建设进一步加强

文化外交干部队伍是文化人才队伍的重要组成部分,建设好一支高素质文化外交干部队伍,对于推动中华文化走出去,扩大中华文化影响力具有十分重要的意义。文化部党组历来重视驻外干部队伍建设。经过二十多年的努力,我部已经拥有了一支精通30多个语种共300多人的驻外干部队伍。党的十六大以来,在文化外交干部队伍的建设上,根据国家外交总体战略和驻外使领馆管理体制改革精神,针对新时期文化外交工作出现的新情况、新问题,不断研究新思路、探求新办法。

积极拓宽选人用人渠道。为满足不断增长的文化外交人才需求,补充我驻外机构岗位空缺,面向文化部系统、全国文化系统、全国其他系统选拔能力强、素质高的外语外事人才,择优吸纳到文化外交队伍中来。自2004年起,我们开始组织各种规模及语种的驻外后备干部推荐选拔及考试,有面向有关地方文化厅局和直属单位的,有面向全国大文化系统的,更有面向社会公开招考的。截至2012年4月,共计举办9次驻外后备干部推荐选拔及考试,吸纳优秀驻外后备干部人才180余名,目前已有百余名干部经过培训后派往驻外文化处(组、中心),为文化外交队伍输入了新鲜血液,很大程度上解决了驻外干部严重不足的问题。

不断强化驻外人员的忠诚教育。坚持把思想政治理论培训放在首位,积极利用各种类型的培训班,组织学习中国特色社会主义理论体系,坚定共产主义远大理想和中国特色社会主义信念。尤其针对驻外干部,坚持出国前的集中培训制度,由部领导亲自授课,在学习中把学习理论与研究在新形势下如何做好对外文化工作结合起来,并将其作为驻外干部思想学习的重要内容。积极贯彻落实党中央、国务院关于进一步加强外交队伍建设的要求,印发了《关于加强忠诚教育的通知》,要求各驻外文化机构全面深入开展忠诚教育,严格遵守内部管理制度和保密制度,提高防渗透、防泄密和防策反意识,并要求各单位、各机构将忠诚教育开展情况与考察、考核相结合。在举办驻外干部培训班时,组织参观安全保密展,请安全部门专家授课。在忠诚教育中,我们坚持学习教育与实践锻炼相结合,引导他们正确对待权力、地位和利益,正确对待组织、群众和自己,克服浮躁情绪,脚踏实地干事,在推动科学发展,提升中华文化国际影响力中建功立业、成长进步,使他们在西方敌对势力的"分化"和"西化"阴谋面前不"迷路",在霸权主义和强权政治横行时期不低头,在社会主义遭遇挫折和困难时期不泄气,在经济全球化、政治多极化的复杂环境中能够始终坚定共产主义理想和中国特色社会主义信念。

不断加大驻外干部培训力度。坚持驻外人员岗位培训制度,每年都要举办2—3期的驻外人员岗位培训班,自2004年以来,共计举办13期文化部驻外干部培训班,共计培训驻外干部500余人次。根据国内外形势的变化和驻外工作的特点及时调整培训内容和培训方法,努力拓宽培训渠道,突出重点,进一步提高培训的针对性和实效性。同时,把驻外人员培训制度纳入部机关干部培训管理的正常渠道,把部机关干部的再培训及成人继续教育同驻外人员岗位培训紧密结合起来,多层次多渠道地培训驻外干部,努力建立一支职业化的文化外交人才队伍。

大力加强驻外文化处(组)编制申请及调整工作。为适应文化外交工作需要,提高文化外交的地位和作用,提升文化交流的层次和水平,向中编办报送了《文化部关于加强文化外交干部队伍建设情况的报告》,申请增设驻外文化处组,增加驻外编制。2004年以来,为积极配合驻外中国文化中心建设进程和对外文化交流的需要,先后向中编办申请了蒙古、东京、西班牙中国文化中心和驻罗马尼亚、约旦、刚果(布)等使领馆文化处20余个编制岗位。

不断加强驻外干部管理制度化建设。为加强文化驻外干部管理制度化、规范化建设,我部制定了《文化部驻外文化参赞选派工作暂行办法》、《文化部驻外干部选派任用工作暂行办法》、《文化部鼓励部机关外事干部出国常驻的暂行规定》、《驻外人事考察工作暂行办法》、《文化部借派驻外干部选派工作暂行规定》、《驻外使领馆工作人员外交职衔晋升管理办法》等一系列的管理办法。结合中央精神和工作实际，研究起草了《文化部关于贯彻落实〈关于进一步加强驻外干部队伍建设的意见〉的具体意见》、《文化部驻外中国文化中心工作人员年度考核暂行规定》、《驻外中国文化中心工作人员未成年子女基础教育保障及费用管理办法》、《驻外中国文化中心工作人员未成年子女基础教育保障改革财务实施意见》等规定。

（五）专业人才队伍建设不断加强

注重人才队伍建设。坚持以提高文化创新能力为核心，以领军人物和拔尖人才为重点，把建设一支学风严谨、业务精湛、品德优良、成就突出的高层次文化艺术专业人才队伍作为人才队伍建设的重要内容。做好专家选拔推荐工作，相继向中宣部、人力资源社会保障部推荐多位专家入选宣传文化系统"四个一批"人才、新世纪百千万人才工程、享受政府特殊津贴。充分发挥政府在高层次文化人才培养中的导向和扶持作用。配合中宣部推动文化名家工程，拟在全国培养一批德艺双馨的高层次人才。在全国文化系统继续开展"文化部优秀专家"选拔，在文化艺术领域培养一些造诣比较深厚、成就比较突出的中青年人才，推进人才梯队建设。

加大人才引进力度。推行"团队"引才，建立数字图书馆等各类科研团队，开设人才引进的"绿色通道"，制定了紧缺人才"刚性引进"计划，面向社会公开招聘创新人才。同时，鼓励支持国家图书馆、中国对外文化集团公司等研究机构和大型文化企业建立博士后工作流动站。以全职和兼职等聘用形式，重点引进编导、指挥、器乐演奏等方面的首席艺术家、学术带头人等高级人才和重点岗位紧缺人才，实现柔性"引智"，大幅提升艺术质量。

规范人才激励机制。一是与有关部门沟通，积极推进文化领域国家荣誉制度，力争表彰一批为文化艺术事业作出杰出贡献的老艺术家。

二是做好文化行业表彰工作。为纪念中国话剧诞生 100 周年，授予于是之等 30 名同志"国家有突出贡献话剧艺术家"荣誉称号，授予赵友亮等 80 位同志"文化部优秀话剧艺术工作者"荣誉称号。为彰显非物质文化遗产保护工作的重要意义，先后表彰了 70 名全国非物质文化遗产保护先进工作者、80 个文化部非物质文化遗产保护工作先进集体和 240 名文化部非物质文化遗产保护工作先进个人。组织开展全国文化系统"三先"表彰活动，于 2005 年和 2009 年先后表彰了 292 个全国文化系统先进集体和 498 名全国文化系统先进工作者。三是深化职称改革，提高评审质量。在研究文艺人才成长规律和开展调研工作的基础上，进一步改进和完善职称评审工作，更加重视能力、水平和贡献，加大了对优秀年轻人才的选拔力度。同时，结合文化艺术专业特点，多方调研，对艺术研究、演出监督、摄影（摄像）、工程技术、新闻出版等专业高级职称评审基本条件进行修订、完善，增强了评审条件的科学性和可操作性。

实现专家联系的制度化、经常化。一是建立并完善重点专家联系制度和专家咨询机制。适时组织专家参加重大问题研讨交流活动，并组织高层次人才为文化发展的重大决策以及重大工程项目提供咨询服务，充分发挥他们在科学决策中的参谋和咨询作用，相继组织部系统百余位有较高知名度的专家分赴新疆、云南、四川、黑龙江等地休假考察，进一步提高联系和服务专家工作水平。二是开展老艺术家困难补助工作。2006 年至今，按照中央领导指示和财政部有关文件精神，连续 7 年先后多次开展了补助工作。按照"有名望、有影响、有困难"的原则，考虑到老艺术家的知名度和影响力，注重业绩和贡献，兼顾个人家庭生活状况，先后补助老艺术家 3000 余人次，补助金额 3900 余万元。同时，向每位享受困难补助的老艺术家发送慰问函，转达党中央、国务院对他们的关心和问候，对缓解老艺术家生活困难起到了积极作用，在文艺界产生了良好反响。

拓宽渠道，提升文化艺术专业技术人才素质。依托国家留学基金委实施艺术类人才培养特别项目,利用国外优质教育资源,有计划、有针对性的选派部属艺术院团的优秀艺术家出国留学、研修。目前已有32位青年文化艺术专业技术人才获批担当访问学者出国留学,对他们学习前沿艺术理论、开阔全球视野,提升创新素质起到了积极的促进作用。

(六)为文化建设发展提供人才保障的水平进一步提高

按照中央的统一部署,积极探索文化事业单位改革,不断创新体制机制,主动助推文化体制改革,深化收入分配制度改革,推进直属单位内部机制改革,改善直属单位人才队伍结构,推动全国文化系统高技能人才和基层人才队伍建设,为建设宏大文化人才队伍,为文化建设发展提供有力人才支撑和制度保障。

积极助推文化体制改革。2002年,党的十六大提出深化文化体制改革、发展文化事业文化产业的战略部署。2005年底,中共中央、国务院下发《关于深化文化体制改革的若干意见》。2006年,《国家"十一五"时期文化发展规划纲要》的出台,对进一步加快文化建设、推动文化体制改革作出部署。我部按照中央的部署,积极推进文化行业体制改革,将可以由市场配置资源,基本具备转企条件的事业单位转企改制,并在改制过程中,整合资源,以利于做大做强,推动事业发展。自2003年以来,我部先后对8家直属事业单位进行了转企改制,组建了中国对外文化集团公司等五家公司。人事司根据文化体制改革精神,积极参与改革制度设计和政策制定工作,耐心细致做好转企改制单位人员身份转换和分流安置工作,多方协调社保衔接工作,通过申请新成立单位和调整部分单位编制来调整直属单位结构布局,担当了改革的助推器、润滑剂,保证了转企改制的顺利进行。通过转企改制,共核销事业编制1177名,为全国文化系统经营性文化事业单位转企改制起到了积极的示范作用。

根据中央关于分类推进事业单位改革精神,深入研究,精心部署,准确汇总各单位机构编制、公益属性和人员情况,科学合理提出事业单位清理规范意见,进一步区分文化事业单位的类型,重新整合资源,采取保留、撤销或合并等方式,为加快推进事业单位分类管理改革奠定基础。积极深化事业单位人事制度改革,全面实行聘用制度、竞争上岗和公开招聘制度。对管理人员实行层层聘任制,对专业技术人员实行专业技术职务聘任制,将竞聘上岗作为内部人员选拔任用的主要方式,要求各单位除军转干部接收等政策性安置、由上级任命及涉密岗位等确需使用其他方法选拔任用人员外,必须要通过公开招聘选用人才。加强岗位设置管理,截至 2012 年,共完成了 25 家直属单位岗位设置管理方案的批复备案,建立了完善的岗位考核办法。党的十七大以来,人事司累计为直属单位接收了 1177 名高校毕业生、从京外选调了 39 名急需的短缺高端人才、接收军转干部近 40 名、解决了 85 名干部夫妻分居及其他问题,稳定了直属单位人才队伍。

推动全国文化系统高技能人才和基层人才队伍建设。根据中办、国办《关于进一步加强高技能人才工作的意见》和《国家中长期人才发展规划纲要》,全面部署,通过召开座谈会、举办培训班、宣传推介、建立文化部高技能人才库等形式,推动全国文化系统高技能人才队伍的建设工作。推动职业技能鉴定和培训工作,为提高文化从业人员整体素质,推行职业资格证书制度,成立了文化部职业技能鉴定指导中心,组织编写数十种教材,颁布 18 个文化行业国家职业标准,筹建 15 个省级文化行业职业技能鉴定站,逐步建立起覆盖全国的职业技能鉴定网络。

(七)干部培训工作水平进一步提升

按照中央提出的"大规模培训干部,大幅度提高干部素质"的精神和部党组关于培训工作的总体部署和工作要求,以高层次人才培训和基层文化干部培训为重点,不断加强培训规划管理,加大培训资源整合力度,积极开拓培训渠道,着重优化主体培训班次,大力推进部省联合培训,巩固提高培训宣传效果,较好地完成各项培训计划,取得了显著成效。

培训规模不断扩大,培训人数逐年递增。组织开展了多种类型和层次的培训,培训对象包括各类管理人员、经营管理人员和专业技术人员及高技能人员。共举办 8 期司局级领导干部培训班、12 期全国地市文化局长培训班、12 期机关处级干部任职培训班、6 期新录用公务员培训班、21 期驻外干部培训班、1 期科级干部培训班、6 期文化部青年干部培训班、6 期文化部全国文化站长培训班、2 期文化部全国县市文化局长培训班、3 期文化部全国文化行业高技能人才培训班、2 期文化部培训管理者培训班、4 期文化部全国文化艺术管理机构人力资源管理境外培训班,以及 WTO 基本知识等 20 个知识更新培训班,参训学员数量呈递增趋势。2002—2007 年,举办了 22 期文化艺术系列讲座,2000多人次参加学习。根据《文化部公务员在职学历学位教育暂行办法》,设立专项经费支持鼓励公务员在职参加学习,共有百余名机关干部参加在职学历学位教育。近年来,根据文化发展形势,还相继举办了转企改制单位负责人经营管理培训班、动漫管理人才高级研修班、舞台艺术经营人才高级研修班、艺术院团经营管理人才高级研修班等。经统计,截至 2012 年 6 月,文化部系统参加脱产培训、干部选学和境外培训的总人数累计达到 17495 人,其中部级干部 42 人,司局级干部 949 人,处级干部 2143 人,科级及以下干部 2235 人,专业技术人员 12126 人。

创新培训渠道。启动开展了部省联合培训工作,按照西部地区 10万元、中部地区 5 万元、东部地区 2 万元的标准,对各省(区、市)联合培训项目提供经费支持,建立经费激励机制,并向中西部适当倾斜。2009 年以来,累计为各省区、各直属单位和各市局补助培训经费 560余万元。2012 年上半年已对中西部 9 个省区省部联合培训工作方案进行了批复,并将适时进行培训经费补助。组织开展全国基层文化干部轮训工作,计划通过中央、省、市、县四级培训,5 年内将全国 7.7 万名文化站长轮训一遍。截至 2011 年,文化部人事司已经成功举办 6 期示范性培训班,培训地方基层文化站长超过 300 人。加强西部民族地区文化人才培训力度,举办新疆西藏文化经营管理干部培训班、厦门重庆文化管理干部培训班、文化部新疆文化管理干部民族团结培训班、文化部新疆文化体制改革和文化产业发展培训班、文化部西藏文化管理干部民族团结培训班、文化部全国少数民族文化管理干部培训班等一系列培训班次。组织开展文化部机关干部全员培训暨公务员职业道德培训工作,以提高机关公务员管理能力和增强职业道德为主题,以全员参与、全年开展、自学与培训并重和岗位学习与脱产学习相结合为原则,采取发放购书券、统购统发必读书目、举办专题讲座、参观专题展览、开展读书学习交流、外出观摩考察相结合的方式。已经举办 3 期文化专题讲座,开展 1 次考察观摩。

培训制度建设和基础工作扎实推进。不断加强制度建设和基础性工作,陆续出台了《文化部公务员在职学历学位教育暂行办法》、《文化部 2001—2005 年干部培训规划》、《文化部关于培训西部文化干部的实施意见》、《文化部关于加强基层文化队伍职业资格和教育培训工作的实施意见》、《文化部 2006—2010 年干部教育培训工作规划》等 10余个制度和规划。开通"文化干部教育与培训网"、积极开辟建立区域性、全国性干部教育培训基地、开展文化建设案例编辑工作、加强培训调研等。通过制度建设和基础性工作,培训工作的规划性显著增强,规范化、制度化、科学化水平有了大幅度提高,培训工作已经形成干部轮训、调训、在职教育、网络学习、自主选学五位一体的格局并正在逐步完善。

二、文化人才队伍建设的经验和启示

党的十六大以来,文化人才队伍建设取得了较大成就,为社会主义文化大发展大繁荣奠定了坚实的人才基础。但也要清醒地认识到,我们的人才发展现状与文化事业和文化产业的繁荣发展、与人民群众的要求、与构建社会主义和谐社会的战略目标相比,还存在不少差距和问题。加强文化人才队伍建设,必须从党和国家事业发展的全局出发,服从和服务于社会主义文化建设大局,坚持党管人才原则,认真学习贯彻落实中央关于人才工作和人才队伍建设的一系列方针政策,坚持改革创新的精神,进一步营造文化人才发展的良好环境。

加强文化人才队伍建设,必须坚持党管人才原则。党管人才,体现了党对人才工作的高度重视,突出了人才工作的重要性,是人才工作沿着正确方向前进的根本保证,由利于人才工作向更好地为全党全国工作大局服务转变,有利于形成人才工作合力,有利于人才工作方针政策的协调落实,也有利于凝聚人才,在全社会形成"尊重劳动、尊重知识、尊重人才、尊重创造"的浓厚氛围。文化人才队伍建设是全国人才工作的重要组成部分,必须始终坚持党管人才的原则,以更加科学的态度,更加开放的视野,更加宽广的思路,着力完善人才工作的管理体制,着力解决制约人才工作发展、制约人才发挥作用的突出矛盾;进一步营造文化人才发展的良好环境。

加强文化人才队伍建设,必须服从和服务于国家工作大局和文化建设全局。文化人才培养工作是党和国家实施人才战略的重要内容,造就一支宏大的文化人才工作队伍,是一项长期的战略任务。要从新时期党和国家事业发展的全局出发,围绕经济社会发展的战略部署、重点任务和文化工作的实际调整好人才布局,抓好各类型各层次人才的培养和使用。文化人才队伍建设也是文化建设的一项基础性工作,必须服务于文化建设的中心工作,才能为文化大发展大繁荣提供人才保障和智力支撑。

加强文化人才队伍建设,必须尊重人才成长规律和艺术发展规律。文化人才具有人才工作的共性,要尊重人才成长规律,树立正确的人才培养导向,不断解放思想,转变观念,全心全意为人才服务,努力营造良好的人才成长环境。文化人才又具有其特殊性,要尊重文化艺术发展规律,深入开展文化人才工作调研,了解不同艺术门类、不同体制、不同年龄层次文化人才队伍现状,深刻分析文化人才队伍的新变化,解决好人才队伍建设中遇到的困难和问题,促进文化人才资源和文化建设协调发展,培养造就一支与文化建设相适应的文化人才队伍,有效发挥文化人才资源在文化建设中的基础性、战略性和决定性作用。

加强文化人才队伍建设,必须创新和完善人才工作机制。要积极深化干部人事制度改革,努力探索建立与社会主义市场经济体制和文化建设相适应,有利于各类人才脱颖而出、有利于文艺工作者的创造力充分发挥的体制机制,完善人才培养、选拔、使用、评价和激励等各个环节,充分激发各类人才的创造活力和创新热情,开创人才辈出、人尽其才的良好局面。

加强文化领域党的建设和廉政建设
为文化改革发展提供坚强政治保障

文兴党旺,党旺文强。党的十六大以来,特别是党的十七大以来,在中央纪委、中央国家机关工委和部党组领导下,文化部系统各级党组织带领广大党员干部坚持以中国特色社会主义理论体系为指导,深入贯彻落实科学发展观,按照服务中心、建设队伍的总体要求,高举中国特色社会主义文化伟大旗帜,紧紧抓住文化大发展大繁荣的历史机遇,积极、活跃、丰富、扎实、创造性地进行党的思想、政治、组织、作风和反腐倡廉建设,为圆满完成各项文化工作任务,掀起社会主义文化建设新高潮提供了强大的思想动力和有力的政治保障。

一、围绕中心,服务大局,机关党建成效显著

文化部正确认识、准确把握党建工作目的和手段、党建工作的重要性和保障性、党建工作长期任务和阶段目标、党建工作常规事务与创新举措、机关党建和基层党建五大关系,围绕学习科学发展观、创先争优等党建重点工程,健全了自上而下、一级抓一级、层层抓落实的党建工作机制。这五年,是文化部党建工作深入扎实、特点突出的五年,是思想、组织、队伍、作风、制度建设成效显著的五年,是服务大局、全面有力推动各项文化工作快速发展的五年。

（一）积极开展创先争优活动，提高党组织的战斗力和党员的先进性

在基层党组织和广大党员中深入开展创先争优活动，是党中央作出的加强新形势下党的建设的一项重大部署。部党组高度重视，及时召开了创先争优活动动员大会，成立了全国文化文物系统创先争优活动指导小组，印发了《关于在文化部直属机关基层党组织和党员中深入开展创先争优活动的实施方案》等文件，以"传承中华文明、发展先进文化、提高服务水平、加强基层组织"为载体，结合文化系统的实际情况和党员的岗位特点，广泛开展创先争优活动。

1. 服务科学发展

把创先争优活动同做好各项工作结合起来，注重围绕中心工作、注重服务人民群众、注重加强基层组织、注重取得实效，把创先争优活动逐步引向深入。部机关各司局广泛开展建设效能型机关、服务型机关、和谐型机关活动，开展讲党性、重品行、做表率活动，在转变政府职能、改进工作作风、树立服务意识、提高工作效率等方面取得明显效果；直属单位中的一些服务窗口单位，更新服务理念，拓展服务项目，发挥资源优势，提高服务水平，受到广泛好评；一些院团狠抓剧目创作、品牌推广、团队建设和公益演出，取得了经济效益、社会效益的双丰收；很多单位的党组织积极为群众办好事、办实事，为群众排忧解难，化解矛盾，不断提高推动科学发展、促进社会和谐的能力。

2. 服务人民群众

召开全国文化系统创先争优活动推进会，推进创先争优活动在全国文化系统深入扎实地开展。一是结合"走基层，转作风，改文风"活动，抓机关作风建设。机关各司局进一步提高服务意识，改善服务态度，不断提高工作效率。二是树立身边榜样。宣传我部已故离休干部党员贺高洁同志先进事迹，庆祝建党 90 周年，开展创先争优的评选表彰。各级党组织发现身边榜样，运用典型指导工作。三是推动窗口单位创先争优活动。印发《关于在文化部直属机关窗口单位深入开展

"为民服务创先争优"活动的实施意见》。各艺术院团加大服务观众的力度,创作更好更多的精品力作,开展"红色经典巡演"等活动,部属9个院团仅2011年就演出2929场,为各地群众提供精美艺术大餐。其中三下乡演出90多场,观众30余万人次。文化信息共享工程2011年资源建设总量已达28.4TB,服务1.6亿人次。博物馆、图书馆、美术馆和文化馆等单位全面实行免费开放。四是充分发挥群团组织工作的优势和积极性,以为民服务为宗旨开展创先争优活动。积极开展慰问老干部、老艺术家、老党员、困难职工等送温暖献爱心活动,开展积极向上、有利健康的文体活动,活跃职工生活,调动职工工作热情,为加强和谐机关建设、促进中心工作作贡献。

3. 服务基层组织建设

2012年,部党组召开全国文化文物系统基层组织建设年动员大会,印发《关于在全国文化文物系统在创先争优活动中开展基层组织建设年的指导方案》等文件,对基层组织建设年活动进行全面安排部署和具体指导。活动第一阶段进行分类定级,摸清底数。根据统计情况,在全国文化文物系统24722个基层党支部中,"优秀"和"较好"的支部达到94%。第二阶段针对存在问题,进行查遗补缺。各党支部针对自己的薄弱环节,在班子建设、制度建设、活动开展、作用发挥等方面查遗补缺。本着有什么问题解决什么问题、什么问题突出解决什么问题、集中力量解决重点问题的原则,充分发挥先进基层党组织的示范带动作用,突出整顿软弱涣散的党组织,努力使每个基层党组织都有新的提高。4月份与中组部共同举办全国文化文物系统党支部书记培训班,培训基层党支部书记近百人。第三阶段进行创先争优评选表彰。7月9日,召开全国文化文物系统创先争优表彰大会。

(二)广泛开展主题党日活动,加强理想信念教育

理想信念教育是党建工作的灵魂。十六大以来,特别是十七大以来的五年,我们国家重大庆典和节日相对集中,为开展党员的理想信念

教育提供了重要契机。文化部抓住时机,顺应干部职工的需求,适时开展了形式多样、丰富多彩的纪念活动,在热烈、昂扬、和谐的氛围中,进行理想信念教育,筑牢党员干部的思想基础。

1. 迎接十七大,加强党员党的意识

2007 年,为迎接党的十七大胜利召开,在七一前组织开展了历时 105 天的"我是共产党员——写在建党 86 周年之际"网上主题教育活动,文化系统党员在网上留言 3353 条。活动得到文化部领导的大力支持,部党组全体成员参与留言活动。广大党员积极参与,留言内容极其丰富,风格极其多样,党员的身份意识得到进一步确认和巩固,受到文化系统普通群众的充分肯定,在社会上引起了很好的反响。

2. 支持北京奥运会,发扬主人翁精神

北京奥运会召开之际,号召广大党员干部发扬主人翁精神,组织干部职工参加相关活动,体会祖国实现百年奥运梦想的光辉历程,为奥运各项重大文化活动做贡献。各有关单位党组织和广大党员圆满完成了 232 个国内项目和 227 个国际及港澳台地区项目,来自 80 多个国家和地区的近万名艺术家演出 600 多场次,现场观众超过 100 万人次。在奥运村举办"中国故事·祥云小屋"非物质文化遗产展览,集中展示了最具代表性的 100 多个国家级非物质文化遗产项目,受到国内外好评。

3. 纪念国庆 60 周年,增强爱国主义精神

纪念新中国成立 60 周年大庆之际,选派文艺界人士参加首都国庆 60 周年庆典天安门广场"文化成就"彩车和"依法治国"方阵游行。组织干部职工参加"首都各界爱国歌曲大家唱"大型演唱会和"歌唱祖国"——中央国家机关庆祝新中国成立 60 周年大型歌咏活动。举办文化部系统改革开放 30 周年网上成就展。编印《祝福祖国——庆祝新中国成立六十周年群众歌曲集》3 万册,采用各种活动方式进行发放。

4. 庆祝建党 90 周年,增进对党的热爱之情

把纪念活动与学习党的理论、继承优良传统、颂扬伟大成就、总结

成功经验结合起来,深化理论武装,强化党性教育,使开展纪念活动的过程成为理论武装的过程,谋划文化改革发展的过程。开展学习贯彻胡锦涛总书记"七一"重要讲话精神系列活动,举办"知党情、跟党走"党建知识答题竞赛,举办"歌颂祖国歌唱党"歌咏比赛,召开"文化部离退休干部庆祝建党 90 周年座谈会",开展走访慰问老党员、困难党员的活动。充分利用主题党日、文化"三下乡"、外地巡演等机会,广泛开展"学党史、寻红根"主题教育活动,组织演艺界党员画党史、唱红歌、演红剧。举办文化部青年艺术家风采展。通过这些活动,广大党员干部加深了对党的历史、党的知识的了解,激发了爱党热情,提高了工作积极性。

(三)建设学习型党组织,提高党组织的领导力和党员的综合素质

制定《关于推进文化部直属机关学习型党组织建设的实施方案》,按照科学理论武装、具有世界眼光、善于把握规律、富于创新精神的要求,以提高党员干部的思想政治水平为基本目标,通过推进学习型党组织的建设,建立起以中心组学习为龙头,以党委会为推动,以培训为重点,以日常自学为主体,以党建在线为平台,全方位、广覆盖的思想理论建设模式,营造了浓厚的学习氛围,提高了各级党组织的领导能力和党员干部的各方面素质。

1. 发挥中心组学习的模范带头作用

部党组中心组带头加强学习,结合文化发展和社会关注的重大问题,邀请专家授课,努力提高学习效果。机关党委加强对部系统各级中心组学习的指导和督促检查,每月编发《中心组学习》参考资料 500 册。各司局、各直属单位以部党组中心组为榜样,坚持长期开展学习,以此带动本单位党组织和全体党员干部的学习。

2. 认真组织学习十七届历次中央全会精神

每次十七届中央全会召开后,文化部各级党组织都及时行动起来,

认真学习贯彻落实全会精神,坚持不懈地抓好党的路线方针政策教育、形势任务教育,引导党员干部深刻理解和把握中央关于文化发展的重大决策部署,推进马克思主义中国化、时代化、大众化。为学习好各次全会精神,蔡武部长主持召开会议,向各司局、直属单位党组织负责同志及时传达全会精神。党的十七大召开以后,连续举办司局级领导干部和处级干部培训班,300多名局处级党员领导干部参加学习。尤其是十七届六中全会召开后,文化部迅速掀起学习贯彻会议精神的高潮,党组中心组专题集中学习六中全会精神,下发《文化部党组关于深入学习全面贯彻党的十七届六中全会精神的通知》等多个文件,部党组成员、部直属机关党委书记李洪峰同志为学习作辅导报告。在全面推动学习的基础上,分别召开了党委书记、老同志和青年同志学习六中全会精神等多个座谈会、培训班。和中央国家机关工委一起,在浙江省宁波市举办主题联学活动,组织中央媒体走进文化部。文化部学习六中全会精神的情况被中央国家机关工委《信息交流》和中央《建设学习型党组织工作简报》多次刊登。

3. 积极开展向杨善洲同志学习活动

从2011年3月开始,部系统广泛开展向杨善洲同志学习活动。部党组召开动员部署会,印发《关于开展向杨善洲同志学习活动的通知》,第一时间编印下发《杨善洲同志先进事迹》读本。先后召开7次学习推进会、各类座谈会和开展演讲比赛,并组织党务干部赴云南保山实地学习等活动。组织党员干部撰写近300篇学习杨善洲同志心得体会,在《中国文化报》和党建在线网站开辟专栏刊登,编印《弘扬杨善洲精神 推动文化大发展大繁荣——文化部学习杨善洲活动集锦》,发放到文化系统,供大家学习交流。

4. 开展党员集中培训

2009年印发《中共文化部党组关于加强和改进党员教育培训工作的意见》,确定了在三年内完成对党员普遍进行一次集中培训的任务。按照分级培训的原则,部直属机关党委在2010—2012年举办16期培训班,分别培训新党员、新任党支部书记等各类党员 1300 人。培训班除了安排党史、党的基本知识等内容外,党组成员 10 余次亲临授课,为培训班作主题报告。机关业务司局主要领导结合本部门业务作专题报告,使党员的学习紧密结合中心任务,有的放矢。为配合培训,部直属机关党委编印了《文化部党员集中培训参考教材》等 3 本教材,刻制了 5 种课件光盘各 500 份,作为全国文化单位党支部书记培训班示范教材发给各省市文化厅局。各直属基层党组织按照党组要求,结合实际,因地制宜,广泛开展党员集中培训,举办了党员各类培训班,截至今年底,基本完成了三年培训任务。

5. 深入开展党建理论研究

成立全国文化系统党建研究会和思想政治工作研究会。参加全国党建研究会等上级研究机构的课题分工,开展学习型党组织建设研究等 10 多个调研项目,报送论文 20 余篇。2012 年牵头中央国家机关党建研究会第二重点课题 c 组,开展加强机关文化建设的问题研究。《加强党的建设,推动文化发展》获 2011 年全国党建研究会自选课题成果三等奖,《在文化建设中开展创先争优的四个基本命题》在中央创先争优活动领导小组和全国党建研究会主办的全国创先争优理论研讨会上宣读。

(四)抓基层打基础,加强组织建设

基层组织是党全部工作和战斗力的基础,是落实党的路线方针政策和各项工作任务的战斗堡垒。文化部以学习贯彻《中国共产党党和国家机关基层组织工作条例》为契机,以开展基层组织建设年为抓手,以围绕服务科学发展和自身科学发展为课题,解放思想,实事求是,与时俱进,全面推进组织工作思想观念、体制机制和方式方法的改革创新,进一步做好抓基层打基础工作。

1. 切实贯彻落实民主集中制的组织原则

把民主集中制建设作为党建工作重要内容,发展党内民主,保障党员主体地位和民主权利。2011年制定下发了《文化部直属机关党委关于实行党务公开的意见》,实现党务信息公开的充分化、常态化、互动化。推进基层党组织按期换届,保障党员民主权利的正常行使,五年中直属党组织换届30多个,解决了部分单位长期没有改选换届的问题,保障了党员的选举权和被选举权,充实了党的基层组织,保持了基层党组织的生机和活力。

2. 做好发展党员工作

把优秀人才和业务骨干吸收到党组织中来,尤其是注重吸收知名艺术家和青年才俊入党。五年中,文化部党员队伍从6199人增至7828人,其中35岁以下人数从16%提高到23%;本科及以上学历从47%提高到54%。发挥"文化部网上党校"的优势,抓好入党培训,确保发展质量。2008年年底网上党校开办以来,已培训入党积极分子363名。以提高素质为重点,抓好党员队伍建设,建立健全党员教育、管理、服务的长效机制。

3. 大力加强基层组织建设

统筹抓好机关和直属单位党的建设,统筹抓好党委建制和直属总支、支部建制单位党的建设,形成组织完善、坚强有力的基层党组织网络体系。指导中国对外文化集团有限公司等五家转企改制单位筹建党组织,扩大党组织覆盖面。做好基础数据统计工作,历史上第一次掌握了全国文化文物系统党组织和党员的基本数据,基本掌握全国文化文物系统党组织和党员的构成情况。

(五)积极开展统战和群团工作,夯实党的群众基础

统战和群众工作是党的建设重要任务之一。文化部各级党组织坚持全心全意为人民服务的宗旨,坚持以党建带群建,以统战、工会、共青团、妇女和侨联等组织为阵地,坚持宣传教育群众,尊重依靠群众,组织引导群众,提高群众的思想政治觉悟,调动群众的积极性、主动性、创造性,动员文化部系统所有力量投入到文化改革发展的历史进程中去,为建设社会主义文化强国贡献力量。

1. 认真抓好统战、侨联工作

文化部八个民主党派齐全,且人数众多,统战工作是我部党建工作的一大特点。多年来,文化部充分发挥党外人士的参政议政作用,选派党外人士参加中央统战部、中央国家机关工委统战部等部门举办的党外人士培训班、考察团和联谊活动,举办归侨侨眷联谊会,为发挥党外代表人士的积极作用创造条件。召开文化部归国华侨联合会第四次代表大会,选举产生第四届委员会。

2. 积极开展工会工作

2010年召开文化部直属机关工会第五次代表大会,选举产生新一届部直属机关工会委员会。积极开展"送温暖"、"阳光助学"、节日慰问等活动,其中"阳光助学"款达43万余元,"送温暖"达148万余元。成立文化部系统职工健身行动委员会,广泛开展干部职工健身活动。成功举办文化部直属机关第二届职工运动会,1054名运动员参加了56个项目的比赛。联合中国教科文卫体工会举办全国文化系统职工民主管理工作经验交流会。在干部职工中举办公文写作大赛,广泛开展立足岗位建功立业活动,组织积极向上、有利健康的文体活动。

3. 努力提高共青团的工作水平

2010年召开共青团文化部直属机关第十三次代表大会,选举产生新一届部直属机关团委。积极开展"读书、实践、成才"和"树典型、学榜样、赶先进"活动。举办全国文化青年读书、征文、演讲比赛等活动,出版《文化责任》《文化力量》等文集。举办"文化资源共享活动"近50次,累计参与人数超过5000人。积极开展为新疆生产建设兵团赠送图书和志愿者活动。开展以"弘扬正气、勤政廉政"为主题的青年硬笔书法比赛。组织青年艺术家和青年志愿者参加公益活动,展现文化部青年的风采。开展"文化青年走基层"实践活动,组织青年团员分8个小组,赴河北、山西、黑龙江等地农村,与基层群众同吃、同住、同劳动。

4. 积极参加社会救助

2008年5月汶川特大地震发生后,各级党组织和广大党员全力投入抗震救灾工作,文化部直属机关在两个月时间内连续三次组织捐款,捐款捐物折合人民币9500多万元;积极参加"爱的奉献"2008年宣传文化系统抗震救灾大型募捐活动;部党组成员多次冒险深入灾区检查、指导工作,党员艺术家积极参加赈灾义演、深入地震灾区进行慰问演出。玉树地震和舟曲特大泥石流灾害发生后,部直属机关分别向灾区捐款1511万元和310万元,充分发挥了党组织的战斗堡垒作用和党员的先锋模范作用。

二、态度坚决,措施有力,反腐倡廉硕果累累

十六大以来,文化部高度重视反腐倡廉建设,紧密结合文化工作实际,认真贯彻落实党中央国务院关于反腐倡廉工作的决策部署,态度坚决、方向明确、思路清晰、措施有力,文化部的党风廉政建设和反腐败工作不断取得新进展新成效,为社会主义文化大发展大繁荣做出重要贡献。

(一)惩防体系建设全面推进,防治腐败框架初步形成

加强惩治和预防腐败体系建设,有效预防和惩治腐败,是党中央作出的重大战略决策。十六大以来,特别是十七大以来,文化部高度重视惩防体系建设,认真贯彻落实中央关于加强惩防体系建设的要求,把惩防体系建设作为文化系统党风廉政建设和反腐败工作的重要任务,狠抓落实,务求实效。

2008年,文化部党组下发了关于贯彻落实《建立健全惩治和预防腐败体系2008—2012年工作规划》的实施意见,对完成惩防体系建设各项任务,作出全面部署。文化部各单位按照部党组的要求,结合实际,狠抓落实。驻部纪检组监察局充分发挥组织协调职能,加强监督检

查,保证惩防体系建设顺利进行。2009 年,组织召开了全国文化系统贯彻落实惩防体系建设《工作规划》经验交流会,扎实推进惩防体系建设,有力推动了全国文化系统惩防体系建设的深入开展。

2010 年、2011 年连续两年,驻部纪检组监察局对文化部各单位惩防体系建设情况进行了深入督导检查和问卷调查,撰写了文化部加强惩防体系建设工作情况报告上报中央纪委,得到中央纪委的充分肯定。

2012 年,为全面完成惩防体系建设 2008—2012 年工作任务,文化部开展了惩防体系建设年活动,下发了中共文化部党组关于印发《全国文化系统开展惩防体系建设年活动实施方案》,对完成惩防体系建设工作任务提出明确要求。5 月,组织召开了文化部机关和直属单位惩防体系建设年活动推进会。8 月下旬,召开全国文化系统惩防体系建设工作总结会,交流经验,总结成绩,发现不足,积极整改,促进惩防体系建设各项任务顺利完成。

经过几年的努力,全国文化系统惩防体系建设基本框架初步形成,教育、制度、监督、改革、纠风、惩治各项任务基本落实,在预防和惩治腐败方面发挥越来越重要的作用,推动了文化系统反腐倡廉建设不断取得新成果新成效。

(二)认真履行职责,监督检查工作成效明显

加强监督检查,是纪检监察工作的首要职责。十六大以来,各级纪检监察组织认真履行职责,不断加大监督检查工作力度,保证了文化改革发展顺利进行。

1. 加强了对各级领导班子和领导干部贯彻落实党的路线方针政策、遵守政治纪律、执行民主集中制、落实“三重一大”制度、廉洁从政方面的监督检查,发现苗头性问题,及时通过函询和诫勉谈话等方式进行告诫提醒,促进党员领导干部勤政廉政。

2. 加强了对干部选拔任用、公务员考录和遴选、局处级干部竞争上岗等工作的全程监督,发现问题及时纠正。先后为选拔任用、试用到期

转正的 528 名局处级干部签署廉政意见,对不符合选拔任用条件的,严肃认真地提出处理建议,有效地防止了干部"带病提拔"、"带病上岗"。

3. 加强了全面落实《关于领导干部报告个人有关事项的规定》和《关于配偶子女均已移居国(境)外的国家工作人员加强管理的暂行规定》两项制度落实情况的监督检查。2011 年,文化部应报告个人有关事项的干部 1324 人,都进行了如实报告,没有发现瞒报、漏报行为。

4. 加强了对文化部重要文艺评审评奖活动、重大工程建设项目和政府采购项目的监督检查。先后对文华奖、国家级非物质文化遗产名录申报项目、文化部科技创新项目立项、国家文化产业示范基地等 54 项文艺评奖评审评选活动,对国家博物馆改扩建工程、国家图书馆一期维修改造和二期工程、中国工艺美术馆·中国非物质文化遗产展示馆工程、莫斯科中国文化中心工程等 43 个重大基建工程项目,对文化部信息专网采购项目、全国网络文化市场计算机监管平台建设等 15 项政府采购项目招投标活动进行了重点监督检查,有效防止发生不廉洁行为,保证了这些活动的顺利进行。

5. 加强了对文化部重大专项活动的监督检查。对文化部"2008 年北京奥运会重大文化活动"经费管理使用情况、文化部援助汶川、玉树地震救灾资金物资管理使用等情况进行监督检查,保证了专项活动资金专款专用,没有发生违规违纪问题。

6. 加强了对中央重大决策部署贯彻执行情况的监督检查。金融危机发生后,根据中央统一部署,2010 年,文化部领导带队对广东、海南两省贯彻中央扩大内需促进经济增长政策落实情况的监督检查,驻部纪检组监察局会同财务司,对中央用于乡镇文化站建设资金管理使用情况进行监督检查,保证了中央扩大内需促进经济增长政策的贯彻落实。

(三)加强反腐倡廉制度建设,风险防控机制进一步健全

反腐倡廉,制度建设是保证。十六大以来,文化部高度重视反腐倡

廉制度建设,扎实推进文化部反腐倡廉制度建设取得新进展。

重新修订了《文化部党风廉政建设责任制规定》,突出了党政领导干部在党风廉政建设中应负的责任,强化了责任制的落实,保证党风廉政建设取得实效。修订了《文化部机关及直属单位党员领导干部外出执行公务的规定》,细化了党员领导干部廉洁自律行为规范。制定了《中共文化部党组巡视工作办法》和《中共文化部党组关于行政问责暂行规定》,为加强党内监督和落实行政问责提供了制度保障。

制定了《文化部党组管理干部任职前人事司听取驻部纪检组意见和驻部纪检组回复人事司意见实施办法》、《驻文化部监察局参与文化部重大工程建设项目投标活动监督工作暂行办法》、《驻文化部监察局参与文化部文艺评奖评审活动监督工作暂行办法》、《驻文化部纪检组监察局关于受理信访举报的暂行规定》等反腐倡廉制度,提高了反腐倡廉工作科学化、规范化、制度化水平。

2010 年,文化部开展了制度建设年活动和查找廉政风险点工作,文化部部长、党组书记蔡武同志作了动员讲话。据统计,截至 2011 年底,文化部各单位,结合工作实际,制定、修订反腐倡廉制度达 334 项,查找风险点 403 个,每个廉政风险点都制定了具体、可行、管用的预防措施,内容涵盖了容易发生腐败问题的人、财、物等各个方面。以积极防范为核心、以强化管理为手段的廉政风险防控机制建设取得明显成效。多位中央领导同志在《文化部加强党风廉政建设,深入开展反腐倡廉制度建设年活动情况的报告》上作重要批示,对文化部反腐倡廉制度建设工作取得的成绩给予充分鼓励和肯定。

(四)贯彻国务院纠风工作精神,行风建设取得新进展

加强行业作风建设,是反腐倡廉建设的重要内容。十六大以来,文化部高度重视行业作风建设,把行业作风建设作为贯彻落实科学发展观,实现文化工作"三个转变"的大事来抓,制定下发《文化部关于加强行业作风建设的意见》,对行业作风建设提出了具体要求。

2009年,召开了文化部机关行风建设工作会议,蔡武同志出席会议并作重要讲话。各单位认真贯彻落实部党组的要求,积极转变工作作风,大力精减会议、文件,提倡说短话、开短会、力戒形式主义,深入实际,解决实际问题。在深入推进行政审批制度改革,下放行政审批事项,简化行政审批手续,提高办事效率,清理评比达标表彰活动,清理公务用车,治理党政干部公款出国旅游,推进公共文化机构免费开放,创新公共文化服务方式,创建窗口单位,保障群众文化权益等方面做了大量工作,受到社会各界好评。

2011年,召开了全国文化系统行业作风建设工作会议。蔡武同志出席会议并作了《坚持以人为本,进一步加强全国文化系统行业作风建设》的重要讲话,对进一步深入推进全国文化系统行业作风建设工作提出明确要求。许多省份文化厅局都召开了本省文化系统行业作风建设工作会议,认真贯彻落实这次会议和蔡武部长重要讲话精神,扎实推进本地区文化系统行业作风建设。许多省份文化厅局在本地行风建设评议中名列前茅。文化部门出色的工作业绩和良好的精神风貌得到人民群众的充分认可,也得到了中央领导同志的充分肯定,刘延东、何勇同志在《文化部关于行业作风建设情况的报告》上分别批示指出:近年来,文化系统行业作风建设不断改进,取得积极显著成效。要总结经验、再接再厉,进一步加强行业作风建设,为促进社会主义文化事业大发展大繁荣提供保障。

(五)深入开展反腐倡廉教育,筑牢思想道德防线

反腐倡廉建设,教育是基础,筑牢党员干部拒腐防变的思想道德防线是关键。十六大以来,文化部高度重视反腐倡廉教育,常抓不懈,警钟长鸣,取得很好的教育效果。

1.坚持正面教育

组织党员干部认真学习中央纪委历次全会和胡锦涛总书记发表的重要讲话精神,坚持集中观看中央纪委推荐的《以人为本、执政为民》、

《执政之魂——加强从政道德修养》《领导干部要自觉做到"七个正确对待"》《党员干部必须清正廉洁》《抵制拜金主义》等反腐倡廉警示教育片,筑牢党员干部拒腐防变的思想道德防线。

2. 坚持开展主题教育活动

组织党员干部认真学习《关于实行党风廉政建设责任制的规定》、《中国共产党党员领导干部廉洁从政若干准则》等党内法规,进行生动的党性党风党纪教育,不断坚定党员干部的理想信念,强化立党为公、执政为民意识。广泛开展学习优秀共产党员先进事迹活动。2011 年,开展了学习杨善洲同志先进事迹活动;2012 年,开展了学习雷锋同志先进事迹的活动。许多党员干部深受教育,表示要以优秀共产党员为榜样,牢记党的宗旨,勤政廉政,做合格的共产党员。

3. 坚持加强警示教育

2008 年,印发了《全国文化系统警示教育案例材料》,以案说法,以案明纪,以身边的事教育身边的人。2009 年,邀请司法机关的同志作预防职务犯罪的主题报告,组织党员干部学习中央纪委下发的《省部级领导干部违纪违法案件通报》。2012 年,继续补充编写全国文化系统违纪违法案例教育材料,通过生动的事例,教育党员干部永远坚守共产党员的精神家园。

4. 坚持开展廉政谈话

文化部党组高度重视对党员干部的思想教育。部党组书记、部长蔡武同志,党组成员、驻部纪检组组长李洪峰同志以及党组其他同志多次同文化部司局级干部和竞争上岗的处级干部进行集体廉政谈话,集中谈理想信念问题、学习问题、贯彻民主集中制问题、团结问题和勤政廉政问题,取得很好的教育效果。

(六)认真受理信访举报,严肃查办违纪违法案件

严肃查办违纪违法案件,是惩治腐败的重要手段。十七大以来,部党组全力支持纪检监察部门查办案件工作,重要案件部党组领导同志

都作出明确批示。据 2008 年以来不完全统计,驻部纪检组监察局收到信访举报件 632 件次。其中,检举控告件 629 件次,署名举报件 177 件次,都按规定作了妥善处理。对经过核查有问题的,及时向有关单位和个人通报情况,分清责任,依规处理。对经查属错告或诬告造成不良影响的,予以澄清纠正。2008 年以来,驻部纪检组监察局初步核实案件线索 97 件,复核 3 件。移送司法机关 2 件,协助司法机关调查 4 件。

在查办案件过程中,坚持从严治党原则,严格执行党的纪律和法规,有法必依、违法必究;坚持惩前毖后、治病救人原则,严格掌握政策,区分一般错误和违纪违法界限;坚持依法依规办案、按程序办案、文明办案,做到事实清楚、证据确凿、定性准确、处理恰当、手续完备、程序合法。通过认真查办违纪违法案件,教育挽救犯错误的同志,严惩腐败分子,纯洁党的干部队伍,保持了党的先进性。

(七)发挥文化部门优势,大力推进廉政文化建设

大力加强廉政文化建设,营造风清气正的社会环境,是文化部门义不容辞的责任。十七大以来,文化部充分发挥部门优势,为廉政文化建设做出新贡献。

2008 年,按照中央纪委的要求,印发了《关于进一步加强廉政文化建设的十条意见》,提出加强廉政文学艺术创作、廉政文化阵地建设、廉政文化资源挖掘和整理、廉政文化建设理论研究等措施任务,对文化部门加强廉政文化建设提出明确要求。

2009 年,与中央纪委监察部联合举办"全国大型廉政书画作品展览",用艺术的形式,弘扬了中华优秀传统文化中的廉政思想。来自全国 31 个省区市和解放军系统的 126 名画家、79 名书法家、4 名雕塑家的主题创作作品参展,融艺术审美与廉洁教育为一体,在北京成功举办后,又先后在上海、浙江、广东、重庆、河南、陕西、甘肃等地进行了巡展,取得良好的社会反响。

加强了廉政文化理论研究。组织编撰出版《文化价值》、《廉政文

化论集》和《中国古代廉政史鉴》。2008年出版的《文化价值》一书,汇集了全国文化系统各级领导干部、专家学者和纪检监察干部撰写的廉政文化理论文章,推动了廉政文化理论研究深入开展。2011年出版的《廉政文化论集》,对廉政文化建设的重大理论和实践问题进行了深入探讨,反映了廉政文化理论研究的最新成果,受到中央纪委高度重视,中央纪委有关领导同志为该书作序,对廉政文化建设理论研究取得的新成果给予充分肯定。2012年即将出版的《中国古代廉政史鉴》,以中华优秀传统文化中的廉政思想理论、重要典章制度沿革、著名历史人物廉政实践为主要内容,按照历史演进次序,编辑整理出理论、制度、人物三部分卷,对中华民族历史上的廉政思想、廉政人物、廉政制度进行了深入发掘、探讨与研究,集思想价值、历史价值、政治价值于一身,是弘扬中华廉政文化的重要尝试,对廉政文化理论研究必将起到积极的推进作用。

加强了廉政文化阵地建设。2009年,与中央纪委共建了文化部廉政图书室。2011年,参加了中央纪委组织的全国廉政教育基地评选工作,国家博物馆被中央纪委命名为第一批全国廉政教育基地,为党员干部接受廉政教育,开展教育活动提供了保证。

按照中央纪委关于建设廉政文化精品工程的要求,积极推动廉政戏曲创作演出,涌现出一大批反映廉政题材优秀剧目,弘扬了廉政理念,净化了社会环境,受到人民群众的广泛欢迎。2011年,在文化部庆祝建党90周年全国现代戏优秀剧目展演活动中,积极促进上海宝山沪剧团创作排演的《红叶魂》进京演出,中央纪委有关负责同志接见演创人员,对《红叶魂》的展演给予充分肯定和高度评价。

在今后的工作中,文化部各级党组织和广大党员干部将把服务科学发展、保证科学发展、推动科学发展作为党的建设和反腐倡廉建设的根本任务,坚持求真务实、深入群众、深入实际、深入基层,坚持以思想建设统领组织、作风、制度和反腐倡廉建设,坚持围绕中心服务大局,坚持抓好领导班子建设、干部队伍建设和党员队伍建设,坚持把党的先进性建设和执政能力建设作为重中之重,坚持抓好制度建设,切实把党的组织资源转化为发展资源,组织优势转化为发展优势,组织活力转化为发展活力,凝聚共识,提振信心,维护稳定,推动发展,为建设社会主义文化强国提供可靠的思想政治保障。

责任编辑:王怡石 林 敏
封面设计:徐 晖
责任校对:方雅丽

图书在版编目(CIP)数据

坚持科学发展 推动文化创新—党的十六大以来文化改革发展成就
 (2002—2012)/蔡武 主编. -北京:人民出版社,2012.10
("科学发展 成就辉煌"系列丛书)
ISBN 978－7－01－011298－5

Ⅰ.①坚… Ⅱ.①蔡… Ⅲ.①文化事业-体制改革-成就-中国-2002—2012
 Ⅳ.①G12

中国版本图书馆 CIP 数据核字(2012)第 233250 号

坚持科学发展 推动文化创新
JIANCHI KEXUE FAZHAN TUIDONG WENHUA CHUANGXIN
——党的十六大以来文化改革发展成就(2002—2012)

蔡 武 主编

人民出版社 出版发行
(100706 北京市东城区隆福寺街 99 号)

北京中科印刷有限公司印刷 新华书店经销

2012 年 10 月第 1 版 2012 年 10 月北京第 1 次印刷
开本:710 毫米×1000 毫米 1/16 印张:18.5
字数:252 千字 印数:0,001-5,000 册

ISBN 978－7－01－011298－5 定价:38.00 元

邮购地址 100706 北京市东城区隆福寺街 99 号
人民东方图书销售中心 电话 (010)65250042 65289539